Ecole Pratique du Commerce et de l'Industrie
Rue du Chêne, 155-178, Seraing-sur-Meuse

Le Béton Armé et ses Applications

PAR

F. MICHOTTE
Chef de Bureau d'Etudes à la Sté Ame John Cockerill, à Seraing
Professeur à l'Ecole des Mineurs de la Sté Ame John Cockerill
Professeur à l'Ecole Pratique du Commerce et de l'Industrie
(Section Génie Civil)

1918
Imprimerie Moderne G. BILLAT-LECOCQ
Rue du Val, 91, Seraing

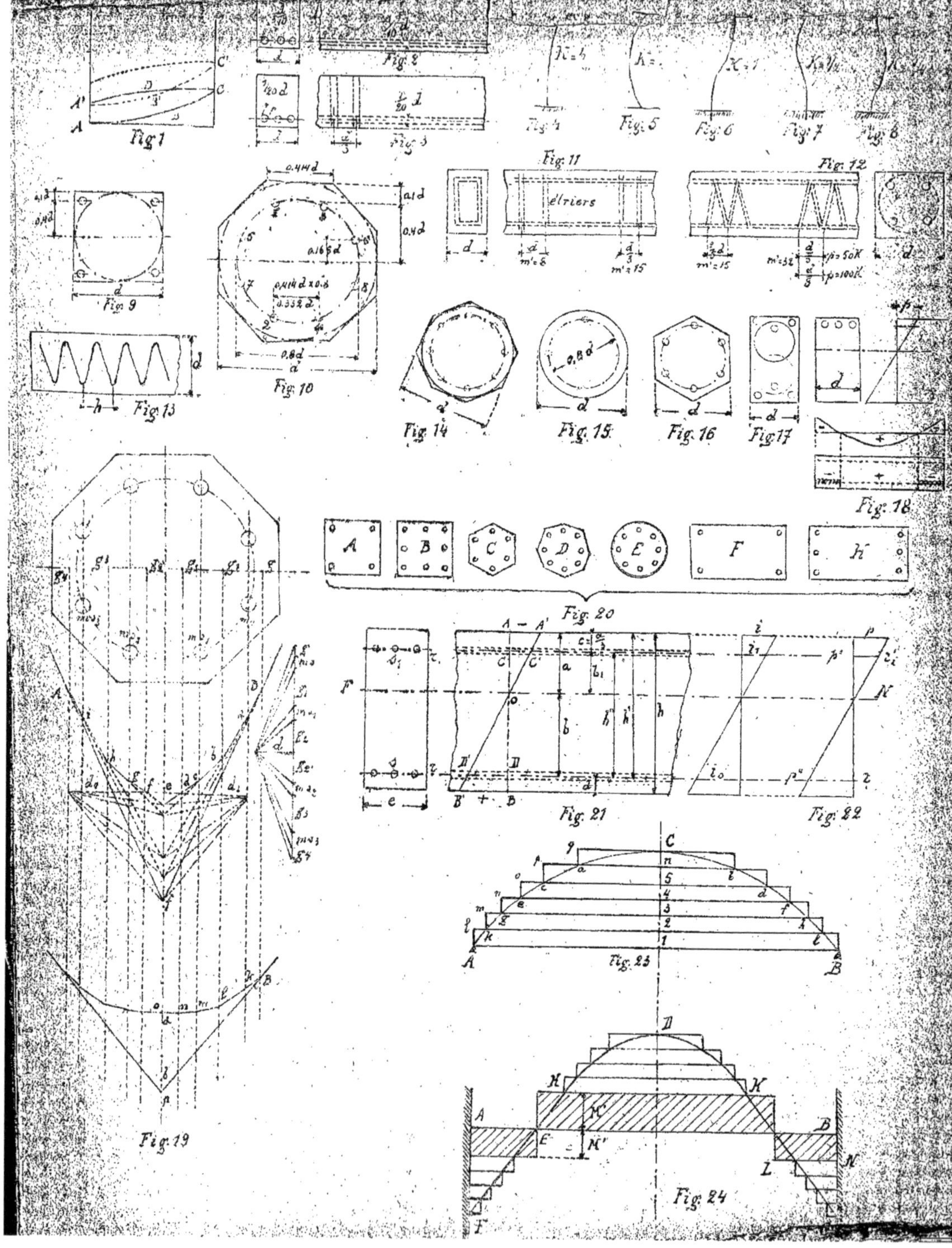

Fig. 1
Fig. 2
Fig. 3
Fig. 4
Fig. 5
Fig. 6
Fig. 7
Fig. 8
Fig. 9
Fig. 10
Fig. 11
étriers
Fig. 12
Fig. 13
Fig. 14
Fig. 15
Fig. 16
Fig. 17
Fig. 18
Fig. 19
Fig. 20
Fig. 21
Fig. 22
Fig. 23
Fig. 24
0.414 d
0.1 d
0.4 d
0.165 d
0.8 d
0.332 d
m' = 8
m' = 15
p = 50 K
p = 100 K

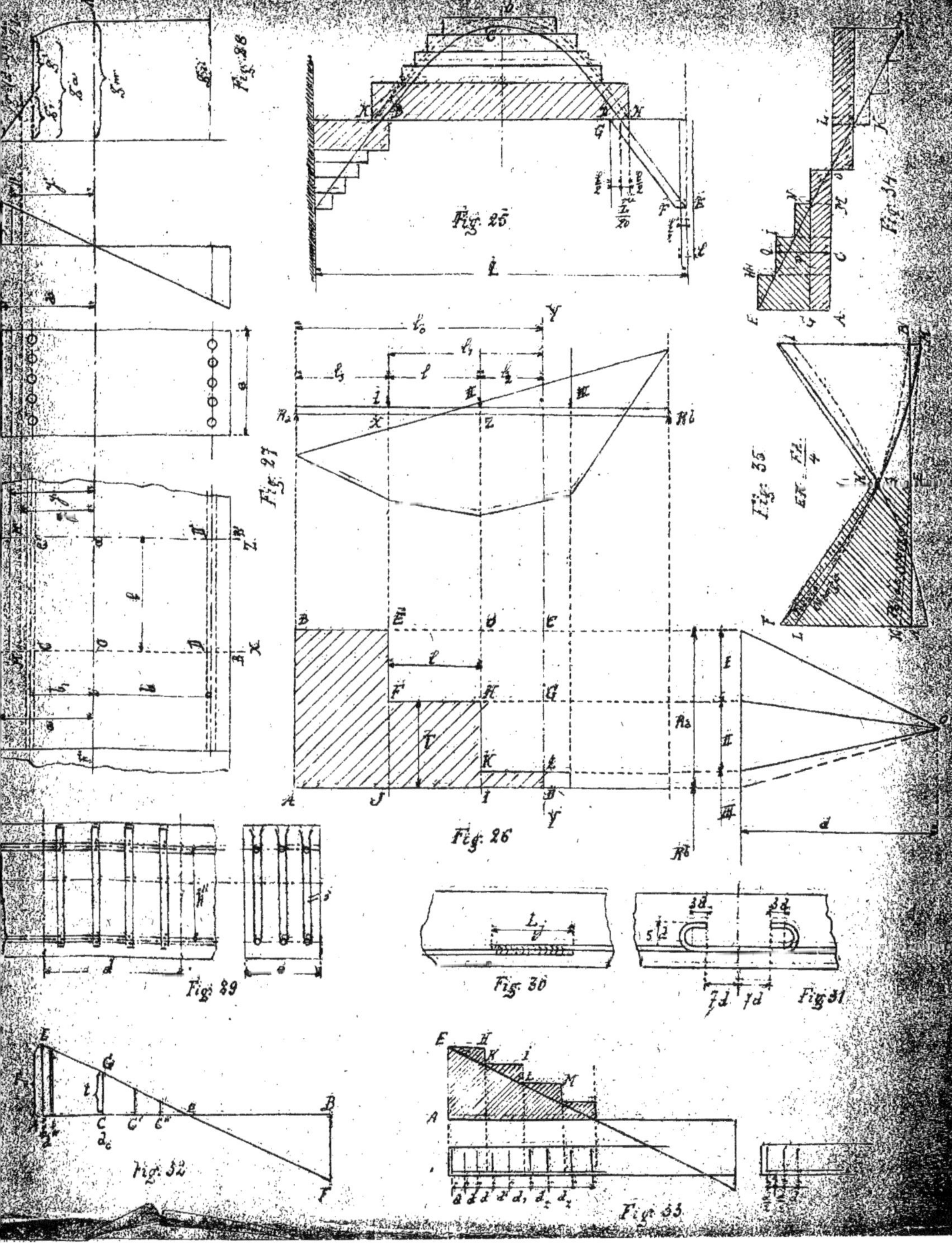
Fig. 25
Fig. 26
Fig. 27
Fig. 28
Fig. 29
Fig. 30
Fig. 31
Fig. 32
Fig. 33
Fig. 34
Fig. 35

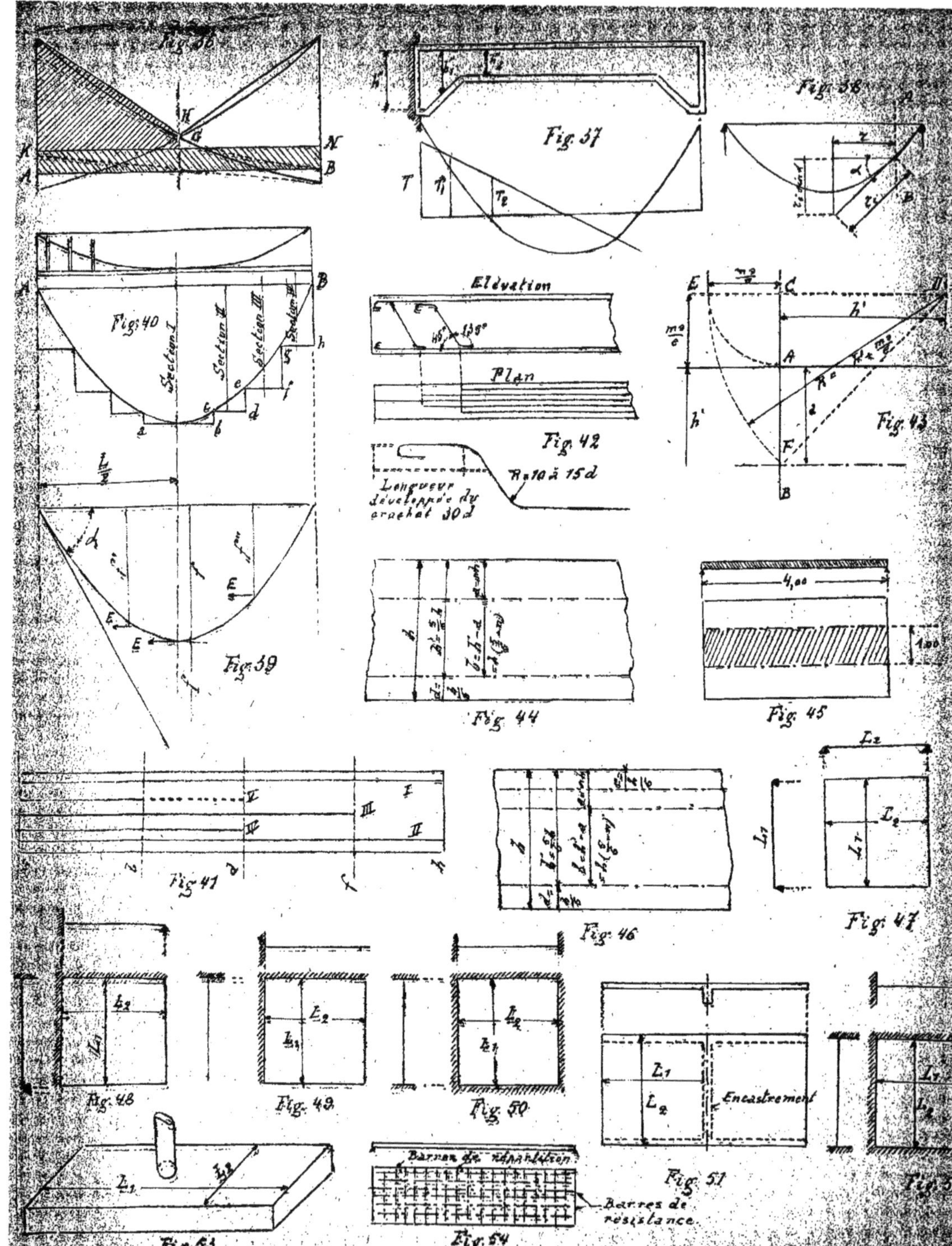

Fig. 36
Fig. 37
Fig. 38
Fig. 39
Fig. 40
Section I
Section II
Section III
Section IV
Fig. 41
Élévation
Plan
Fig. 42
Longueur développée du crochet 30 d
R=10 à 15 d
Fig. 43
Fig. 44
4,00
1,00
Fig. 45
Fig. 46
Fig. 47
Fig. 48
Fig. 49
Fig. 50
Encastrement
Fig. 51
Fig. 52
Fig. 53
Barres de répartition
Barres de résistance
Fig. 54

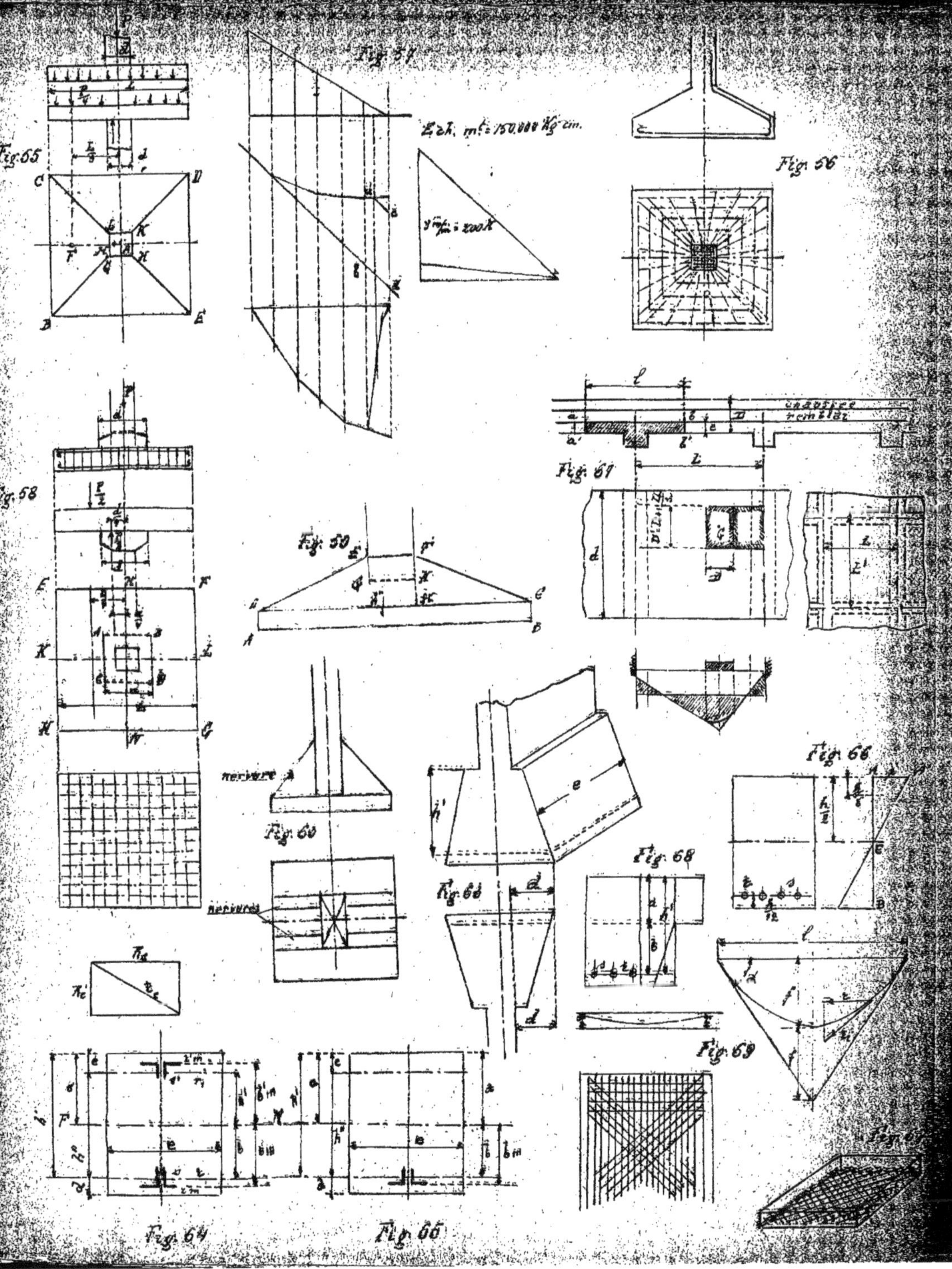

Fig. 55
Fig. 56
Fig. 57
Σ Δh. m = 150,000 Kg cm.
Fig. 58
Fig. 59
Fig. 60
nervure
nervures
Fig. 61
chapitre
remplissage
Fig. 62
Fig. 64
Fig. 65
Fig. 66
Fig. 67
Fig. 68
Fig. 69

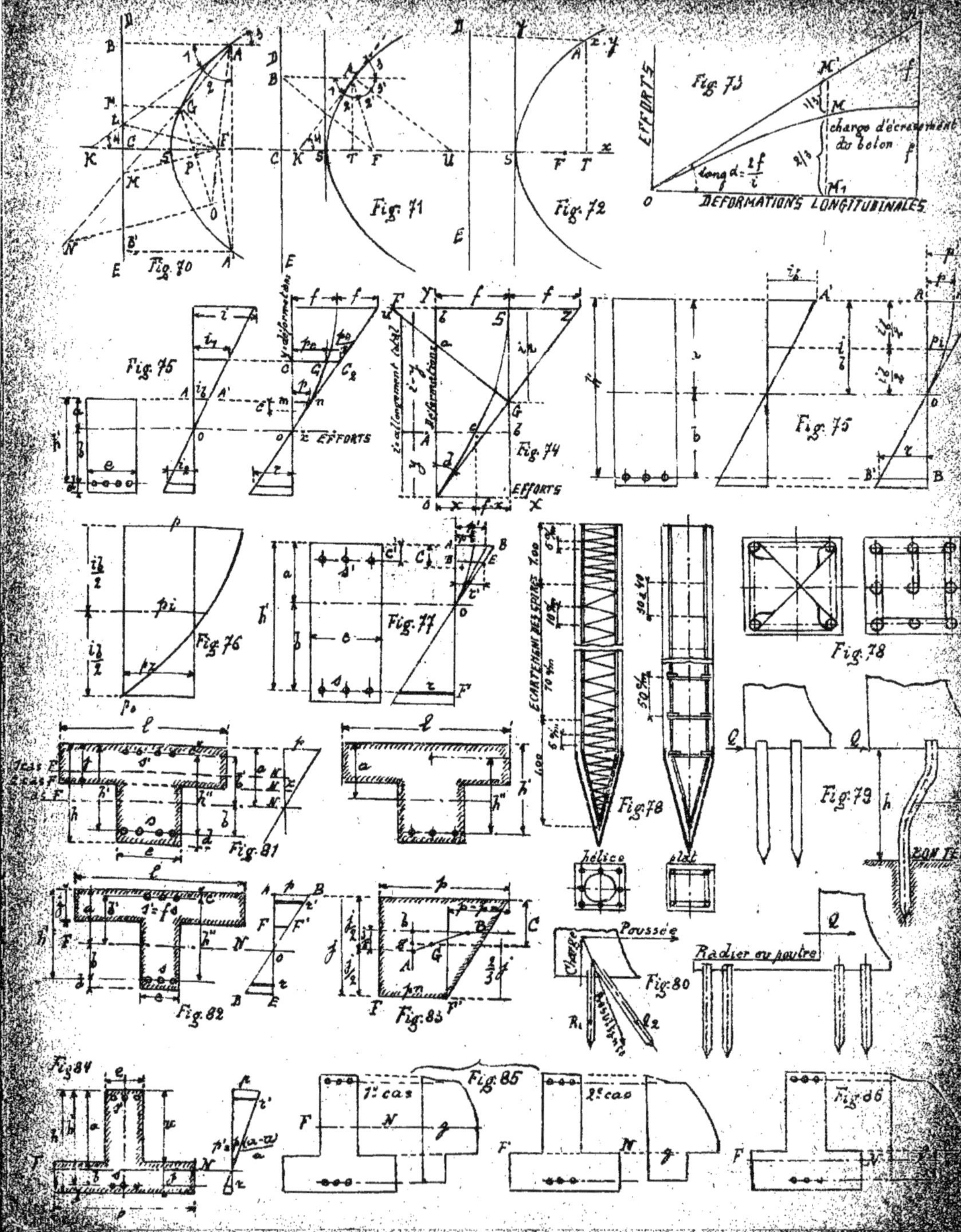

Fig. 70
Fig. 71
Fig. 72
EFFORTS
Fig. 73
charge d'écrasement du béton
DÉFORMATIONS LONGITUDINALES
Fig. 75
EFFORTS
Fig. 74
EFFORTS
Fig. 75
Fig. 76
Fig. 77
ÉCARTEMENT DES SPIRES
Fig. 78
hélice
plat
Fig. 78
Fig. 79
Poussée
Charge
Fig. 80
Radier ou poutre
Fig. 81
Fig. 82
Fig. 83
Fig. 84
Fig. 85
1er cas
2e cas
Fig. 86

Ecole Pratique du Commerce et de l'Industrie
Rue du Chêne, 155-178, Seraing-sur-Meuse

Le Béton Armé et ses Applications

PAR

F. MICHOTTE
Chef de Bureau d'Etudes à la Sté Ame John Cockerill, à Seraing
Professeur à l'Ecole des Mineurs de la Sté Ame John Cockerill
Professeur à l'Ecole Pratique du Commerce et de l'Industrie
(Section Génie Civil)

1918
Imprimerie Moderne G. BILLAT-LECOCQ
Rue du Val, 91, Seraing

PRÉFACE

Les progrès réalisés ces dernières années dans l'art si complexe de la construction sont dus pour une bonne part aux applications modernes du béton armé. On conçoit aisément le développement pris par cette branche d'industrie, si on considère les nombreux avantages qu'offre l'emploi du BÉTON : sa supériorité et sa résistance sont incomparables, mais aussi sa fabrication est facile et son prix de revient minime.

Son emploi est appelé à prendre un réel essor et il est de la plus haute importance pour les techniciens qui devront élaborer des projets de constructions civiles ou industrielles, ainsi que ceux qui seront appelés à en diriger ou à en surveiller l'exécution, de bien connaître les règles qui régissent ces genres de travaux.

C'est pour ces raisons que nous avons décidé d'inscrire ce cours au programme de notre Section de Génie Civil où il est enseigné non seulement oralement, mais aussi par correspondance sous la direction de M. F. MICHOTTE, Chef de Bureau d'Etudes à la Société Anonyme John Cockerill, à Seraing.

A la demande de nombreux élèves et de spécialistes dans ce domaine, M. MICHOTTE s'est décidé à publier le présent ouvrage, résumé du Cours qu'il professe si brillamment à notre Ecole.

L'Auteur a surtout cherché à mettre son enseignement à la portée de ceux à qui il s'adresse ; il a supprimé toutes les notions trop complexes et les calculs d'une aridité parfois rebutante.

Dans ce Traité, toute la théorie, toutes les formules découlent d'un raisonnement pur mais simple. Toutes les notions et tous les développements utiles servant de base à la construction par le Béton armé y sont réunis et exposés de la façon la plus heureuse.

Nous sommes persuadés que ce travail répond à une nécessité du moment et que le meilleur accueil lui sera réservé par le public compétent.

Le Conseil d'Administration de l'Ecole.

PRÉLIMINAIRES

BÉTON

Le béton ordinaire est formé de mortiers plus ou moins hydrauliques et de pierres dures telles que cailloux, débris de briques ou de pierres, de scories concassées ou de mâchefer.

Le béton est dit gras ou maigre, selon que le mortier entre en grande ou en petite quantité dans sa composition ou selon que le mortier remplit les vides, complètement ou en partie.

Pour obtenir un béton gras, bien plein, il faut que le volume de mortier soit 1/4 plus grand que celui des vides.

BÉTON ARMÉ

On appelle béton armé ou ciment armé, l'emploi simultané du fer et du ciment pur ou mélangé de sable, de gravier ou de cailloux. L'ossature métallique n'est pas apparente et le fer ou l'acier se trouve noyé dans du mortier ou du béton de ciment. Cette dernière matière donne la forme extérieure à la construction.

COMPOSITION. — Le béton armé se compose généralement de ciment, de sable ou de poussier de grès, de gravier, de pierrailles ou de plaquettes en grès et de métal.

Ciment. — Le ciment doit être de première qualité sous tous les rapports. On emploie ordinairement le ciment Portland artificiel à prise lente.

Le ciment de laitier a une très grande force adhésive aux divers matériaux et, à cause de son extrême ténuité, il remplit très bien les vides du sable ; mais on lui reproche d'être de qualité variable et de ne bien durcir qu'en entretenant bien l'humidité. Il exige une assez grande quantité d'eau, ce qui augmente le retrait à la dessication.

Sable et Gravier. — Les graviers et sables employés doivent être non terreux, rudes au toucher et crier lorsqu'on les serre dans la main. Les dimensions seront variables selon l'épaisseur des pièces et suivant la largeur des mailles de l'ossature métallique.

Pierrailles, Plaquettes et Poussier. — Ces produits offrent l'avantage de procurer au béton une augmentation de résistance. Les plaquettes de grès ont ordinairement 5 à 20 mm. et doivent être purgées du poussier afin de régler sur le chantier les quantités de sable ou de poussier nécessaires.

Le *Mâchefer* et les *Scories* entrant dans le béton armé seront triés avec soin pour ne conserver que les scories vitrifiées.

DOSAGE DES BÉTONS. — C'est la question de résistance ou d'imperméabilité qui règle le dosage des bétons.

Au point de vue résistance, les bétons à fort dosage en ciment conviennent pour les pièces soumises à compression et pour les pièces fléchies, mais ces bétons donnent de forts retraits.

Le dosage varie de 250 à 450 kg. de ciment par m^3 de béton mis en œuvre et suivant le genre du travail à exécuter.

Quand on dit qu'un béton est dosé à 1: 2: 4, cela veut dire qu'il se compose d'une partie de ciment, 2 de sable et 4 de gravier ou pierrailles. Ordinairement, le gravier et le sable sont dosés dans le rapport 2: 1 et parfois on renseigne comme dosage la proportion totale des matières inertes par rapport au ciment. Le dosage ci-dessus s'exprimerait comme suit 1: 6. Si l'on indiquait 1 à 9, cela voudrait dire 1 de ciment, 3 de sable et 6 de gravier.

Les matières inertes portent le nom de squelette du béton.

Pour les dalles de faible épaisseur, le dosage en ciment est de 450 kg. environ par m^3, tandis que pour les pièces plus fortes, la quantité de ciment peut descendre à 350 et voire même 300 kg.

MÉLANGES EMPLOYÉS DANS LE SYSTÈME HENNÉBIQUE :

A) Pour fabrication à la main :

300 kg. de ciment ;

400 litres de sable ;

850 litres de gravier ou pierrailles.

B) Pour fabrication à la bétonnière ;

250 kg. de ciment ;

400 litres de sable ;

850 litres de gravier ou pierrailles.

C Autre mélange :

300 kg. de ciment ;

150 à 200 litres de sable ;

1.000 litres de gravier ou pierrailles.

Ce dernier mélange demande un bon malaxage avec suffisamment d'eau, pour distribuer le ciment et le sable dans la masse de pierrailles, sans pour cela délaver le béton.

Ces trois derniers mélanges constituent des dosages en poids. Si on veut les obtenir en volume et si le ciment est pris avec une densité de 1.400 kg. au m^3, on aura :

1 de ciment, 1,9 de sable et 4 de gravier ou pierrailles ;

1 de ciment, 2,2 de sable et 4,7 de gravier ou pierrailles ;

1 de ciment, 0,7 à 1,2 de sable et 5 de gravier ou pierrailles.

Très souvent dans les installations industrielles on emploie un mélange de ciment, de laitier granulé et de scories de laitier.

Voici un mélange employé pour poutre, mur et radier :

400 kg. de ciment de laitier ;

330 litres de laitier granulé ;

650 litres de scories de laitier de 5 à 20 mm.

Tous les mélanges renseignés ci-dessus donnent environ 1 m^3 de béton mis en œuvre.

DENSITÉ. — Mortier de ciment et sable, 1.900 à 2.100 kg. le m³.

Béton de gravier ou pierrailles, 2.100 à 2.300 kg. le m³.

Béton de scories, 1.100 à 1.300 kg. le m³.

Pour le béton armé, y compris l'armature, on peut compter en moyenne 2.500 kg. le m³.

FABRICATION DU BÉTON. — La fabrication du béton se fait à la main ou mécaniquement à la bétonnière, par malaxage.

Pour la fabrication à la main, les matières, gravier, pierrailles et sable (dosées en volume), sont mélangées à sec, à la griffe ou au rabot ; puis on mélange de nouveau, après avoir ajouté le ciment. On opèrera par petites quantités et on ajoutera l'eau successivement.

La quantité d'eau à employer dans l'une ou l'autre fabrication variera avec la température et avec le degré d'humidité de l'air.

COFFRAGE. — Le béton étant mis en œuvre à l'état mou, doit être maintenu en place, au moyen de coffrages ou moules, jusqu'à ce qu'il puisse se maintenir de lui-même. Le coffrage permet d'exécuter les travaux en béton armé à leur emplacement, de façon à obtenir une continuité qui a son importance au point de vue de la résistance. Les surfaces des coffrages en contact avec le béton doivent être lisses, les planches constituant les moules doivent pouvoir se gonfler sans inconvénient et les coffrages doivent être suffisamment étanches pour éviter le délavement du béton. Les planches des couchis auront 10 à 12 cm. de largeur et les joints des planches seront fermés.

MISE EN ŒUVRE DU BÉTON ARMÉ. — Le béton sera mis en œuvre par petites couches parfaitement damées afin d'expulser l'air et pour que l'adhérence avec le métal soit parfaite. Chaque tâche journalière sera terminée en gradins. A la reprise du travail, le béton sera gratté au vif, arrosé d'eau, puis recouvert d'une couche de mortier 1: 1 de ciment et de sable, pour la liaison. Il est nécessaire que chaque couche soit mise en place avant que la précédente n'ait fait prise.

Les joints de reprise sont toujours des points faibles dans un ouvrage en béton et il convient de les réduire le plus possible en organisant le travail de bétonnage. On évitera aussi les joints les plus défavorables tels que les horizontaux dans les pièces fléchies.

Si, dans la construction, on a prévu des joints de retrait et de dilatation, on s'arrangera de façon que le travail journalier se termine à ces joints. Les joints de reprise seront prévus et tracés de façon à ne diminuer en rien la résistance de la construction et l'on évitera, dans ce cas, toute adhérence entre les bétons d'âges différents que l'on mettra en contact.

L'épaisseur des couches varie de 5 à 10 cm. pour les poutres et descend à 3 ou 4 cm. pour les hourdis. Ces épaisseurs doivent être réduites de moitié par le damage. Si l'on ne peut, par un damage suffisant, obtenir que l'eau remonte à la surface du béton, il faudra arroser ce dernier pendant l'opération du damage. Ce cas ne doit se présenter qu'accidentellement et l'on doit veiller à ce que le mortier renferme la quantité d'eau nécessaire.

Les surfaces des bétonnages exposées à l'air doivent être maintenues dans un état d'humidité suffisante, jusqu'à ce que les fentes qui pourraient être occasionnées par le retrait ne puissent plus se produire.

La grande chaleur dessèche la couche superficielle en faisant évaporer l'eau de gâchage avant la prise, ce qui donne lieu à l'effritement du béton. Il faut donc protéger le béton contre l'action du soleil et arroser très souvent.

Pour les constructions destinées à rester exposées aux intempéries, il convient, pour éviter les fissures qui pourraient se produire ultérieurement, de faire le bétonnage à la température moyenne de l'endroit.

Il faut soigneusement damer le béton contre le coffrage, dans les angles et contre les fers de l'armature, car le métal, parfaitement enrobé dans le béton ne peut s'oxyder. Il faut aussi avoir soin de ne recouvrir le métal d'aucune peinture avant son enrobement, car alors l'adhérence n'est plus possible. De même, le fer ne doit pas être galvanisé pour être certain de sa liaison avec le béton. Dans une construction en béton une épaisseur de 1 à 4 cm. suffit pour que le fer soit bien protégé.

Pendant l'opération de bétonnage, il faut éviter tout ébranlement des coffrages. Il y a donc lieu d'établir ceux-ci indépendants des échafaudages de service.

Les deux matières principales, ciment et fer, constituant le béton armé, se complètent avantageusement; le ciment résiste très bien à compression et très peu à traction, tandis que le fer résiste fortement aux tensions. Le fer sera donc distribué dans la construction de façon à résister dans les zones soumises à l'extension.

Les forces extérieures agissant sur un corps solide développent des tensions moléculaires qui peuvent appartenir à l'un des trois genres de forces élastiques suivantes : compression, extension, cisaillement ou glissement.

PRINCIPES GÉNÉRAUX DE LA RÉSISTANCE DES MATÉRIAUX

EXTENSION ET COMPRESSION. — On dit qu'un corps est soumis à *traction* ou à *extension* quand il est sollicité par deux forces égales et de sens contraire dirigées suivant son axe et cherchant à l'*allonger*. Le corps sera soumis à *compression*, si les forces tendent à le *raccourcir*.

Si l est l'allongement ou le raccourcissement total d'un prisme de section s et de longueur L soumis à l'action d'une charge N, l'allongement ou le raccourcissement i par unité de longueur sera $\frac{l}{L}$.

La *charge unitaire* R, qui a produit l'allongement ou le raccourcissement est donnée par la charge N divisée par la section S.

$$R = \frac{N}{S}$$

Le rapport $\frac{N}{S}$ porte aussi le nom de *coefficient de travail* de la matière.

La *limite d'élasticité* d'une substance est l'effort maximum qu'on peut faire agir sur elle sans lui imprimer de déformation permanente, c'est-à-dire que si on enlève la charge après son action, le corps reprendra sa longueur initiale.

Si cette limite d'élasticité est dépassée, la déformation subsiste en tout ou en partie. Si les efforts continuent à croître progressivement, la déformation augmente peu à peu, la désagrégation arrive et, enfin, la rupture. Soit N_0 la valeur de la charge au moment de la rupture et S la section du prisme; le rapport $\frac{N_0}{S}$ ou r_0 est ce qu'on appelle la *charge de rupture unitaire*, c'est-à-dire rapportée à l'unité de surface.

On ne doit jamais soumettre les matériaux dans les constructions à une tension (ou à une pression) supérieure à certaine limite que l'on appelle *charge pratique* ou *coefficient de résistance ou de travail* R et qui représente une partie de la charge de rupture r_0 de telle sorte que l'on a $R = \frac{r_0}{K}$; K est ce qu'on appelle le *coefficient de sécurité* et qui varie avec la nature des matériaux.

Le *coefficient d'élasticité* E, pour chaque substance, est la force fictive qui, agissant sur un prisme ayant pour section l'unité de surface, produirait un allongement égal à la longueur primitive du prisme.

GLISSEMENT TRANSVERSAL OU CISAILLEMENT. — EFFORT DE CISAILLEMENT OU EFFORT TRANCHANT. — Un prisme est soumis à un effort de cisaillement dans une section transversale, quand il est sollicité par deux forces égales et de sens contraire dirigées normalement à son axe et tendant à séparer le prisme en deux parties, en les faisant glisser l'une sur l'autre suivant le plan de la section. On peut appliquer au cas du cisaillement ce que nous avons dit pour l'extension et la compression relativement à la charge de rupture, aux coefficients de résistance et de sécurité.

FLEXION SIMPLE

Un prisme droit est soumis à flexion simple quand il est sollicité par un système de forces normales à son axe et appliquées en des points différents de la fibre moyenne.

Les forces qui sollicitent une poutre se partagent en deux groupes : les charges agissantes qui ordinairement sont les données, et les ré ctions des appuis qui sont à déterminer.

On appelle *moment d'une force* par rapport à un point ou à un axe le produit de cette force par la distance de celle-ci au point ou à l'axe.

Si des forces quelconques ont une résultante, le moment de cette résultante est égal à la somme algébrique des moments des composantes.

La poutre étant en équilibre, nous pouvons dire que :

1. La somme algébrique des forces extérieures (action et réaction) doit être égale à zéro.

2. La somme algébrique des moments de ces forces par rapport à un point quelconque de leur plan doit être zéro.

3. Dans une section normale quelconque, les forces moléculaires font équilibre aux forces extérieures agissant entre la section considérée et l'une des extrémités de la poutre.

4. Dans une section quelconque, le moment fléchissant M est égal à la somme algébrique des moments, pris par rapport au plan de la section, de toutes les forces extérieures appliquées entre cette section et l'une des extrémités du prisme.

5. L'effort tranchant dans une section normale quelconque a pour valeur la somme algébrique de toutes les forces extérieures appliquées entre la section considérée et l'une des extrémités de la pièce.

Si on considère un prisme fléchi, on remarque que certaines fibres sont allongées et d'autres raccourcies et ces deux espèces de fibres se trouvent de part et d'autre d'une fibre qui est restée invariable et que l'on nomme *fibre neutre* ou *ligne neutre*.

La formule générale de la flexion donnant la valeur absolue du coefficient de travail R dans les fibres les plus fatiguées est

$$R = \frac{M V}{I}$$

formule dans laquelle :

M est la valeur du moment fléchissant à la section considérée ;

V la distance de la fibre neutre à la fibre la plus fatiguée en traction ou en compression ;

I le moment d'inertie superficiel, par rapport à la fibre neutre, de la section où l'on a déterminé le moment fléchissant.

Le moment d'inertie d'une surface par rapport à un axe est égal à la somme des produits des surfaces s' infiniment petites, constituant la section, par le carré de la distance v de chacune de ces petites surfaces à l'axe considéré, c'est-à-dire, qu'on a

$$I = \sum s' v^2$$

De la formule $R = \frac{M V}{I}$ on tire $M = \frac{I}{V} R$.

Le rapport $\frac{I}{V}$ entre le moment d'inertie et la distance V, porte le nom de *module de la section* ou *module de résistance*.

Errata

Page 17. — Formule 10. — Lisez $N = p\,S\left[1 + (m - 1)\,F\right]$

Page 20. — Flambage — Lisez E′ au lieu de E

Page 26, ligne 23. — Lisez $S + s\,(m - 1)$ au lieu de $S - s\,(m - 1)$

ligne 25. — Lisez $E'\left[S + s\,(m - 1)\right]$ au lieu de $E'\left[S - s\,(m - 1)\right]$

Page 27, ligne 1re. — Lisez $G = \dfrac{S_t\,d^2}{10000\ I}$

Page 36. — Formule 41. — Lisez $h' - \dfrac{a}{3}$ au lieu de $h' - \dfrac{a}{3}$

Page 38. — Formule 48. — Lisez $3\,r\left(h' \quad \dfrac{a}{3}\right)$ au lieu de $3\,r\left(h' - \dfrac{}{3}\right)$

Page 41. — Formule 52. — Lisez $e = 6\,M\,(K + m)^2$ au lieu de $3\,M\,(K + m)^2$

Page 62, ligne 20. — Lisez $\left(a + \dfrac{m\ s}{e}\right)^2 = \left(h' + \dfrac{m\ s}{e}\right)^2 - h'^2$

Page 69, ligne 15. — Lisez « en admettant $p = 50$ kg et $r = 1200$ kg nous aurons..... »

Page 80, lignes 4 et 7. — Lisez le dernier facteur du dénominateur $(5 - 6\,n)^2$ au lieu de $(5 - 6)^2$

Page 88, ligne 15. — Lisez $f = \dfrac{q\ L^4}{384\ E'\ I}$ au lieu de $\dfrac{q\ L^4}{122\ E'\ I}$

Page 91, dernière ligne et dernière formule. — Lisez $h' = \sqrt{0{,}000001125\ q\ d^2}$

Page 96, ligne 10. — Lisez $h'' = h' - \dfrac{0{,}3333\ h'}{3}$

Page 96, ligne 18. — Lisez $p_c = 4.326\,\sqrt{p_o}$

Page 101. — Après détermination du moment réduit en fonction de p, lisez on a $M_r = \dfrac{M}{e\,h^2}$ au lieu de $M_r = \dfrac{M}{e\ h}$

Page 108. — Détermination de h il faut lire la dernière formule

$$h = \sqrt{\frac{M}{M_r\ e}} \quad \text{au lieu de} \quad n = \sqrt{\frac{M}{M_r\ e}}$$

Page 118. — Formule 209. — Lisez 30 au lieu de 38.

Page 118, dernière ligne. — Lisez au dénominateur e au lieu de e_2

Page 119, ligne 6. — Au numérateur, lisez h^2 au lieu de h^3

Page 121, ligne 14. — Lisez « la position de la fibre neutre » au lieu de « la figure neutre ».

Page 122, ligne 3. — Lisez le 1er terme — $\frac{\sqrt{0{,}06\ M}}{\sqrt{e}}$ au lieu de $\frac{\sqrt{0{,}006\ M}}{\sqrt{e}}$

Page 128, avant-dernière ligne. — Lisez C C_2 = i_1 E' au lieu de C C_2 = i_1 E' E

Page 130, ligne 17. — Lisez « Remplaçons ces diverses valeurs dans celle de *c* » au lieu de « par celle de *e* ».

Page 132, ligne 18. — Lisez le 1er terme $\frac{9\ p_e\ p' - 2\ p'_2}{9\ p_e}$ au lieu de $\frac{9\ p_e\ p' - 2\ p'}{9\ p_e}$

Page 135, ligne 4. — Lisez la partie entre parenthèses du 3e terme ($a - c'$) au lieu de ($a' - c'$).

Page 137, ligne 3. Lisez $f = \frac{s'}{s} = 1$ au lieu de $f = \frac{1'}{s} = 1$

Page 137. — Formule 273. — Lisez 312 $L^2\ d^2$ au lieu de 312 $L^2\ d^3$

Page 137. — Formule 275. — Lisez 0,0000326 $L^2\ d$ au lieu de 0,0000326 $L^2 \cdot d^2$

Page 137. — Formule 280. — Lisez $\pm$ devant le radical.

Page 143, ligne 14. — Lisez le signe — entre les 2 premiers termes du second membre.

Page 143. — Formule 288. — Lisez $\frac{j^2\ l}{2}$ au lieu de $j^2\ l$

Page 157, ligne 17. — Lisez $\frac{2}{W}$ au lieu de $\frac{2}{W\ X}$

Page 161. — Formule 349. — Lisez $+ \frac{j}{2}$ au lieu de $= \frac{j}{2}$

PREMIÈRE PARTIE

PROPRIÉTÉS DES MATIÈRES ENTRANT DANS LA COMPOSITION DU BÉTON

Fer et Acier. — Les matières sont suffisamment connues au point de vue de leur résistance. Nous savons que les efforts sont proportionnels aux déformations tant que la limite d'élasticité n'est pas atteinte. Ces matières se comportent de la même façon au point de vue élasticité et résistance, tant dans la compression que dans la traction.

Les coefficients d'élasticité et de résistance sont parfaitement connus.

D'après la circulaire française relative au béton armé, on peut aller pour l'acier à 14 kg. par mm^2. Pratiquement, on dépasse rarement 12 à 13 kg. par mm^2. Le coefficient d'élasticité de l'acier est de 2.200.000 kg. par cm^2.

Les coefficients ci-dessus s'appliquent aussi bien à la compression qu'à la traction.

Soit l = allongement par unité de longueur.
E = coefficient d'élasticité.
s = section.
P = charge.
R = coefficient de travail.
L = longueur de la pièce.

On aura :

Un allongement L est produit par une force E ;

Un allongement égal à 1 est produit par une force $\frac{E}{L}$;

Un allongement l (correspondant à un coefficient de travail R) sera produit par une force $\frac{E\,l}{L}$ ou R ;

Nous aurons donc $\frac{E\,l}{L} = R$.

Dans cette dernière, on peut remplacer $\frac{l}{L}$ par i (i étant l'allongement rapporté à l'unité de longueur) d'où nous aurons : $i = \frac{R}{E}$; mais R est aussi égal à $\frac{P}{S}$, on aura donc pour valeur de i :

$$i = \frac{P}{S\,E}.$$

Pour les pièces soumises à des efforts de sens alterné ou à des actions dynamiques telles que pièces sous rails, on réduit les taux de travail ci-dessus, mais la réduction ne dépasse jamais 25 %.

Il s'agit d'étudier le mode de transmission des efforts du métal au béton et le rôle de chacune de ces matières dans la stabilité d'un solide. Il faudra étudier les conditions que doit présenter une construction rationnelle en béton armé au point de vue dimensions des pièces, dispositions de l'armature et qualités du béton et du métal.

Les coefficients du béton à la rupture dépendent de la qualité du ciment, du dosage, du mélange, de l'âge du béton, de l'influence très grande des qualités du sable et du gravier, celle du damage et de la quantité d'eau du mélange. Quand l'épaisseur de la construction est de 0m10 à 0m15 avec matériaux de bonne qualité, placés en couches minces, avec un damage soigné et quantité modérée d'eau, on peut prévoir un coefficient de rupture de 180 kg. par cm² pour un béton de pierraille ou gravier et sable dosé à 1 de sable, 3 de gravier et 300 kg. de ciment. On conseille de ne faire supporter les charges qu'après 3 mois.

Pour mettre l'ouvrage en service après un mois, ne considérer comme charge de rupture que 150 kg. par cm².

La circulaire française limite la compression unitaire de sécurité aux 28/100 de la résistance à l'écrasement du béton non armé de même composition après 90 jours de prise.

Avec des bétons formés de 400 litres de sable, 800 litres de gravier avec ciment Portland

aux dosages de	300 kg.	350 kg.	et	400 kg.
la résistance par cm² est de	44,8 kg.	50,4 kg.	et	56 kg.
la rupture étant	160 kg.	180 kg.	et	200 kg.

Si la construction est utilisée après un mois de prise, la charge de rupture par cm² doit descendre

à	130 kg.	150 kg.	et	170 kg.

Les mélanges ci-dessus sont donnés pour 1 m³ mis en œuvre.

Résistance à traction du béton. — L'expérience a montré que la résistance à la traction vaut du 1/10 au 1/12 de la résistance à la compression, ce qui porte la rupture à 12 à 15 kg. par cm².

Elasticité du béton au point de vue compression. — Si on comprime une éprouvette et si l'on mesure les déformations, qu'on les porte en verticale et les pressions en horizontale, on trouve un diagramme de la forme fig. 1.

Une courbe A B C avec concavité tournée vers le haut : si on enlève la charge graduellement, on retrouve une courbe C D A' avec la concavité vers le bas. Si on comprime de nouveau, on trouve une courbe A' E C' et cette courbe tend vers la droite.

L'équation de cette courbe de compression trouvée par BACH est

$$i = \frac{1\ p^n}{E_1} = \frac{p^n}{E_1}$$

i = déformation élastique par unité de longueur.

p = pression par unité de surface.

E_1 et ^{n} = coefficients dépendant de la qualité des matières essayées.

On peut aussi l'interpréter par la loi de l'allongement

$$i = \frac{p}{E_p} = \frac{P'}{E_{p'}}$$

E_p = coefficient d'élasticité ou rapport $\frac{p}{i}$, mais ce coefficient n'est pas constant pour le béton comme pour le fer et l'acier, il est fonction de la valeur de p, on a

$$E_p = \frac{p}{i}$$

remplaçons i par sa valeur, on a

$$E_p = \frac{p}{\frac{p_n}{E_1}} = \frac{p\ E_1}{p^n}$$

en simplifiant, on trouve

$$E_p = \frac{E^1}{p^{n-1}}.$$

La décroissance du coefficient d'élasticité est surtout marquée pour de faibles efforts. D'après les expériences de BACH pour du béton de 3 à 4 mois, E_1 (en kg. et cm.) = 2,17 $\times$ 10^5 et n = 1,09 pour ciment pur et varie à 4,57 $\times$ 10^5 et n = 1,21 pour du béton de 5 de sable, 10 de gravier et 1 de ciment.

Le ciment pur donne n = 1,09, les mortiers 1,11 à 1,12 et les bétons de 1,14 à 1,21.

Pour une pression p = 1, la valeur E_p = E_1. Cette valeur tombe de 30 à 40 % jusqu'à ce que p = 24 à 32 kg. par cm². De cette valeur à p = 48 à 64 kg., la variation de E_p ne dépasse plus 10 %.

Dans le béton armé on définit le coefficient d'élasticité du béton E_p à compression à celui du métal E et l'on a

$$m = \frac{E}{E_p} \text{ ou } E_p = \frac{E}{m}.$$

D'après les expériences de BACH pour le béton armé, le rapport m varie de 7 à 4 1/2 pour p = 1 à p = 24 à 32 kg. et pour p = 24 à 32 kg. à p = 48 à 64 la valeur moyenne de m varie de 11 à 8.

Le coefficient d'élasticité du métal acier étant

$$E = 22 \times 10^5 \text{ kg. par cm}^2 = 2.200.000 \text{ kg. par cm}^2$$

celui du fer étant $E = 20 \times 10^5$ kg. = 2.000.000 kg. par cm²

avec l'acier, les valeur de m ci-dessus doivent donc varier de 10 %.

Valeur du coefficient m d'après la circulaire française. — E pour l'acier = 2.200.000 kg. par cm² ; E_1 pour le béton varie de 160.000 à 270.000 kg. par cm².

D'après ces chiffres, m varie donc de

$$m = \frac{E}{E'} = \frac{2{,}200.000}{270.000} = 8 \quad \text{à} \quad \frac{2.200.000}{160.000} = 14.$$

La circulaire française admet que m peut varier de 8 à 15 et fixe le minimum quand les barres longitudinales auront un diamètre égal au 1/10 de la plus petite dimension de la pièce ; des ligatures ou entretoises transversales espacées de cette dernière dimension et les abouts peu éloignés des surfaces libres du béton. (Fig. 2).

Le maximum s'applique quand le diamètre des barres longitudinales ne sera que le 1/20 de la plus petite dimension de la pièce et l'espacement des ligatures ou armatures transversales le 1/3 de cette dimension. Pratiquement on adopte m = 12 ou 15. (Fig. 3).

On peut admettre que le coefficient d'élasticité du béton à traction est le même qu'à compression.

Limite d'élasticité. — D'après les expériences de BACH on peut considérer comme limite de la résistance permanente le 1/3 environ de la charge de rupture.

Résistance au glissement. — Les expériences ont donné 29 à 36 kg. pour les bétons à 180 kg. de rupture à compression ; 24 à 30 kg. pour les bétons à 150 kg. de rupture à compression.

Résistance au cisaillement et au glissement du béton sur lui-même. — La circulaire ministérielle française à limité cette résistance en sécurité au 1/10 de la résistance de sécurité à compression :

pour du béton à	300 kg.	350 kg.	et	400 kg.
on a au cm²	4,4 kg.	5 kg.	et	5,6 kg.

Adhérence du métal. — D'après les expériences de BAUSCHINGER on trouve 45 kg. par cm² comme résistance à l'arrachement du fer dans le béton.

D'après des essais faits en Amérique, le scellement dépassant 0m35 de long, on a trouvé 34 kg. par cm² de surface adhérente.

Les essais du service des phares et balises ont donné de 20 à 48 kg.

En rapportant l'effort à l'unité de fer on a trouvé que le coefficient d'adhérence correspondait avec la limite d'élasticité, soit 24 à 32 kg. par mm² (striction). Ordinairement dans les essais, les barres qui sortaient portaient une partie de ciment. C'est le défaut de résistance de celui-ci qui entraîne la rupture. On peut conclure de là que l'adhérence du fer au ciment peut être supérieure aux chiffres indiqués par l'expérience et qu'elle dépasse la résistance propre du béton au cisaillement.

La circulaire française admet cette résistance égale à la résistance du glissement.

ÉTUDE DU BÉTON ARMÉ

Dans toutes ces études il est de règle générale d'admettre que le béton est associé aux déformations du métal.

Soit E le coefficient d'élasticité du métal et E' celui du béton. On admet que les tensions élastiques de l'armature et celles du béton qui se trouvent directement en contact sont entre elles dans le rapport $\frac{E}{E'}$.

Dans la déformation d'un solide en béton armé la section transversale présente au contact de l'armature un point de rebroussement. Le glissement de l'armature serait provoqué par l'allongement du fer dépassant la limite d'élasticité ou par cisaillement du béton. Au point de vue théorique il est inadmissible de considérer comme également tendues ou comprimées les fibres du béton et du fer à contact.

La théorie de l'élasticité ne s'applique d'une façon rigoureuse qu'aux corps formés d'une matière continue. La résistance des matériaux ne peut expliquer la déformation des corps dont la composition présente des vides, des fissures, etc. Les corps hétérogènes ne sont donc pas du domaine de l'étude scientifique pure.

Principes du béton armé. — Il faut rendre la matière aussi homogène que possible, c'est-à-dire faire en sorte que les deux matières principales en présence soient aussi intimement réunies qu'il soit possible de le faire. Donc, en principe, placer pour une surface donnée, le plus grand nombre de barres de petites sections, plutôt que de prendre un nombre restreint de barres, mais de sections plus fortes.

Ceci a son importance surtout dans les pièces fléchies, dans la sollicitation desquelles interviennent des efforts de glissement. Il n'en est pas de même dans les pièces comprimées et particulièrement dans les voûtes où les efforts de glissement sont peu importants.

La théorie de la résistance est basée sur l'hypothèse suivante :

Dans tout corps prismatique soumis à l'action de forces extérieures, une section transversale quelconque reste plane et identique à elle-même pendant la déformation.

Dans les pièces en béton armé, aucune expérience n'a porté sur la vérification de l'hypotèse ci-dessus. Les propriétés élastiques du béton sont très différentes de celles des métaux (fer ou acier) et ce n'est que par analogie avec les pièces jusqu'ici étudiées que l'on a appliqué au béton armé l'hypothèse usuelle de la flexion. En l'absence de toute donnée précise relative aux déformations planes, on ne peut rejeter l'hypothèse, mais il ne faut la considérer que comme ne traduisant pas tout à fait la réalité.

Nous avons désigné par m le rapport des coefficients d'élasticité E et E' du métal et du béton

$$m = \frac{E}{E'}.$$

Ces coefficients étant proportionnels à la raideur de la matière, il en résulte que l'armature est m fois plus raide que le béton et, par conséquent, produit un travail moléculaire m fois plus efficace.

Nous pourrons donc établir le principe suivant :

Les déformations et le travail moléculaire ne seront pas modifiés si l'on remplace dans la coupe transversale d'un solide la section des armatures par une section fictive de béton m fois plus grande.

Nous admettons naturellement que l'aire fictive de béton occupe un emplacement équivalent à celui des armatures. Dans ces conditions, nous transformons la pièce hétérogène en une pièce homogène que l'on peut calculer comme telle par la méthode ordinaire.

COMPRESSION

Pièces légèrement armées. — Soit une section transversale. Sous l'action de la compression, la section se déplace parallèlement à elle-même.

Soit

P la charge
S la section totale de la pièce
s la section du métal
p le taux de travail du béton
r le taux de travail du métal
E le coefficient d'élasticité du métal
E' le coefficient d'élasticité du béton à compression.

L'effort P se répartit comme suit :

$$P = p\,S + r\,s \qquad (1)$$

Les déplacements du métal et du béton sont égaux, d'où

$$i = \frac{p}{E'} \qquad \text{et} \qquad i = \frac{r}{E}$$

de ces deux égalités on obtient

$$\frac{p}{E'} = \frac{r}{E} \qquad \text{ou} \qquad \frac{r}{p} = \frac{E}{E'}$$

d'où

$$r = \frac{p\,E}{E'} \qquad \text{mais} \qquad \frac{E}{E'} = m$$

nous aurons

$$r = p\,m$$

en remplaçant la valeur de r dans (1), nous aurons

$$P = p\,S + p\,m\,s$$

d'où

$$P = p\,(S + m\,s). \qquad (2)$$

S'il s'agit d'une construction à vérifier, on connait les valeurs S et s ; on peut facilement, par les formules ci-dessus, déterminer les taux de travail en posant

$$p = \frac{P}{S + m\,s} \qquad (3)$$

et

$$r = m\,p. \qquad (4)$$

Pour un projet, on se donne ordinairement le pourcentage du métal introduit dans la colonne et on a

$$F = \frac{s}{S} \qquad (5)$$

s = section du métal
S = section totale (fer et béton).

On devra donc avoir (formule 2) :

$$P = p\,(S + s\,m) = p\,S + p\,s\,m.$$

Dans le second terme du deuxième membre nous pouvons faire intervenir S sans en changer la valeur et nous aurons

$$P = p\,S + \frac{p\,s\,m\,S}{S} = p\,S\left(1 + \frac{s\,m}{S}\right)$$

d'où

$$S = \frac{P}{p\left(1 + \frac{s\,m}{S}\right)} = \frac{P}{p\left(1 + m\frac{s}{S}\right)} \qquad (6)$$

mais $\frac{s}{S}$ étant égal à F, nous aurons

$$S = \frac{P}{p\,(1 + F\,m)} \qquad (7)$$

le terme $p\ (1 + F\,m)$ représente le coefficient de travail unitaire moyen.

Nous voyons que le taux de travail du béton étant choisi, on peut déterminer et les éléments de la pièce, et le taux de travail du métal, à condition de se donner une relation supplémentaire.

Très souvent, la section S est imposée par question d'aspect ou de construction, on peut aussi s'imposer s. Mais la condition la plus rationnelle est de s'imposer le pourcentage F si l'on peut disposer des valeurs S et s.

Pour les pièces comprimées, F varie de 0,02 à 0,05 ; il est d'usage de ne pas dépasser 0,05.

Pièces fortement armées. — Quand l'armature présente une certaine importance, il faut déterminer la surface exacte du béton, c'est-à-nire $S - s$; l'égalité des efforts dus au béton et au métal donne

$$P = (S - s)\,p + s\,p\,m = S\,p - s\,p + s\,p\,m =$$

$$S\,p + s\,p\,(m - 1) = p\left[S + s\,(m - 1)\right]. \qquad (8)$$

Pièces courtes.

N = effort de compression
L = longueur de la pièce
s = surface totale des armatures longitudinales
s_b = surface du béton
S = surface réelle de la section
F = pourcentage du métal = $\frac{s}{S}$ et $s = F\,S$
p = taux maximum de travail du béton à compression
R = coefficient de travail moyen de la section
$m = \frac{E}{E'}$
S' = section fictive, c'est-à-dire section nette du béton plus la surface du métal incorporé, ramenée à une surface de béton

La section fictive $S' = s_b + m\,s$. (9)

En multipliant par p on a la charge à porter

$$N = p\,(s_b + m\,s)$$

mais $s_b = S - s$, on a, en remplaçant s_b par sa valeur,

$$S' = S - s + m\,s = S + s\,(m - 1)$$

mais s peut être remplacé par F S et on a

$$S' = S - F\,S + m\,F\,S$$

$$S' = S\left[1 + (m - 1)\,F\right] \qquad (9')$$

En remplaçant s_b par sa valeur dans

$$N = p\,(s_b + m\,s)$$

on a

$$N = p\,(S - s + m\,s)$$

$$N = p\left[S + s\,(m - 1)\right] \qquad (8)$$

L'armature est m fois plus raide que le béton enveloppant, son taux de travail r est donc m fois plus élevé et on a

$$r = m\,p \qquad (4)$$

Substituons également dans (8) la valeur $F = \frac{s}{S}$ ou $s = F\,S$, on a

$$N = p\left[S + (m - 1)\,F\,S\right]$$

$$N = p\,S\left[1 + (m - 1)\,F\right] \qquad (10)$$

Le terme $p\left[1 + (m - 1)\,F\right]$ représente le taux moyen R; on a donc

$$p\left[1 + (m - 1)\,F\right] = R \qquad (11)$$

De (8) on a

$$p = \frac{N}{S + (m - 1)\,s} \qquad (12)$$

et

$$S = \frac{N}{p} - s\,(m - 1) \qquad (13)$$

En fonction de R taux moyen on a

$$N = R\,S \qquad (14)$$

$$S = \frac{N}{R} \qquad (15)$$

$$R = \frac{N}{S}$$

$$s = F\,S \qquad (16)$$

De la formule (11) on peut obtenir la valeur F et on a

$$R = p\left[1 + (m - i)\,F\right] = p + (m - 1)\,F\,p$$

d'où

$$F = \frac{R \quad p}{p\,(m - 1)} \qquad (16')$$

Pièces longues non frettées, c'est-à-dire sans armature contre le gonflement. — S'il y a tendance au flambage, employer la formule de RANKINE

$$p = \frac{N}{S + (m - 1)\,s}\left(1 + \frac{K\,L^2}{10.000\,r_a^{\,2}}\right) \qquad (17)$$

r_a = rayon de giration = $\sqrt{\frac{I}{S'}}$ où $r_a^2 = \frac{I}{S'}$

L = longueur de la pièce

I = moment d'inertie

K = coefficient dépendant de la fixation des extrémités et dont les valeurs sont données dans le règlement français.

K = 4, quand la pièce est encastrée à une extrémité et libre à l'autre (fig. 4).

K = 1, quand la pièce est articulée aux deux extrémités (fig. 5).

K = 1, quand la pièce est encastrée avec un encastrement glissant (fig. 6).

K = 1/2, quand la pièce est encastrée à une extrémité et articulée à l'autre (fig. 7).

K = 1/4, quand la pièce est encastrée aux deux extrémités (fig. 8).

Dans le cas de la fig. 7, si l'encastrement est imparfait, on prendra une valeur moyenne entre 1/2 et 1, soit 3/4 et, pour la fig. 8, si l'un des encastrements est imparfait, on prendra une valeur moyenne entre 1/4 et 1/2, soit 3/8 ; si les deux sont imparfaits, on prendra une moyenne entre 1/4 et 1, soit 5/8.

La formule (17) est basée sur la formule de RANKINE, applicable aux pièces métalliques. Cette formule est la suivante

$$N = \frac{p}{\frac{1}{S'} + \frac{\alpha L^2}{I}}$$

dans laquelle

$$\alpha = \frac{K}{10.000}$$

d'où nous aurons

$$p = \frac{N}{S'} + \frac{N \alpha L^2}{I}$$

remplaçons I par sa valeur = $S' r_a^2$, nous trouvons

$$p = \frac{N}{S'} + \frac{N \alpha L^2}{S' r_a^2}$$

mettons le terme $\frac{N}{S'}$ en évidence on a

$$p = \frac{N}{S'}\left(1 + \frac{\alpha L^2}{r_a^2}\right)$$

S' étant la section fictive

S la section totale fer et béton

s la section du métal

on a

$$S' = (S - s) + m s = S + s(m - 1)$$

en remplaçant S' par sa valeur nous trouvons

$$p = \frac{N}{S + s(m - 1)}\left(1 + \frac{\alpha L^2}{r_a^2}\right)$$

Nous savons que $\alpha = \frac{K}{10.000}$ et $r_a^2 = \frac{I}{S'}$, nous aurons, en remplaçant dans la formule ci-dessus

$$p = \frac{N}{S + s(m - 1)}\left(1 + \frac{K L^2}{10.000 \frac{I}{S'}}\right)$$

$$p = \frac{N}{S + s(m-1)\left(1 + \frac{K\,L^2\,S'}{10.000\,I}\right)}$$

d'où

$$N = \left\{ \frac{p\left[S + s(m-1)\right]}{1 + \frac{K\,L^2\,S'}{10.000\,I}} \right\}$$

en remplacant s en fonction de S nouş aurons

$$N = \frac{p\left[S + S\,F(m-1)\right]}{1 + \frac{K\,L^2\,S'}{10.000\,I}}$$

mettons p S en évidence au numérateur

$$N = \frac{p\,S\left[1 + F(m-1)\right]}{1 + \frac{K\,L^2\,S'}{10.000\,I}}$$

Le terme $p\left[1 + F(m-1)\right]$ est égal à R, avons-nous vu, on aura

$$N = \frac{R \times S}{1 + \frac{K\,L^2\,S'}{10.000\,I}}$$

La surface d'une section de colonne étant souvent donnée en fonction de d, diamètre du cercle inscrit, il est nécessaire de faire intervenir sa valeur dans la formule ci-dessus. Pour cela, sans en changer la valeur, multiplions le numérateur et le dénominateur du dénominateur de la fraction par la même quantité d^2 nous ne changerons en rien la valeur du dénominateur car dans ce cas nous aurons

$$\frac{d^2}{d^2} = 1$$

nous aurons donc

$$N = \frac{R \times S}{1 + \frac{K\,L^2\,S'}{10.000\,I}} = \frac{R \times S}{1 + \frac{K\,L^2\,S'\,d^2}{10.000\,I\,d^2}}$$

On peut considérer une suite de sections quelconques et, pour chacune, calculer le rapport

$$\frac{S'\,d^2}{10.000\,I}$$

dans lequel d sera égal au diamètre du cercle inscrit ou égal à la largeur de la pièce, parallèle au flambage. (Donc d est égal à la plus petite dimension de la section transversale de la colonne).

En faisant ce rapport $\frac{S'\,d^2}{10.000\,I} = G$, nous aurons, en le remplaçant dans la formule

$$N = \frac{R \times S}{1 + \frac{K\,L^2\,G}{d^2}} \qquad (18)$$

d'où

$$S = \frac{N}{R}\left[1 + \frac{K\ L^2\ G}{d^2}\right] \qquad (19)$$

et

$$R = \frac{N}{S}\left[1 + \frac{K\ L^2\ G}{d^2}\right] \qquad (20)$$

D'après la circulaire française, on peut **négliger le flambage quand le rapport de la hauteur à la** plus petite dimension transversale est *inférieure à 20*, pour autant que la fatigue du béton à compression ne dépasse pas les *28/100* de la résistance à l'écracement du béton non armé.

Flambage. — Nous avons trouvé

$$p = \frac{N}{S'}\left(1 + \frac{K\ L^2}{10.000\ r_a{}^2}\right)$$

r_a = rayon de giration
L = longueur de la pièce

Si la pièce est de grande longueur, il arrive que dans le terme entre parenthèse, l'unité devient négligeable en présence de la valeur $\frac{K\ L^2}{10.000\ r_a{}^2}$. L'égalité peut se transcrire

$$\frac{N}{S'}\left(\frac{K\ L^2}{10.000\ r_a{}^2}\right) = p$$

ou bien

$$N = \frac{p\ 10.000\ S'\ r_a{}^2}{K\ L^2}$$

mais $S'\ r_a{}^2 = I$, on a

$$N = \frac{p\ 10.000\ I}{K\ L^2}$$

Très approximativement, le coefficient d'élasticité E' du béton est 200.000 kg. en cm. et la valeur moyenne du coefficient de travail du béton p est 50 kg. Alors en fonction de E', la valeur 10.000 p peut s'écrire

$$10.000\ p \text{ ou } 10.000 \times 50 = \frac{E'}{x} = \frac{200.000}{x}$$

d'où

$$x = 0{,}4 \text{ ou } \frac{4}{10}$$

Le terme $\frac{E}{x}$ peut donc s'écrire $= \frac{10\ E'}{4}$ mais 10 est très approximativement π^2 ou donc

$$\frac{\pi^2\ E'}{4} = 10.000\ p$$

remplaçons cette valeur dans la formule $N = \frac{p\ 10.000\ I}{K\ L^2}$

on a

$$N = \frac{\pi^2\ E'\ I}{4\ K\ L^2}$$

c'est-à-dire la formule d'EULER avec un coefficient de sécurité égal à 4.

Recherche de G pour une section carrée. — (Fig. 9.) — Pour cet exemple, nous supposerons

$$m = \frac{E}{E'} = 12$$

et

$$F = \frac{s}{S} = 0,02$$

La section fictive est $S' = S - s + m\,s$; en faisant $s = F\,S$, on a

$$S' = S - S\,F + m\,F\,S = S + F\,(m\,S - S)$$

$$S' = S\left[1 + F\,(m - 1)\right]$$

Le moment d'inertie du carré est $I = \frac{d^4}{12}$ on aura donc

$$I \text{ total} = \frac{d^4}{12} + m\,s\,(0,4\,d)^2 \qquad (2)$$

En admettant que l'armature soit placée à 1/10 d de la face de la colonne (fig. 9), d^4 peut être remplacé par $d \times d \times d \times d$ ou $d^2 \times d^2$; or, $d^2 = S$, on aura donc

$$\frac{d^4}{12} = \frac{S \times d^2}{12}$$

Dans (2), s peut être remplacé par sa valeur en fonction de S, on aura

$$I \text{ total} = \frac{S\,d^2}{12} + m\,F\,S \times 0,16\,d^2$$

$$I \text{ total} = S\,d^2\left[\frac{1}{12} + (m\,F \times 0,16)\right] \qquad (3)$$

En faisant intervenir cette valeur de I dans $G = \frac{S'\,d^2}{10.000\,I}$ (4)

on aura

$$G = \frac{S'\,d^2}{10.000\,S\,d^2\left[\frac{1}{12} + (m\,F \times 0,16)\right]}$$

Mais $S' = S\left[1 + (m - 1)\,F\right]$

donc

$$G = \frac{S\,d^2\left[1 + (m - 1)\,F\right]}{10.000\,S\,d^2\left(\frac{1}{12} + 0,16\,m\,F\right)}$$

$$G = \frac{1 + (m - 1)\,F}{10.000\left(\frac{1}{12} + 0,16\,m\,F\right)} \qquad (5)$$

En prenant $m = 12$ et $F = 0,02$, nous aurons

$$G = \frac{1 + (12 - 1)\,0,02}{10.000\left[\frac{1}{12} + (0,16 \times 12 \times 0,02)\right]}$$

$$G = 0,001002$$

G étant connu, on peut facilement trouver I et on a de la formule 4

$$I = \frac{S' d^2}{10,000 \ G} \qquad (6)$$

Exemple : Soit un colonne de 400 cm² ; F = 0,02 et m = 12 ; d = 20 cm., nous savons que G = 0,001, on aura

$$S' = S \left[1 + (m - 1) F \right]$$

$$S' = 400 \left[1 + (11 \times 0,02) \right] = 488$$

$$I = \frac{488 \times 20 \times 20}{10.000 \times 0,001} = 19.520 \ cm^4$$

Recherche de G pour une section octogonale. — (Fig. 10.) — Pour cet exemple, nous supposerons

$$m = \frac{E}{E'} = 12$$

$$F = \frac{s}{S} = 0,02$$

et l'armature composée de 8 barres.

La section fictive est

$$S' = S - s + m\,s$$

$$S' = S - S\,F + m\,S\,F$$

$$S' = S \left[1 + F\,(m - 1) \right]$$

Surface de l'octogone en fonction de d, diamètre du cercle inscrit, on a

$$S = 0,827 \ d^2$$

I = moment d'inertie d'un octogone non armé en fonction de d $I = 0,05474 \ d^4$

Moment d'inertie en fonction de la surface S

$$I = S \times x \text{ ou } x = \frac{I}{S} = \frac{0,05474 \ d^4}{0,827 \ d^2} = 0,066 \ d^2$$

d'où

$$I = 0,066 \ d^2 \ S$$

Section d'une barre $\frac{s}{8}$, en fonction du béton, nous aurons

$\frac{1}{8} m\,s$ et, en fonction de S, on a $\frac{1}{8} m\,F\,S$.

Nous aurons pour I total

$$I \text{ total} = \underbrace{0,066 \ d^2 \ S}_{\text{octogone}} + \underbrace{\frac{4}{8} m\,F\,S \times \overline{(0,4 \ d)}^2}_{\text{barres 1, 2, 3 et 4}} + \underbrace{\frac{4}{8} m\,F\,S \times \overline{(0,166 \ d)}^2}_{\text{barres 5, 6, 7 et 8}}$$

$$I \text{ total} = 0,066 \ S \ d^2 + 0,08 \ m\,F\,S \ d^2 + 0,013 \ m\,F\,S \ d^2$$

$$I \text{ total} = S \ d^2 \,(0,066 + 0,08 \ m\,F + 0,013 \ m\,F)$$

$$I \text{ total} = S \ d^2 \,(0,066 + 0,093 \ m\,F)$$

$$G = \frac{S' d^2}{10.000\ l} = \frac{d^2 S \left[1 + (m - 1) F\right]}{10.000\ l}$$

$$G = \frac{d^2 S \left[1 + (m - 1) F\right]}{10.000\ S\ d^2 (0{,}066 + 0{,}093\ m\ F)} = \frac{1 + (m - 1) F}{10.000\ (0{,}66 + 0{,}093\ m\ F)}$$

En prenant F = 0,02 et m = 12, on aura pour ce cas

$$G = \frac{1 + (12 - 1)\ 0{,}02}{10.000 \left[0{,}066 + (0{,}093 \times 12 \times 0{,}02)\right]}$$

$$G = 0{,}00139$$

Donc en prenant m = 12 et F = 0,02, nous aurons pour une section octogonale de la disposition ci-dessus G = 0,00139.

Prisme fretté. — Les formules employées pour les pièces longues non frettées sont applicables, mais la résistance pratique à l'écrasement devient, d'après la circulaire française,

$$p_1 = p\left(1 + m' \frac{V'}{V}\right) \tag{21}$$

V' = volume des armatures transversales ou obliques

V = volume du béton pour une même longueur de prisme

m' = coefficient variant de 8 à 15 et de 15 à 32, d'après le degré d'efficacité des liaisons établies.

8 se rapporte au cas où l'espacement des armatures transversales atteint la plus faible dimension transversale de la pièce, fig. 11.

15 quand l'espacement descend au 1/3 au plus de cette dimension, fig. 11.

Pour un frettage en spires plus ou moins serrées, m' varie de 15 à 32 :

15 quand l'écartement des frettes atteint les 2/5 de la plus petite dimension, fig. 12.

32 quand l'écartement des frettes atteint 1/5, pour une compression de 50 kg. par cm², fig. 12.

32 également quand l'écartement des frettes atteint 1/8, pour une compression de 100 kg. par cm², fig. 12.

De toute façon, la limite de fatigue ne pourra dépasser 0,6 de la résistance du béton non armé à rupture variant de 160 à 200 kg. par cm² pour du béton de 90 jours.

Dans ces conditions, la limite de travail du métal devient en faisant $\frac{E}{E'} = m = 15$

le taux unitaire maximum pour le béton étant

$$0{,}6 \times 200 = 120 \text{ kg. par cm}^2$$

celui du métal sera donc $m\ p = r$

$$120 \times 15 = 1.800 \text{ kg. par cm}^2$$

Pratiquement, on adopte souvent avec le béton fretté 30 à 32 pour m'.

Soit donc pour des bétons formés de 400 litres de sable et 800 litres de gravier, avec dosage de ciment à

300 kg.	350 kg.	et	400 kg.

Le coefficient de rupture à compression par cm² étant

160 kg.	180 kg.	et	200 kg.

le coefficient pratique de sécurité pour les prismes frettés étant les 6/10 de la charge de rupture, on aura, par cm² 96 kg. 108 kg. et 120 kg.

Détermination des frettes. — La formule donnant la résistance pratique à l'écrasement des prismes frettés est

$$p_f = p\left(1 + m'\frac{V'}{V}\right) \qquad (21)$$

$$p_f = p + \frac{p\,m'\,V'}{V}$$

$$p_f\,V = p\,.V + p\,m'\,V'$$

$$p\,m'\,V' = p_f\,V - p\,V$$

D'où on tire

$$V' = \frac{V\,(p_f - p)}{p\,m'} \qquad (22)$$

p_f est le travail moyen de la section, obtenu par l'examen de la surface réelle qu'elle présente.

On détermine V en considérant une hauteur égale au pas h de l'hélice : V' est le volume d'une spire, (fig. 13).

Si le prisme possède des armatures longitudinales on donnera à p dans la formule une valeur égale à

$$p\left[1 + (m - 1)\,F\right] = R \qquad (11)$$

et la valeur de V' sera égale à

$$V' = \frac{V\,(p_f - R)}{m'\,R} \qquad (22')$$

Si la section transversale est un polygone régulier avec cercle inscrit de diamètre d et si g est le rapport de l'aire réelle de cette section à d^2, on a

$$S = g\,d^2$$

Donc, pour valeur de V, nous aurons

$$V = g\,d^2\,h \qquad (23)$$

Quelques valeurs de g :

Carré	$g = 1$	Triangle	$g = 1{,}299$
Hexagone	$g = 0{,}866025$	Pentagone	$g = 0{,}908$
Octogone	$g = 0{,}828427$	Décagone	$g = 0{,}812$
Cercle	$g = 0{,}785398$	Dodécagone	$g = 0{,}883$

L'enroulement de la frette se fait suivant une ou plusieurs hélices. Les figures 14, 15, 16 et 17 indiquent la plus faible dimension transversale d pour la détermination de m'. Avec les sections fléchies le frettage peut être supprimé quand le taux de travail du béton $= p$ (fig. 18). $p =$ taux de travail du béton à compression ou 28/100 du coefficient de rupture.

Pour permettre l'enroulement froid, ne pas dépasser 12 mm. pour le diamètre de la frette. Le pas de l'hélice sera au minimum de 4 cm., pour ne pas exagérer la plasticité du béton.

Moment d'inertie de quelques sections de pièces non armées :

Carré	$I = 0{,}0833\,d^4$	Octogone	$I = 0{,}05474\,d^4$
Hexagone	$I = 0{,}06014\,d^4$	Cercle	$I = 0{,}04909\,d^4$

Supports. — Les colonnes frettées conviennent pour les fortes charges. Dans les colonnes armaturées longitudinalement, il est nécessaire que les barres se prolongent dans les abouts et dans les organes d'appui. Dans ces derniers, il est à conseiller en vue de la simplification de l'exécution, que le prolongement des armatures se fasse par barres spéciales, nommées barres d'encastrement. Les barres longitudinales sont maintenues à leur emplacement par des entretoises ou liaisons transversales écartées de 75 cm. à 1 m. (Pour la longueur des barres d'encastrement, voir joint des barres.)

La longueur des barres d'encastrement est $l_j = d \frac{r}{4 r_a}$.

l_j = longueur des joints
d = diamètre des barres
r = taux de travail du métal = mp
r_a = taux d'adhérence = $1/10\ p$

On a

$$l_j = \frac{d \times 12 \times p}{0,4 \times p} = 30\ d.$$

Les barres auront une longueur totale de $2\ l_j = 60\ d$.
Si le prisme est fretté r augmente et on a $r = mp_t$, d'où

$$l_j = \frac{d\ mp_t}{0,4\ p} = 30\ d\ \frac{p_t}{p}$$

Pour les prismes comprimés, le recouvrement des ligatures sera pris = 30 d.

Détermination graphique de la fibre neutre et du moment d'inertie d'une section soumise à compression. (Fig. 19.) — Traçons une verticale par le centre de chacune des barres, nous aurons ainsi divisé la section en plusieurs parties.

Cherchons la surface de chacune de ces parties, soient g, g_1, g_2, g_2', g_3 et g_4, que nous appliquerons sous forme de forces, à leur centre de gravité respectif.

Appelons s, s_1, s_2, s_3, la section des deux barres se trouvant sur la même verticale et rapportées au béton, ces sections seront ms, ms_1, ms_2, ms_3 que nous appliquerons également sous forme de forces à leur centre.

Faire un polygone de forces en plaçant chacune de celles-ci dans l'ordre. Distance polaire d, échelle des forces, c'est-à-dire des surfaces = $\frac{1}{y}$. Le polygone funiculaire correspondant serait B, a, b, c, d, e, f, g, h, i, etc. Du point B (sur la verticale de g), mener une horizontale B A (A sera sur la verticale de g_4).

Dans le cas de charges sur colonne non symétrique, tracer un second polygone de forces en considérant les forces de gauche à droite et en prenant la même distance polaire d.

Du point A, construire le funiculaire correspondant A, a', b', c', d', e', etc. Par le point d'intersection f des deux funiculaires, élever une verticale. celle-ci est la fibre neutre.

Prolonger chaque côté des deux funiculaires jusqu'à la fibre neutre, les segments interceptés sur celle-ci seront alors considérés comme forces dont les points d'application sont les centres de gravité des surfaces g et s ou ms. Tracer un polygone de forces en prenant une distance polaire qnelconque d_1. Faire le funiculaire correspondant. La longueur ab interceptée sur la fibre neutre est proportionnelle au moment d'inertie de la 1/2 colonne à droite de la fibre neutre. Le moment total est $2 \times ab$; si la colonne était dissymétrique, on devrait faire la même opération pour la partie de gauche, mais en ayant soin de prendre la même distance polaire d_1 pour le polygone des forces.

Traction. — Toute pièce en béton, soumise à traction suivant son axe, ne résiste que par l'armature, la résistance du béton n'entrant pas en ligne de compte à cause de sa faible résistance. On détermine la fatigue par

$$P = S \times r$$

P = effort sollicitant
r est souvent pris égal à 12 à 13 kg. par mm^2
S = section armature

Raccourcissement et allongement des pièces.

E' = coefficient d'élasticité du béton
i = allongement ou raccourcissement par unité de longueur
N = charge
L = longueur de la pièce
s = section des armatures longitudinales
S = section totale réelle
S' = section fictive de la pièce
a = allongement ou raccourcissement total

on a

$$i = \frac{p}{E'} \qquad i \times L = \frac{p\,L}{E'}$$

en prenant $i \times L = a$, on a

$$a = \frac{p\,L}{E'} \qquad \text{mais } p = \frac{N}{S'}$$

d'où

$$a = \frac{N\,L}{S'\,E'}$$

mais $S' = S - s + m\,s = S - s\,(m - 1)$
on aura pour

$$a = \frac{N\,L}{E'\left[S - s\,(m - 1)\right]}$$

Coefficient de dilatation linéaire

du fer = 0,0000122 du béton = 0.0000116

VALEURS DE G $= \dfrac{S_1 \, l^2}{10.000 \, I}$

DÉSIGNATION DE LA SECTION FIG. 20	POURCENTAGE EN MÉTAL F					
	0,00	0,01	0,02	0,03	0,04	0,05
				$m = 15$		
A	0,00120	0,00110	0,00103	0,00098	0,00094	0,00090
B	0,00120	0,00115	0,00111	0,00108	0,00106	0,00104
C	0,00144	0,00137	0,00131	0,00127	0,00124	0,00121
D	0,00151	0,00145	0,00141	0,00137	0,00134	0,00132
E	0,00160	0,00156	0,00152	0,00150	0,00147	0,00146
F	0,00120	0,00110	0,00103	0,00098	0,00094	0,00090
H	0,00120	0,00117	0,00114	0,00112	0,00111	0,00109
				$m = 12$		
A	0,00120	0,00108	0,00100	0,00094	0,00090	0,00087
B	0,00120	0,00114	0,00109	0,00106	0,00104	0,00102
C	0,00144	0,00135	0,00129	0,00124	0,00121	0,00118
D	0,00151	0,00144	0,00139	0,00135	0,00132	0,00129
E	0,00160	0,00155	0,00151	0,00148	0,00145	0,00143
F	0,00120	0,00108	0,00100	0,00094	0,00090	0,00087
H	0,00120	0,00116	0,00113	0,00111	0,00109	0,00108

N. B. — Les chiffres du tableau sont donnés en supposant le centre des barres se trouvant à 1/10 l. de l'extérieur de la colonne.

PRIX DE REVIENT AU M³ D'UN OUVRAGE EN BÉTON ARMÉ

Le mélange est composé de 800 litres de plaquettes de 5 mm., 400 litres de sable et 350 kg. de ciment

Plaquettes de grès : la tonne	fr. 2,30	(prix à la carrière)
Déchargement	» 1,30	
Transport	» 1,00	
Total	fr. 4,60	

Le m³ de plaquettes pèse 1.450 à 1.500 kg., ce qui donne pour 800 litres un poids de 1.500 × 0,8 = 1.200 kg., à fr. 4,60 la tonne.

Prix des 800 litres de plaquettes	fr. 4,60 × 1,2 = fr.	5,52

Poussier la tonne	fr. 1,80
Déchargement »	1,30
Transport »	1,00
Total	fr. 4,10

Le m³ de poussier pèse 1.450 à 1.500 kg., ce qui donne pour 400 litres, un poids de 1.500 × 0,4 = 600 kg. à fr. 4,10 la tonne.

Prix des 400 litres de poussier	fr. 4,10 × 0,6 = fr.	2,46

Ciment la tonne	fr. 24,00
Déchargement »	1,60
Transport »	1,00
Faux frais, perte de sacs, etc.	1,00
Total	fr. 27,60

350 kg. de ciment reviennent à	fr. 27,60 × 0,350 = fr.	9,66		
Soit pour plaquettes, poussier et ciment			17,64	
Fabrication du béton pour 1 m³			4,00	
Mise en œuvre, le m³			7,00	
	Total	fr.		28,64
Frais généraux et bénéfices 20 %				5,73
	Total	fr.		34,37

ARMATURE

Prix des barres rondes et feuillards	15 fr. les 100 kg.	= fr. 0,15	le kg.
Déchargement	1 fr. la tonne	= fr. 0,001	le kg.
Déchets au découpage 10 °/₀	(soit 0,15 × 0,10)	= fr. 0,015	par kg.
Main-d'œuvre des fers, classement, nettoyage	5 fr. la tonne	= fr. 0,005	par kg.
Pliage des barres	25 fr. la tonne	= fr. 0,025	par kg.
Ferraillage, mise en place, etc.	20 fr. la tonne	= fr. 0,020	par kg.
		0,216	
Frais généraux, assurance, bénéfice 20 °/₀		0,043	
	Soit		fr. 0,26 le kg.

L'armature ordinaire reviendrait à fr. 0,26 le kg.

COFFRAGE

Le coffrage varie avec le genre et l'importance de la construction et chaque cas est à étudier séparément.

Dans tous les cas, on peut compter fr. 0,90 à fr. 1,50 par m² de coffrage. Il y a lieu d'ajouter au prix total du m³ de béton une valeur de 8 à 10 fr. pour le bois perdu.

DEUXIÈME PARTIE

FLEXION

Flexion simple. — On dit qu'une pièce est soumise à flexion simple quand elle est sollicitée par un système de forces (charges) normales à son axe.

Pièces légèrement armées. — Nous supposerons que l'armature, comme dans la plupart des systèmes en béton armé, ne présente qu'une section relativement faible par rapport à celle de la pièce. Nous admettons également que les barres constitutives sont réparties en deux séries, l'une dans la zone tendue, l'autre dans la partie comprimée et que chacune ne présente qu'une hauteur relativement faible par rapport à la hauteur de la pièce. Nous déterminerons les tensions longitudinales positives et négatives provenant des moments fléchissants et les efforts de glissements provenant des efforts tranchants.

Tensions longitudinales. — Soit

M = moment fléchissant à une sectiou considérée
s = section de l'armature tendue
s' = section de l'armature comprimée
p = pression maximum du béton à la fibre extrême (comprimée)
r = travail moyen dans l'armature tendue
r' = travail moyen dans l'armature comprimée

Les dimensions des barres, en hauteur, étant supposées faibles, nous pouvons admettre que les différentes fibres d'une même armature ont même tension. La flexion simple résultant de l'action de forces extérieures normales à la fibre moyenne, la projection horizontale de ces forces sera donc nulle. Il en résulte que : *Les tensions longitudinales qui agissent dans une section normale se font équilibre.*

Ces forces intérieures comprennent d'un côté de la fibre neutre des efforts de compression agissant sur le béton et sur l'armature, de l'autre côté des efforts de traction dans l'armature seule, le béton étant supposé intercepté sur la hauteur BO (fig. 21),

Les efforts de compression du béton sont représentés par le trianglo A O A'.

Comme effort moyen nous aurons

$$\frac{A A'}{2} = \frac{p}{2}$$

Cet effort s'exerce sur une section qui est égale à la hauteur considérée, donc O A = a, multipliée par la largeur de la pièce qui est e. Nous aurons comme section comprimée

$$a \times e$$

L'effort de compression sur cette partie du béton sera

$$\frac{p}{2} \times a \times e = \frac{p\,a\,e}{2} = \frac{1}{2}\,a\,e\,p \qquad (24)$$

La section de l'armature étant très faible, par rapport à la section du béton, il n'y a pas lieu de déduire l'effort du béton qu'elle remplace.

Les efforts dans les armatures sont, pour les barres comprimées,

$$r' \times s' = s' r'$$

pour les barres tendues, nous aurons

$$r \times s = s r$$

Comme première condition d'équilibre, nous devons donc avoir

$$\frac{1}{2} a e p + s' r' = s r \qquad (25)$$

La deuxième égalité est fournie par l'équilibre des moments des forces intérieures avec les moments des forces extérieures, par rapport à la fibre neutre.

Nous aurons pour moments des forces de compression du béton

$$\frac{1}{2} a e p \times \frac{2}{3} a = \frac{1}{3} a^2 e p \quad \text{ou} \quad \frac{a^2 e p}{3}$$

$\frac{2}{3} a$ représente le bras de levier de la résultante des forces de compression qui agissent sur la hauteur A O. Ces efforts se répartissent suivant un triangle dont le centre de gravité est à la distance $\frac{2}{3} a$ du sommet du triangle.

Moment des forces de compression dans les armatures comprimées

$$s' r' \times b' = s' r' b'$$

Moment des forces de tension dans les armatures tendues

$$s r \times b = s r b$$

Nous devons avoir, si M est le moment des forces extérieures ou agissantes

$$M = \frac{a^2 e p}{3} + s' r' b' + s r b \qquad (2^{me} \text{ condition d'équilibre}) \qquad (26)$$

Nous admettons que la section A B, reste plane en A' B' après déformation. Cette condition permet d'établir des relations entre l'armature et le béton. D'après les triangles semblables, on a

$$\frac{A\,A'}{A\,O} = \frac{C\,C'}{C\,O} = \frac{D\,D'}{D\,O}$$

en désignant par E le coefficient d'élasticité du métal et par E' celui du béton, les allongements ou raccourcissements devant être proportionnels, on peut écrire

$$AA' = i = \frac{p}{E'} \quad \text{raccourcissement du béton}$$

$$CC' = i' = \frac{r'}{E} \quad \text{raccourcissement du métal}$$

$$DD' = i_0 = \frac{r}{E'} \quad \text{allongement du métal}$$

AA' et CC' étant proportionnels et AO et CO étant respectivement = à a et b', on peut écrire

$$\frac{AA'}{AO} = \frac{CC'}{CO} = \frac{i}{a} = \frac{i'}{b} = \frac{\frac{p}{E'}}{a} = \frac{\frac{r'}{E}}{b'} \quad \text{ou} \quad \frac{p}{E' a} = \frac{r'}{E\, b'}$$

d'où

$$r' = \frac{p\ E\ b'}{E'\ a} = \frac{p\ b'\ E}{a\ E'}$$

en faisant $\frac{E}{E'} = m$, on a

$$r' = \frac{p\ b'\ m}{a} \qquad (27)$$

on a aussi

$$\frac{AA'}{AO} = \frac{DD'}{DO} = \frac{i}{a} = \frac{i_0}{b} = \frac{\frac{p}{E'}}{a} = \frac{\frac{r}{E}}{b} \quad \text{ou} \quad \frac{p}{E'\,a} = \frac{r}{E\,b}$$

d'où

$$r = \frac{p\ b\ E}{a\ E'} = \frac{p\ b\ m}{a} \qquad (28)$$

En remplaçant ces valeurs de r' et de r dans la première égalité, donnant la première condition d'équilibre

$$\frac{1}{2}\,a\ e\ p + s'\ r' = s\ r$$

on a

$$\frac{1}{2}\ a\ e\ p + s'\ \frac{p\ b'\ m}{a} = s\ \frac{p\ b\ m}{a}$$

si nous réduisons au même dénominateur nous aurons

$$\frac{\frac{1}{2}\ a^2\ e\ p}{a} + \frac{s'\ p\ b'\ m}{a} = \frac{s\ p\ b\ m}{a}$$

en simplifiant par a on a

$$\frac{1}{2}\,a^2\ e\ p + s'\ p\ b'\ m = s\ p\ b\ m$$

$$\frac{1}{2}\,a^2\ e\ p + s'\ p\ b'\ m - s\ p\ b\ m = 0$$

$$p\left(\frac{1}{2}\ a^2\ e + s'\ b'\ m - s\ b\ m\right) = 0$$

divisons les deux termes par p nous aurons

$$\frac{1}{2}\,a^2\ e + s'\ b'\ m - s\ b\ m = 0$$

ou

$$\frac{1}{2}\,a^2\ e + m\ (s'\ b' - s\ b) = 0 \qquad (29)$$

Transformons également la deuxième égalité (26), en remplaçant r et r' par leur valeur

$$M = \frac{a^2\ e\ p}{3} + s'\ r'\ b' + s\ r\ b$$

on a

$$M = \frac{a^2\ e\ p}{3} + \frac{s'\ b'\ p\ b'\ m}{a} + \frac{s\ b\ p\ b\ m}{a}$$

$$M = \frac{a^2\ e\ p}{3} + \frac{s'\ b'^2\ p\ m}{a} + \frac{s\ b^2\ p\ m}{a}$$

réduisons au même dénominateur et simplifions on aura

$$M\ a = \frac{a^3\ e\ p}{3} + s'\ b'^2\ p\ m + s\ b^2\ p\ m$$

mettons p en évidence

$$M\ a = p\left(\frac{a^3\ e}{3} + s'\ b'^2\ m + s\ b^2\ m\right)$$

$$M\ a = p\left[\frac{a^3\ e}{3} + m\ (s'\ b'^2 + s\ b^2)\right] \quad (30)$$

d'où

$$M = \frac{p}{a}\left[\frac{1}{3}a^3\ e + m\ (s'\ b'^2 + s\ b^2)\right] \quad (31)$$

de laquelle on tire

$$p = \frac{M\ a}{\frac{a^3\ e}{3} + m\ (s'\ b'^2 + s\ b^2)} \quad (32)$$

Dans les pièces métalliques on a

$$r = \frac{M}{\frac{I}{V}} = \frac{M\ V}{I}$$ égalité analogue à (32)

le dénominateur de la formule (32) représentant le moment d'inertie I et a représentant V d'où

$$I = \frac{a^3\ e}{3} + m\ (s'\ b'^2 + s\ b^2) \quad (33)$$

Cette formule (32) peut s'écrire

$$p = \frac{M\ a}{I} \quad (34)$$

Ce moment d'inertie égal le moment de la zone comprimée de béton augmenté du moment d'inertie des deux armatures multiplié par le rapport m.

En fonction du moment d'inertie, on peut également obtenir les tensions dans les armatures par les formules suivantes en remplaçant dans (27) et (28) la valeur de p donnée par (34)

$$r' = \frac{p\ b'\ m}{a} = \frac{M\ a\ b'\ m}{I\ a} = \frac{M\ b'\ m}{I} \quad (35)$$

$$r = \frac{p\ b\ m}{a} = \frac{M\ a\ b\ m}{I\ a} = \frac{M\ b\ m}{I} \quad (36)$$

En faisant $a + b = h' = h - d$ et $b = h' - a$

et $b' = a - c$

on trouve en remplaçant ces valeurs dans la formule

$$\frac{1}{2}\ a^2\ e + m\ (s'\ b' - s\ b) = 0 \quad (29)$$

$$\frac{1}{2}\ a^2\ e + m\left[s'\ (a - c) - s\ (h' - a)\right] = 0$$

$$\frac{1}{2}\ a^2\ e + \left[m\ s'\ (a - c) - m\ s\ (h' - a)\right] = 0$$

$$\frac{1}{2} a^2 e + m s' a - m s' c - m s h' + m s a = 0$$

$$\frac{1}{2} a^2 e + m a (s' + s) - m (s' c + s h') = 0 \qquad (37)$$

de cette formule (37) tirons la valeur de a

$$a^2 + \frac{m a (s' + s)}{\frac{e}{2}} - \frac{m (s' c + s h')}{\frac{e}{2}} = 0$$

$$a^2 + \frac{2 m a (s' + s)}{e} - \frac{2 m (s' c + s h')}{e} = 0$$

Cette équation est du deuxième degré, d'où l'inconnue a est égale à la moitié du coefficient du second terme

$$\left(\text{dans ce cas le coefficient est égal à } \frac{2 m (s' + s)}{e}\right)$$

pris en signe contraire ou $\left(- \frac{m (s' + s)}{e}\right)$, plus ou moins la racine carrée cu carré de cette moitié augmenté du terme connu pris en signe contraire, c'est-à-dire

$$\pm \sqrt{\frac{\overline{m (s' + s)}^2}{e^2} + \frac{2 m (s' c + s h')}{e}}$$

donc on aura pour valeur de a

$$a = - \frac{m (s' + s)}{e} \pm \sqrt{\frac{\overline{m (s' + s)}^2}{e^2} + \frac{2 m (s' c + s h')}{e}} \qquad (38)$$

L'emplacement de cette fibre neutre dépend donc exclusivement des éléments de la section et du rapport m

Construction en projet. — On se donne les valeurs de p et r. Pour déterminer complètement le problème, il faut encore se donner soit h' soit s' soit une relation entre s et s' Mais en général la façon la plus pratique consiste à se donner tous les éléments et à opérer par vérification par les formules ci-dessus.

RECHERCHE DES DIMENSIONS PRINCIPALES D'UNE PIÈCE RECTANGULAIRE

Recherche de a. — (Fig. 21.) — Nous avons pour coefficient de la fibre supérieure du béton p, pour coefficient du fer à traction on a r, mais si nous remplaçons ce fer par une section fictive de béton, pour supporter le même effort, nous aurons un coefficient p' qui sera égal à

$$p' = \frac{r}{m}$$

Les triangles semblables A O A' et D O D' nous donnent

$$\frac{p}{p'} = \frac{a}{b} \quad \text{et} \quad \frac{p}{\frac{r}{m}} = \frac{a}{b} \quad \text{ou} \quad \frac{p}{r} m = \frac{a}{b}$$

en faisant

$$\frac{p}{r} = \frac{1}{K} \quad \text{ou} \quad \frac{r}{p} = K \tag{38}$$

nous aurons

$$\frac{m}{K} = \frac{a}{b}$$

Les théorèmes des proportions nous donnent

$$\frac{m + K}{m} = \frac{a + b}{a}$$

$a + b$ étant égal à h' on a

$$\frac{m + K}{m} = \frac{h'}{a}$$

d'où

$$a = \frac{h' \, m}{K + m} \tag{39}$$

Recherche de la distance c. — L'armature étant supposée au centre de pression de la zone comprimée soit donc aux 2/3 de a, nous aurons

$$c = a - \frac{2}{3} a \quad \text{ou} \quad c = \frac{a}{3} \tag{40}$$

Recherche de h''. — On a

$$h'' = h' - c = h' = \frac{a}{3} \tag{41}$$

Recherche de s. — En écrivant les moments par rapport à l'axe du centre de pression de la partie comprimée, il faut qu'il y ait égalité entre les moments des forces intérieures et extérieures.

Les moments des compressions intérieures donnent un moment nul autour de cet axe, il reste donc

$$s \times r \times h'' = M \quad \text{ou} \quad s \, r \, h'' = M$$

(M étant le moment des forces extérieures)

d'où

$$s = \frac{M}{r \times h''} \tag{42}$$

mais $h'' = h' - \frac{a}{3}$, on a donc

$$s = \frac{M}{r\left(h' - \frac{a}{3}\right)} \tag{42'}$$

Recherche de e. — Nous avons vu que les efforts de traction et de compression intérieures doivent se faire équilibre, on a

$$s \, r = s' \, r' + \frac{a \, e \, p}{2}$$

l'effort développé par le béton étant égal à $\frac{a \, e \, p}{2}$.

Le taux de l'armature comprimée p', ramené au taux du béton, est donné par

$$\frac{p}{p'} = \frac{a}{\frac{2 \, a}{3}}.$$

d'où

$$p' = \frac{2\ a\ p}{3\ a} = \frac{2}{3}\ p \qquad (43)$$

mais

$$r' = m\ p'$$

d'où

$$p' = \frac{r'}{m}$$

en remplaçant la valeur de p' dans (43) on a

$$\frac{r'}{m} = \frac{2}{3}\ p$$

d'où

$$r' = \frac{2\ m\ p}{3} \qquad \text{(Fig. 22)} \qquad (44)$$

Si nous admettons $\frac{s'}{s} = f$, on trouve

$$s' = f\ s \qquad (45)$$

Or, ci-dessus nous trouvons

$$s = \frac{M}{\left(h' - \frac{a}{3}\right) r} \qquad (42')$$

d'où on a

$$s' = s\ f = \frac{M\ f}{r\left(h' - \frac{a}{3}\right)} \qquad (46)$$

Le travail développé par l'armature comprimée doit être égal à

$$s' \times r'$$

On a, en remplaçant ces deux lettres par leur valeur,

$$s'\ r' = \frac{M\ f}{r\left(h' - \frac{a}{3}\right)} \times \frac{2\ p\ m}{3} = \frac{2\ p\ m\ M\ f}{3\ r\left(h' - \frac{a}{3}\right)} \qquad (47)$$

L'effort total dans la partie comprimée sera égal à celui des armatures plus celui du béton ; on aura

$$\frac{1}{2}\ a\ e\ p + \frac{2\ p\ m\ M\ f}{3\ r\left(h' - \frac{a}{3}\right)}$$

réduisons au même dénominateur, on aura

$$\frac{1}{2}\ a\ e\ p + \frac{2\ p\ m\ M\ f}{3\ r\left(h' - \frac{a}{3}\right)} = \frac{3\ r\left(h' - \frac{a}{3}\right) a\ e\ p + 4\ m\ p\ M\ f}{6\ r\left(h' - \frac{a}{3}\right)}$$

nous savons que cet effort doit faire équilibre à l'effort de traction $s \times r$, on a

$$\frac{3\ r\left(h' - \frac{a}{3}\right) a\ e\ p + 4\ m\ p\ M\ f}{6\ r\left(h' - \frac{a}{3}\right)} = s\ r\ .$$

mais

$$s \times r = \frac{M \times r}{r\left(h' - \frac{a}{3}\right)}$$

en simplifiant par r, on a

$$s\ r = \frac{M}{h' - \frac{a}{3}}$$

donc on aura

$$\frac{3\ r\left(h' - \frac{}{3}\right) a\ e\ p + 4\ m\ p\ M\ f}{6\ r\left(h' - \frac{a}{3}\right)} = \frac{M}{h' - \frac{a}{3}} \qquad (48)$$

Réduisons les deux membres au même dénominateur nous aurons

$$\frac{3\ r\left(h' - \frac{a}{3}\right) a\ e\ p + 4\ m\ p\ M\ f}{6\ r\left(h' - \frac{a}{3}\right)} = \frac{6\ M\ r}{6\ r\left(h' - \frac{a}{3}\right)}$$

on a

$$3\ r\left(h' - \frac{a}{3}\right) a\ e\ p + 4\ m\ p\ M\ f = 6\ M\ r$$

effectuons les opérations

$$(3\ r\ h' - r\ a)\ a\ e\ p + 4\ m\ p\ M\ f = 6\ M\ r$$

mettons e en évidence

$$e\ (3\ r\ h'\ a\ p - r\ a^2\ p) = 6\ M\ r - 4\ m\ p\ M\ f$$

d'où

$$e = \frac{6\ M\ r - 4\ m\ p\ M\ f}{3\ r\ h'\ a\ p - r\ a^2\ p} =$$

$$\frac{6\ M\ r}{3\ r\ h'\ a\ p - r\ a^2\ p} - \frac{4\ m\ p\ M\ f}{3\ r\ h'\ a\ p - r\ a^2\ p} =$$

$$\frac{6\ M\ r}{p\ (3\ r\ h'\ a - r\ a^2)} - \frac{4\ m\ p\ M\ f}{p\ (3\ r\ h'\ a - r\ a^2)} =$$

$$\frac{6\ M\ r}{p\ (3\ r\ h'\ a - r\ a^2)} - \frac{4\ m\ M\ f}{3\ r\ h'\ a - r\ a^2}$$

en remplacant $\frac{r}{p}$ par K on a

$$e = \frac{6\ M\ K}{3\ r\ h'\ a - r\ a^2} - \frac{4\ m\ M\ f}{3\ r\ h'\ a - r\ a^2} =$$

$$\frac{6\ M\ K}{r\ a\ (3\ h' - a)} - \frac{4\ m\ M\ f}{r\ a\ (3\ h' - a)} =$$

$$e = \frac{6\ M\ K - 4\ m\ M\ f}{r\ a\ (3\ h' - a)} \qquad (49)$$

Si nous remplaçons la fibre supérieure du béton par une section fictive de fer on a

$$r'' = m\ p$$

Les triangles semblables nous donnent

$$\frac{r}{h' - a} = \frac{r''}{a} \qquad \text{ou} \qquad \frac{r}{h' - a} = \frac{m\,p}{a}$$

d'où

$$r = \frac{m\,p\,(h' - a)}{a} \tag{50}$$

et $a = \frac{h'\,m}{K + m}$ et en remplaçant on trouve

$$r = \frac{m\,p\left(h' - \frac{h'\,m}{K + m}\right)}{\frac{h'\,m}{K + m}} = \frac{m\,p\left(\frac{h'\,(K + m)}{K + m} - \frac{h'\,m}{K + m}\right)}{\frac{h'\,m}{K + m}} =$$

$$\frac{m\,p\left(\frac{h'\,K + m\,h' - m\,h'}{K + m}\right)}{\frac{h'\,m}{K + m}} =$$

$$\frac{m\,p\,(h'\,K + m\,h' - m\,h')\,(K + m)}{(K + m)\,h'\,m} =$$

$$\frac{m\,p\,(h'\,K)}{h'\,m} = p\,K = r$$

d'où $r = p\,K$; en effet, $K = \frac{r}{p}$ ou rapport entre les coefficients de travail.

Développons le terme, $r\,a\,(3\,h' - a)$, en remplaçant a et r par leur valeur on a

$$r\,a\,(3\,h' - a) = p\,K \times \left(\frac{h'\,m}{K + m}\right)\left(3\,h' - \frac{h'\,m}{K + m}\right) =$$

$$\left(\frac{p\,K\,h'\,m}{K + m}\right)\left(\frac{3\,h'\,K + 3\,h'\,m - h'\,m}{K + m}\right) =$$

$$\frac{p\,K\,h'\,m\,(3\,h'\,K + 3\,h'\,m - h'\,m)}{(K + m)^2} =$$

$$\frac{p\,K\,h'\,m\,(3\,h'\,K + 2\,h'\,m)}{(K + m)^2} = \frac{3\,p\,K^2\,h'^2\,m + 2\,p\,K\,h'^2\,m^2}{(K + m)^2}$$

En remplaçant dans la formule (49) le terme $r\,a\,(3\,h' - a)$ par sa nouvelle valeur on a

$$e = \frac{6\,M\,K - 4\,m\,M\,f}{r\,a\,(3\,h' - a)} = \frac{6\,M\,K - 4\,m\,M\,f}{\frac{3\,p\,K^2\,h'^2\,m + 2\,p\,K\,h'^2\,m^2}{(K + m)^2}} =$$

$$\frac{(6\,M\,K - 4\,m\,M\,f)\,(K + m)^2}{3\,p\,K^2\,h'^2\,m + 2\,p\,K\,h'^2\,m^2}$$

mettons $p\,h'^2$ en évidence dans le dénominateur on a

$$e = \frac{(6\,M\,K - 4\,m\,M\,f)\,(K + m)^2}{p\,h'^2\,(3\,K^2\,m + 2\,K\,m^2)}$$

mettons encore $m\,K$ en évidence on a

$$e = \frac{(6\,M\,K - 4\,m\,M\,f)\,(K + m)^2}{p\,h'^2\,m\,K\,(3\,K + 2\,m)}$$

au numérateur mettons M en évidence

$$e = \frac{M\,(6\,K - 4\,m\,f)\,\overline{(K + m)}^2}{p\,h'^2\,m\,K\,(3\,K + 2\,m)} \qquad (51)$$

Cette valeur donne l'épaisseur de la poutre.

RECHERCHE DE e

EN ADMETTANT LA SECTION s' DU FER A COMPRESSION

L'effort total dans la partie comprimée est

$$\frac{e\,a\,p}{2} + s'\,r'$$

Cet effort doit faire équilibre à l'effort de traction dans les barres inférieures, on a

$$\frac{e\,a\,p}{2} + s'\,r' = s\,r = \frac{M \times r}{\left(h' - \frac{a}{3}\right) r} = \frac{M}{\left(h' - \frac{a}{3}\right)}$$

a est égal à $\frac{h'\,m}{K + m}$ $\qquad p = \frac{r}{K}$ $\qquad$ et $\qquad r' = \frac{2\,p\,m}{3}$

on tire en remplaçant

$$\frac{e\,h'\,m\,p}{2\,(K + m)} + \frac{2\,p\,m\,s'}{3} = \frac{M}{h' - \frac{h'\,m}{3\,(K + m)}}$$

remplaçons dans le deuxième terme du premier membre p par $\frac{r}{K}$ on a

$$\frac{e\,h'\,m\,p}{2\,(K + m)} + \frac{2\,r\,m\,s'}{3\,K} = \frac{M}{h' - \frac{h'\,m}{3\,(K + m)}} =$$

$$\frac{M}{\frac{3\,K\,h' + 3\,m\,h' - h'\,m}{3\,(K + m)}} = \frac{3\,M\,(K + m)}{3\,K\,h' + 3\,h'\,m - h'\,m} =$$

$$\frac{3\,M\,(K + m)}{3\,K\,h' + 2\,h'\,m} = \frac{3\,M\,(K + m)}{h'\,(3\,K + 2\,m)}$$

donc

$$\frac{e\,h'\,m\,p}{2\,(K + m)} + \frac{2\,r\,m\,s'}{3\,K} = \frac{3\,M\,(K + m)}{h'\,(3\,K + 2\,m)}$$

réduisons au même dénominateur

$$\frac{3\,K\,e\,h'\,m\,p\;\;h'\,(3\,K + 2\,m) + 4\,r\,m\,s'\,(K + m)\;\;h'\,(3\,K + 2\,m)}{6\,(K + m)\,K\;\;h'\,(3\,K + 2\,m)}$$

$$\frac{18\,M\,K\,\overline{(K + m)}^2}{6\,(K + m)\,K\,h'\,(3\,K + 2\,m)}$$

d'où on a, en effectuant les opérations et en faisant disparaître le dénominateur

$$3\,K\,e\,h'^2\,m\,p\,(3\,K + 2\,m) + 4\,r\,m\,s'\,h'\,(K + m)\,(3\,K + 2\,m) = 18\,M\,K\,(K + m)^2$$

d'où

$$e\,\big|\,3\,K\,h'^2\,m\,p\,(3\,K + 2\,m)\,\big| = 18\,M\,K\,(K + m)^2 - 4\,r\,m\,s'\,h'\,(K + m)(3\,K + 2\,m)$$

d'où

$$e = \frac{18\,M\,K\,(K + m)^2 - 4\,r\,m\,s'\,h'\,(K + m)\,(3\,K + 2\,m)}{3\,K\,h'^2\,m\,p\,(3\,K + 2\,m)}$$

ou

$$e = \frac{18\,M\,K\,(K + m)^2}{3\,K\,h'^2\,m\,p\,(3\,K + 2\,m)} - \frac{4\,r\,m\,s'\,h'\,(K + m)\,(3\,K + 2\,m)}{3\,K\,h'^2\,m\,p\,(3\,K + 2\,m)}$$

en simplifiant et en remplaçant $\frac{r}{p}$ par K dans le deuxième terme, on trouve

$$e = \frac{3\,M\,(K + m)^2}{h'^2\,m\,p\,(3\,K + 2\,m)} - \frac{4\,s'\,(K + m)}{3\,h'} \qquad (52)$$

Parfois, on donne la largeur et la hauteur de la poutre et, en outre, il n'existe pas d'armature comprimée. Dans ces conditions, l'effort total de compression sera

$$\frac{e\,a\,p}{2}$$

mais cet effort doit faire équilibre à l'effort de traction que subit la partie inférieure de la pièce et qui est égal à $s \times r$; donc nous aurons $\frac{e\,a\,p}{2} = s\,r.$

Le terme $s\,r$ est aussi égal à $\frac{M}{h' - \frac{a}{3}}$ lorsque l'on écrit les moments par rapport au centre de pression de la partie comprimée. Nous aurons, en remplaçant $s\,r$ par sa valeur

$$\frac{e\,a\,p}{2} = \frac{M}{h' - \frac{a}{3}} \qquad (53)$$

mais a est égal à

$$a = \frac{h'\,m}{K + m}$$

d'où nous avons, en remplaçant dans la formule (53) a par sa valeur

$$\frac{e\,h'\,m\,p}{2\,(K + m)} = \frac{M}{h' - \frac{h'\,m}{3\,(K + m)}} = \frac{M}{\frac{3\,K\,h' + 3\,h'\,m - h'\,m}{3\,(K + m)}} =$$

$$\frac{3\,M\,(K + m)}{3\,K\,h' + 3\,h'\,m - h'\,m} = \frac{3\,M\,(K + m)}{3\,K\,h' + 2\,h'\,m} = \frac{3\,M\,(K + m)}{h'\,(3\,K + 2\,m)}$$

donc

$$\frac{e\,h'\,m\,p}{2\,(K + m)} = \frac{3\,M\,(K + m)}{h'\,(3\,K + 2\,m)}$$

en développant on a

$$e\, h'^2\, m\, p\, (3\, K + 2\, m) = 6\, M\, (K + m)^2$$

d'où on tire

$$e = \frac{6\, M\, (K + m)^2}{h'^2\, m\, p\, (3\, K + 2\, m)} \qquad (54)$$

En fonction de r, coefficient de travail du métal, on a en remplaçant p par sa valeur

$$p = \frac{r}{K} \quad \text{ou} \quad \frac{1}{p} = \frac{K}{r}$$

$$e = \frac{6\, M\, K\, (K + m)^2}{h'^2\, m\, r\, (3\, K + 2\, m)} \qquad (55)$$

de laquelle on tire K, mais pour trouver cette valeur, il faut résoudre une équation du 3me degré, alors nous opérons par tâtonnements en donnant des valeurs à K. (Ce cas se rapporte au cas général des hourdis.)

Supposons que l'on nous donne la largeur et la hauteur de la poutre et, qu'en outre, nous ayons une armature comprimée dont il faut rechercher la section. La formule (52)

$$e = \frac{6\, M\, (K + m)^2}{h'^2\, m\, p\, (3\, K + 2\, m)} - \frac{4\, s'\, (K + m)}{3\, h'}$$

donne, en développant, la valeur de s'.

Réduisons les deux membres au même dénominateur

$$\frac{3\, e\, h'^3\, m\, p\, (3\, K + 2\, m)}{3\, h'^3\, m\, p\, (3\, K + 2\, m)} = \frac{18\, M\, h'\, (K + m)^2}{3\, h'^3\, m\, p\, (3\, K + 2\, m)} - \frac{4\, s'\, h'^2\, m\, p\, (K + m)\, (3\, K + 2\, m)}{3\, h'^3\, m\, p\, (3\, K + 2\, m)}$$

Divisons chaque terme par h' et faisons disparaître le dénominateur, on a

$$3\, e\, h'^2\, m\, p\, (3\, K + 2\, m) = 18\, M\, (K + m)^2 - 4\, s'\, h'\, m\, p\, (K + m)\, (3\, K + 2\, m)$$

de là on tire

$$s' = \frac{18\, M\, (K + m)^2}{4\, h'\, m\, p\, (K + m)\, (3\, K + 2\, m)} - \frac{3\, e\, h'^2\, m\, p\, (3\, K + 2\, m)}{4\, h'\, m\, p\, (K + m)\, (3\, K + 2\, m)}$$

en simplifiant, on trouve

$$s' = \frac{9\, M\, (K + m)}{2\, h'\, m\, p\, (3\, K + 2\, m)} - \frac{3\, e\, h'}{4\, (K + m)} \qquad (56)$$

LONGUEUR DES ARMATURES CORRESPONDANT AUX MOMENTS FLÉCHISSANTS

Supposons que le calcul de la poutre pour le moment de flexion maximum donne n barres de section s à l'armature tendue, nous savons que la section totale de celle-ci est :

$$S \text{ ou } n\, s = \frac{M}{r\, h''}$$

dès lors le nombre de barres en un point quelconque est

$$n' = \frac{M'}{r\, h''\, s}$$

La valeur de M' se reprendra à l'enveloppe des moments ou se déterminera analytiquement.

Longueur des barres tendues. — (Fig. 23.) — Soit A B C le diagramme des moments fléchissants et supposons que l'armature maximum comprenne *n* barres. Nous diviserons l'ordonnée maximum en *n* parties égales et nous mènerons par les points de division des parallèles à la corde, ces droites rencontreront la courbe enveloppe des moments anx points *a b c d* etc .....

Dès lors il faudra *n* barres sur la longueur *a b* ; $(n - 1)$ barres sur la longueur *c d* ; $(n - 2)$ barres sur la longueur *e f* et ainsi de suite. De cette façon la courbe enveloppe des moments résistants devient le diagramme en escalier A *l m n o p* etc ...., B.

Nombre de barres à compression. — (Fig. 24.) — Si *s'* est la section d'une barre et *n* le nombre de barres, on détermine pour diverses sections la surface S' nécessaire et alors on trouve le nombre de barres

$$n = \frac{S'}{s'}$$

Il convient aux points où les barres à compression prennent naissance, que le béton travaille aux taux *p* qui a servi de base aux calculs de la poutre. On détermine donc l'ordonnée M' du moment résistant correspondant au béton, sans armature comprimée.

Le restant sur la longuenr H K est à armer en compression et la longueur des barres se détermine comme à l'armature tendue. Pour les moments négatifs nous porterons dc B en N le moment résistant du béton seul à compression et les longueurs des barres *n* se détremineront par le restant du diagramme c'est-à-dire L N C.

Il est prudent d'avoir un léger excès de longueur aux armatures surtout dans les poutres encastrées car les points d'inflexion peuvent, pour diverses causes, occuper un emplacement différent de celui que leur assigne la théorie. Pour cette raison, on augmente un peu la courbe des moments résultants et on détermine les longueurs des barres sur cette dernière. On augmente ordinairement le diagramme des moments d'une valeur $= \frac{l}{2} =$ à une 1/2 largeur du pilier. On prend aussi 1/20 de la portée si $\frac{l}{2}$ est une largeur négligeable ; on a (fig. 25)

$$\left.\begin{matrix} \text{F E} \\ \text{G D} \\ \text{D H} \end{matrix}\right\} = \frac{l}{2} \text{ ou } \frac{1}{20} \text{ L}$$

et au lieu de conserver la courbe E D, on prendra comme limite la droite F G.

Pour les moments positifs on tracera une courbe H O K parallèle à B C D. Il est même prudent de tenir compte de cette dernière augmentation de diagramme de moment fléchissant pour parer à l'insuffisance des moments d'encastrement et de calculer les sections (béton et métal) au moyen de la courbe K O H.

GLISSEMENT LONGITUDINAL OU EFFORT RASANT

Dans une poutre soumise à l'action d'un moment fléchissant, une fibre quelconque ne subit pas la même tension sur toute la longueur de la poutre. Cette tension varie généralement d'un point à un autre de la fibre et c'est de cette variation de la tension que résulte cette tendance au glissement des fibres superposées qu'on appelle *glissement longitudinal ou effort rasant.*

RÈGLE. — Dans une poutre reposant sur 2 appuis, le diagramme des efforts tranchants représente les moments fléchissants. Soit la fig. 26, analytiquement le moment à la section *yy* $= R_a\, l_0 - I\, l_1 - II\, l_2$. Dans le diagramme des efforts tranchants, la surface à gauche de la section *yy* = A B C D — E F G C — H G K L, mais A B C D $= R_a \times l_0$, E F G C $= I \times l_1$ et H G K L $= II \times l_2$. Donc $R_a\, l_0 - I\, l_1 - II\, l_2 =$ surface B E F H K L D A = moment à la section considérée.

Considérons maintenant les sections X et Z.

Le moment en X = M = $R_a \times l_3$ = surface A B E J.

Le moment en Z = M' = $R_a (l_3 + l) - 1 \times l$ = surface A B O I — E F H O = A B E F H I.

La différence des moments agissant en X et en Z, M' — M = A B E F H I — A B E J = J F H I.

L'effort tranchant à la section considérée est donné par T. La surface J F H I peut s'écrire = Tl, donc M' — M = Tl (T effort tranchant moyen entre les deux sections).

Connaissant M et M', on obtient $\frac{M' - M}{l}$ = T. D'où la règle

L'effort tranchant entre deux sections dont nous connaissons les moments fléchissants est égal à la différence de ces moments fléchissants divisée par la distance qui sépare ces deux sections.

Effort de glissement. — Dans l'étude de ces efforts deux cas sont à considérer :

1° — La poutre est armée uniquement de barres droites et ne comporte pas de dispositions métalliques contre l'effort tranchant.

2° — La poutre possède des pièces métalliques contre le glissement.

Soit (fig. 27) les deux sections A B et A' B' et soit à déterminer l'effort tangentiel dans le plan M M'; cet effort est égal et de sens contraire à la différence des résultantes des actions normales qui agissent sur les parties de section A B et A' B'.

Si nous prenons p comme coefficient du béton à la fibre supérieure et p' comme coefficient moyen du béton à la fibre moyenne de la section considérée A' M' et si nous considérons les triangles sëmblables nous aurons

$$\frac{p}{a} = \frac{p'}{y'}$$

d'où nous aurons

$$p' = \frac{p\,y'}{a} \qquad (57)$$

ce qui nous donne l'effort unitaire longitudinal moyen, agissant sur la surface A' M' $\times$ e; mais

$$p = \frac{M}{\frac{I}{a}} = \frac{M\,a}{I}$$

on a en remplaçant p par sa valeur dans celle de p' (form. 57)

$$p' = \frac{M\,a\,y'}{I\,a} = \frac{M\,y'}{I}$$

Les moments fléchissants n'étant pas les mêmes aux deux sections considérées et si nous avons M' égal au moment fléchissant à la section Z et M égal le moment fléchissant à la section X et si M' est plus grand que M notre coefficient p ne sera pas le même pour les deux sections.

Soit p_z taux maximum du béton à la section Z et p_x taux maximum à la section X, on a

$$p_z = \frac{M'\,a}{I} \quad \text{et} \quad p_x = \frac{M\,a}{I}$$

Remplaçons dans la formule 57 la valeur de p par p_z et p_x et désignant par p' et p'' le coefficient moyen des sections A' M' et A M on trouve

$$p' = \frac{M'\,a\,y'}{I\,a} = \frac{M'\,y'}{I}$$

et

$$p'' = \frac{M\,a\,y'}{I\,a} = \frac{M\,y'}{I}$$

L'effort total sur A' M' à la section Z sera

$$p' \times A'M' \times e$$

mais $A'M' = a - y$ (Voir Fig. 27.)

en remplaçant A' M' par sa valeur nous aurons

$$p' \times (a - y) \times e = p'(a - y) e$$

Remplaçons p' par sa valeur on a

$$\frac{M' y'}{I} (a - y) \times e = \frac{M' y' (a - y) e}{I} \qquad (58)$$

L'effort total sur A M à la section X est

$$p'' \, A M e = p'' \, A M e$$

de même pour la section X, A M $= a - y$ et p'' étant égal à $\frac{M y'}{I}$, en remplaçant nous trouvons

$$\frac{M y'}{I} (a - y) e = \frac{M y' (a - y) e}{I} \qquad (59)$$

Donc le travail total aux deux sections de Z et X écartées de la distance d est

en Z $\frac{M' y'}{I} (a - y) e$ et en X $\frac{M y'}{I} (a - y) e$

La différence entre ces efforts est l'effort tangentiel ou rasant.

On a

$$\frac{M' y'}{I} (a - y) e - \frac{M y'}{I} (a - y) e \qquad (60)$$

Cet effort devant être équilibré par la résistance au glissement du béton sur la surface $d\,e$ et le coefficient de résistance au glissement du béton étant g nous aurons

$$g\,d\,e = \frac{M' y'}{I} (a - y) e - \frac{M y'}{I} (a - y) e = \frac{M' y' (a - y) e - M y' (a - y) e}{I}$$

Mettons $y' (a - y) e$ en évidence nous aurons

$$g\,d\,e = \frac{y' (a - y) e (M' - M)}{I} \qquad (61)$$

De cette équation tirons la valeur de g

$$g = \frac{y' (a - y) e (M' - M)}{I\,d\,e}$$

si nous mettons le facteur $\frac{M' - M}{d}$ à part, nous aurons

$$g = \frac{y' (a - y) e}{I\,e} \times \frac{M' - M}{d}$$

simplifions par e il reste

$$g = \frac{y' (a - y)}{I} \times \frac{M' - M}{d} \qquad (62)$$

Or, nous savons que le facteur $\frac{M' - M}{d}$ = T effort tranchant.

On a donc

$$g = \frac{y'(a-y)}{I} \times T = y'(a-y)\frac{T}{I} \quad (63)$$

Recherchons la valeur de y' en fonction de y et de a nous avons

A M et A' M' $= a - y$

la fibre moyenne de ces sections, est au milieu de

A M et de A' M' ou $\frac{a-y}{2}$

donc y' est égal à

$$y' = y + \frac{a-y}{2} = \frac{2y + a - y}{2} = \frac{y+a}{2} \quad (64)$$

En remplaçant y' par sa valeur dans (63) on a

$$g = y'(a-y)\frac{T}{I} = \frac{(y+a)}{2}(a-y)\frac{T}{I} = (a^2 - y^2)\frac{T}{2I} \quad (65)$$

Ce g représente le coefficient de glissement unitaire en fonction de T à la section horizontale M M' considérée.

Si le plan M M' arrivait au niveau C C' c'est-à-dire à l'armature supérieure, alors y devient b' et le coefficient de glissement est

$$g_1 = \frac{T}{2I}(a^2 - b'^2) \quad (66)$$

Au niveau de l'armature l'effort de glissement augmente brusquement par suite de la grande différence des efforts longitudinaux transmis par les barres en C et C'

Nous avons trouvé la tension longitudinale en C égal a

$$r' = \frac{m\,M\,b'}{I}$$

en C' nous aurons

$$r'_1 = \frac{m\,M'\,b'}{I}$$

La différence par unité de section est

$$r'_1 - r' = \frac{m\,M'\,b'}{I} - \frac{m\,M\,b'}{I}$$

et totale elle sera

$$(r'_1 - r')\,s' = \left(\frac{m\,M'\,b'}{I} - \frac{m\,M\,b'}{I}\right)s'$$

on a donc

$$\left(\frac{m\,M'\,b'}{I} - \frac{m\,M\,b'}{I}\right)s' = g'\,d\,e \quad (67)$$

en faisant g' taux de glissement provenant des armatures comprimées

On a

$$g' = \frac{m\,b'\,(M' - M)\,s'}{I\,d\,e} = \frac{M' - M}{d} \times \frac{m\,b'\,s'}{I\,e} = \frac{T\,m\,b'\,s'}{I\,e}$$

où

$$g' = \frac{T}{e} \times \frac{m\,b'\,s'}{I} \quad (68)$$

Au niveau de l'armature nous aurons donc comme effort de glissement, celui provenant du fer plus celui du béton, c'est-à-dire

$$g_1 + g' = g_a = \frac{T}{2\,I}\,(a^2 - b'^2) + \frac{T}{e} \times \frac{m\,b'\,s'}{I} \qquad (69)$$

Pour pouvoir mettre le facteur $\frac{T}{I\,e}$ en évidence nous devons faire intervenir e dans le premier terme du second membre en le multipliant par $\frac{e}{e}$, nous aurons

$$g_1 + g' = g_a = \frac{T\,e\,(a^2 - b'^2)}{2\,I\,e} + \frac{T\,m\,b'\,s'}{e\,I} = \frac{T}{I\,e}\left(\frac{(a^2 - b'^2)\,e}{2} + m'\,b'\,s'\right) \quad (70)$$

Ce taux g_a est l'effort de glissement par unité de surface au niveau des armatures supérieures. En dessous de celles-ci le taux de glissement croît puisque le terme b' ou y diminue, ce qui à la fibre neutre donne, en reprenant la formule précédente et en remarquant pour ce cas que $b' = o$ et $b'^2 = o$

$$g_m = \frac{T}{I\,e}\left(\frac{a^2\,e}{2} + m\,b'\,s'\right) \qquad (71)$$

C'est le **maximum d'effort rasant.**

Dans la section en-dessous de la fibre neutre les actions longitudinales dans le béton sont supposées nulles et elles n'existent que dans les armatures inférieures ou tendues.

Donc de O à D, le taux de glissement ne change pas de valeur et au niveau de celles-ci on a (le même qu'à la fibre neutre)

$$g_i = \frac{T}{I\,e}\left(\frac{a^2\,e}{2} + m\,b'\,s'\right) \qquad (71)$$

mais $\frac{a^2\,e}{2} + m\,b'\,s' = m\,b\,s.$

Ceci provient de ce que nous avons vu dans la flexion relativement à la première condition d'équilibre.

Nous savons que les efforts intérieurs doivent se faire équilibre ; donc l'effort de compression dans le béton et le fer à la partie supérieure doit être égal à l'effort de traction dans les barres inférieures, ce qui s'écrit

$$\frac{a\,e\,p}{2} + r'\,s' = r\,s$$

mais $\qquad r' = \frac{p\,m\,b'}{a} \qquad$ et $\qquad r = \frac{p\,m\,b}{a}$

en remplaçant nous trouvons

$$\frac{a\,e\,p}{2} + \frac{p\,m\,b'\,s'}{a} = \frac{p\,m\,b\,s}{a}$$

Faisons disparaître a du dénominateur, nous devons multiplier tous les termes par a et nous aurons

$$\frac{a^2\,e\,p}{2} + p\,m\,b'\,s' = p\,m\,b\,s$$

en simplifiant par p nous trouvons

$$\frac{a^2\,e}{2} + m\,b'\,s' = m\,b\,s$$

donc le terme $m\,b\,s$ est bien égal à

$$\frac{a^2\,e}{2} + m\,b'\,s'$$

remplaçons-le dans la valenr de g_i et nous aurons

$$g_i = \frac{T}{I\,e}\, m\, b\, s \qquad (72)$$

Dans la formule (71) $g_i = \frac{T}{I\,e}\left(\frac{a^2\,e}{2} + m\,b'\,s'\right)$ le terme $\frac{a^2\,e}{2}$ et le terme $m\,b'\,s'$ représentent des moments de surface. Le terme $m\,b\,s$, qui concerne les barres inférieures, représente lui aussi un moment de surface.

Si nous multiplions les deux premiers, par la distance $\frac{2}{3}\,a$ distance égale au centre de pression de la partie comprimée à la fibre neutre, nous obtiendrons le moment d'inertie de la partie supérieure par rapport à la fibre neutre et si nous opérons de même pour la partie tendue (donc pour les barres seules) c'est-à-dire multiplier le terme $m\,b\,s$ par la distance qui sépare les barres tendues de la fibre neutre et qui est égale à b, nous aurons le moment d'inertie de la partie inférieure par rapport à la fibre neutre. En additionnant ces deux produits nous obtiendrons le moment d'inertie total de la section (donc fer et béton).

Nous aurons pour le moment d'inertie de la partie comprimée

$$\left(\frac{a^2\,e}{2} + m\,b'\,s'\right)\frac{2}{3}\,a = \text{I partie supérieure}$$

et pour la partie tendue nous aurons

$$(m\,b\,s)\,b = \text{I partie inférieure}$$

en les additionnant nous obtiendrons le moment d'inertie total, on a

$$\text{I total} = \left(\frac{a^2\,e}{2} + m\,b'\,s'\right)\frac{2}{3}\,a + (m\,b\,s)\,b$$

Le facteur $m\,b\,s$ étant égal à $\frac{a^2\,e}{2} + m\,'b\,s'$, nous pouvons le substituer et nous aurons

$$\text{I total} = \left(\frac{a^2\,e}{2} + m\,b'\,s'\right)\frac{2}{3}\,a + \left(\frac{a^2\,e}{2} + m\,b'\,s'\right)b$$

en mettant le terme $\frac{a^2\,e}{2} + m\,b'\,s'$ en évidence, nous aurons

$$\text{I total} = \left(\frac{a^2\,e}{2} + m\,b'\,s'\right)\left(\frac{2}{3}\,a + b\right)$$

or, nous savons aussi que

$$\frac{2}{3}\,a + b = h''$$

en remplaçant nous trouvons

$$\text{I total} = \left(\frac{a^2\,e}{2} + m\,b'\,s'\right)h''$$

Connaissant ainsi la valeur de I, si nous le remplaçons par sa valeur dans la formule (71)

$$g_m \text{ ou } g_i = \frac{T}{I\,e}\left(\frac{a^2\,e}{2} + m\,b'\,s'\right)$$

nous aurons

$$g_m \text{ ou } g_i = \frac{T\left(\frac{a^2\,e}{2} + m\,b'\,s'\right)}{\left(\frac{a^2\,e}{2} + m\,b'\,s'\right)h''\,e} = \frac{T}{h''\,e} \qquad (73)$$

La figure 28 donne le diagramme de répartition des efforts rasants dans une section de poutre.

ÉVALUATION DES EFFORTS TANGENTIELS TENDANT A SÉPARER L'ARMATURE DU BÉTON

Si nous désignons par D et D' le périmètre total des barres de l'armature inférieure et supérieure, nous obtiendrons l'effort de glissement au pourtour de l'armature supérieure, en remplaçant e par D' dans la formule

$$g' = \frac{T}{I\,e} (m\ b'\ s') \qquad (68)$$

on a

$$g' = \frac{T}{I\,D'} (m\ b'\ s') \qquad (74)$$

pour les barres inférieures, nous avons

$$g_i = \frac{T}{I\,e} (m\ b\ s)$$

en remplaçant e par D, on a

$$g_i = \frac{T}{I\,D} (m\ b\ s) \qquad (75)$$

Le moment d'inertie I ayant été calculé pour faire équilibre aux efforts extérieurs, si nous considérons l'axe passant par le centre de pression de la partie comprimée, le bras de levier sera égal à la distance qui sépare l'axe des barres tendues à l'axe passant par le centre de pression, c'est-à-dire h'' et si nous multiplions ce bras de levier par le moment de surface $m\ b\ s$ de la section des barres tendues, nous obtiendrons le moment d'inertie et nous aurons

$$m\ b\ s \times h'' = I$$

donc, si nous remplaçons dans g_i cette valeur de I, nous aurons

$$g_i = \frac{T\ m\ b\ s}{m\ b\ s\ h''\ D} = \frac{T}{h''\ D} \qquad (76)$$

CALCUL DES ÉTRIERS

Soit (fig. 29) d = distance entre les deux sections A et A'

s'' = section d'une branche d'étrier

N = nombre de branches d'étriers sur la distance d

T = effort tranchant moyen

p_c = résistance au cisaillement du béton (1/10 du coefficient à compression, soit 5 kg.)

r_c = résistance au cisaillement du métal (4/5 du coefficient à traction)

h'' = distance entre les armatures tendues et le centre de pression de la zone comprimée

e = largeur de la section rectangulaire ou de la nervure si l'on a à faire à une section de poutre en T

Nous avons trouvé que l'effort maximum de glissement par unité de surface est

$$g_i \text{ ou } g_m = \frac{T}{h'' e} \tag{73}$$

et l'effort total sera

$$g_i\, d\, e = \frac{T\, d\, e}{h''\, e} = \frac{T\, d}{h''}$$

donc

$$G \text{ total} = \frac{T\, d}{h''} \tag{77}$$

Cet effort doit être équilibré par la résistance au glissement du béton et des armatures transversales, on a $d \times e =$ section du béton résistant à cet effort.

La résistance du béton au glissement sera

$$d \times e \times p_c$$

Section totale des étriers

$$s'' \times N$$

La résistance des étriers au glissement sera

$$s'' \times N \times r_c$$

d'où la résistance totale au glissement sera égale à

$$(d \times e \times p_c) + (s'' \times N \times r_c)$$

L'effort maximum de glissement étant équilibré par cette résistance nous aurons

$$d\, e\, p_c + s''\, N\, r_c = \frac{T\, d}{h''} \tag{78}$$

de cette valeur tirons celle de s'' et nous aurons

$$s'' = \frac{\frac{T\, d}{h''} - d\, e\, p_c}{N\, r_c} = \frac{d\left(\frac{T}{h''} - e\, p_c\right)}{N\, r_c} =$$

$$\frac{d\left(\frac{T}{h''} - \frac{h''\, e\, p_c}{h''}\right)}{N\, r_c} = \frac{d\left(\frac{T - h''\, e\, p_c}{h''}\right)}{N\, r_c}$$

ce qui donne finalement *section d'une branche d'étrier*

$$s'' = \frac{d\,(T - h''\, e\, p_c)}{N\, r_c\, h''} \tag{79}$$

De cette valeur nous tirons :

1° *Ecartement des ligatures dont le nombre et la section sont donnés*

$$d = \frac{s''\, N\, r_c\, h''}{T - h''\, e\, p_c} \tag{80}$$

2° *Effort q sollicitant une branche d'étrier*

$$q = r_c\, s'' = \frac{r_c\, d\,(T - h''\, e\, p_c)}{N\, r_c\, h''} = \frac{d\,(T - h''\, e\, p_c)}{N\, h''} \tag{81}$$

3° *Coefficient de cisaillement du béton non ligaturé.* — Le coefficient de cisaillement du béton non ligaturé étant p_c, l'effort sollicitant le béton sera donné par $p_c \times d \times e$.

Cet effort devant être équilibré par l'effort total de glissement qui est $\frac{T\,d}{h''}$, nous aurons

$$p_c \times d \times e = \frac{T\,d}{h''}, \text{ d'où on tire la valeur de } p_c$$

$$p_c = \frac{\frac{T\,d}{h''}}{d\,e} = \frac{T\,d}{h''\,d\,e} = \frac{T}{h''\,e} \tag{82}$$

Parfois il est à conseiller de ne pas tenir compte de la résistance au glissement du béton, tel que dans les planchers à hourdis où la résistance peut faire défaut à la jonction de la nervure de la dalle. A ce point, le bétonnage subit souvent un arrêt, qui est préjudiciable à la reprise du béton et, par conséquent, un point faible pour la résistance.

Quand on ne tient pas compte de la résistance au glissement du béton, p_c devient égal à zéro ; donc $d\,e\,p_c = 0$; alors les formules ci-dessus deviennent, pour la section des étriers

$$s'' = \frac{T\,d}{N\,r_c\,h''} \tag{83}$$

De là, nous tirons l'écartement des ligatures

$$d = \frac{s''\,N\,r_c\,h''}{T} \tag{84}$$

L'effort de glissement total est $\frac{T\,d}{h''}$ et si nous voulons que cet effort soit supporté par les ligatures seules, nous aurons, en prenant q égal à l'effort supporté par une branche,

$$q\,N = \frac{T\,d}{h''} \tag{85}$$

pour une branche d'étriers, nous aurons

$$q = \frac{T\,d}{N\,h''} \tag{86}$$

Le travail des ligatures demande l'intervention du béton. Celui-ci devra donc être prévu de dimensions suffisantes. On donnera à l'épaisseur e du béton, une valeur telle que le taux de cisaillement du béton sans ligature reste en-dessous du taux de rupture. Ce taux pouvant atteindre 20 kg. par cm^2, on admettra 15 kg. au maximum.

L'épaisseur e sera suffisante si, avec cette donnée, l'égalité

$$p_c = \frac{T}{h''\,e} \tag{87}$$

est satisfaite et, alors, on tire

$$e = \frac{T}{p_c\,h''}$$

En prenant $p_c = 15$ kg., on a

$$e = \frac{T}{15\,h''} \tag{88}$$

e = épaisseur minimum à donner à la poutre

h'' est donné par l'égalité $h'' = h' - \frac{a}{3}$.

GLISSEMENT DES ARMATURES LONGITUDINALES

Vérification de l'adhérence. — Soit

d = distance entre deux sections données
N' = nombre d'armatures tendues
D = diamètre des barres
r_a = le taux de résistance pratique d'adhérence de l'armature et du béton

D'après la circulaire française on prend r_a = 1/10 du taux de compression pratique du béton

L'effort de glissement total est $\frac{T\ d}{h''}$.

La surface des barres comprises entre les sections A et A' distantes de la longueur d multipliée par le taux r_a devra donc faire équilibre à cet effort et nous aurons

$$N' \times \pi D \times d \times r_a = \frac{T\ d}{h''} = \frac{(M' - M)\ d}{d\ h''} = \frac{M' - M}{h''}$$

ce qui donne

$$r_a = \frac{T\ d}{h'' \times N' \times \pi D \times d} = \frac{T}{h''\ N'\ \pi\ D} \qquad (89)$$

On doit donc avoir *le diamètre des barres*

$$D = \frac{T}{h''\ N'\ \pi\ r_a} \qquad (90)$$

N. B. — Le calcul de glissement des barres ne doit se faire que pour les poutres à forte charge et à faible hauteur. Si les extrémités des barres sont forgées en crochets, les calculs ci-dessus sont inutiles.

JOINT DES BARRES OU LONGUEUR DES ASSEMBLAGES

On détermine l'égalité entre la résistance à la traction et la résistance au glissement dans le béton.

Soit (fig. 30) L_j = longueur du joint
r = le taux de travail du métal à traction
D = diamètre des barres
r_a = coefficient pratique d'adhérence

On doit avoir

$$L_j\ \pi\ D\ r_a = \frac{\pi\ D^2}{4}\ r$$

d'où

$$L_j = \frac{\pi\ D^2\ r}{4\ \pi\ D\ r_a} = \frac{D\ r}{4\ r_a} \qquad (91)$$

si on admet r = 1200 kg. et $r_a = 1/10 \times 50 = 5$ kg. par cm² on a

$$L_j = \frac{D \times 1200}{4 \times 5} = 60\ D \qquad (92)$$

On admet généralement L_j = 50 à 60 D.

Donc si un assemblage est nécessaire à une barre, les extrémités se recouvriront de 50 à 60 fois son diamètre.

Ordinairement pour éviter ces longs recouvrements, on retourne les barres en crochets (fig. 31) et et alors le joint ne présente qu'un recouvrement de 35 à 40 fois le diamètre.

Dans ce cas, la résistance au glissement augmente de la résistance de frottement prenant naissance à l'intérieur des parties cintrées.

CISAILLEMENT VERTICAL

En chaque section transversale, la résistance totale au cisaillement des armatures longitudinales doit être égale ou supérieure à l'effort tranchant. Le béton étant très souvent fendillé, on ne compte pas sur sa résistance de cisaillement.

DE LA RÉPARTITION DES ÉTRIERS OU LIGATURES
DANS UNE POUTRE

Cette répartition dépend de l'effort tranchant.

Charge fixe. — Admettons une poutre de section constante et nous ne tenons pas compte de la résistance du béton au cisaillement.

La formule trouvée plus haut

$$d = \frac{s'' \text{ N } h'' \ r_c}{\text{T}} \qquad (84)$$

nous montre qu'en une section du prisme, l'écartement des rangées de ligatures est inversément proportionnel à T et directement proportionnel à s'' N h'' r_c.

r_c et s'' présentent habituellement une valeur constante et N est ordinairement invariable.

L'écartement des étriers est donc en raison inverse de la valeur de l'effort tranchant, si nous négligeons la résistance au cisaillement du béton.

Soient d l'écartement des étriers à l'appui A et d_c l'écartement des étriers au point C (fig. 32), nous avons

$$d = \frac{s'' \text{ N } h'' \ r_c}{\text{T}} = \frac{s'' \text{ N } h'' \ r_c}{\text{A E}}$$

et

$$d_c = \frac{s'' \text{ N } h'' \ r_c}{t} = \frac{s'' \text{ N } h'' \ r_c}{\text{C G}}$$

divisons ces égalités membre à membre. On a

$$\frac{d_c}{d} = \frac{s'' \text{ N } h'' \ r_c \times \text{A E}}{\text{C G} \times s'' \text{ N } h'' \ r_c} = \frac{\text{A E}}{\text{C G}} \qquad (93)$$

mais si nous considérons les triangles semblables E A O et G C O on trouve que

$$\frac{\text{A E}}{\text{G C}} = \frac{\text{A O}}{\text{C O}}$$

d'où on a

$$\frac{d_c}{d} = \frac{\text{A E}}{\text{G C}} = \frac{\text{A O}}{\text{O C}}$$

de cette proportion nous aurons

$$d_c = \frac{d \times A\,O}{O\,C} \qquad (94)$$

Pour obtenir un surcroit de sécurité, nous divisons la partie A O en plusieurs tronçons et nous calculerons la distance d pour chacun ; nous aurons (fig. 32)

$$\frac{d_{c'}}{d} = \frac{A\,O}{O\,C'} \quad \text{d'où} \quad d_{c'} = \frac{d \times A\,O}{O\,C'} \qquad (95)$$

$$\frac{d_{c''}}{d} = \frac{A\,O}{O\,C''} \quad \text{d'où} \quad d_{c''} = \frac{d \times A\,O}{O\,C''} \qquad (96)$$

Pour déterminer l'écartement des étriers en un point donné, il suffit, connaissant le produit de l'écartement des étriers à l'appui par la 1/2 longueur de la poutre, de diviser ce produit par la distance du milieu de la poutre à la section considérée (lorsque la poutre est uniformément chargée).

Les rangées de ligatures sont déterminées dans le premier tronçon à partir de l'appui et pour lequel tronçon la distance est d (fig. 33).

La première rangée se trouve dans l'axe ou à une distance $\frac{d}{2}$ de l'axe. On porte la même distance d jusqu'au moment où une rangée arrive dans le deuxième tronçon. Alors, on porte la distance d_1 jusqu'à ce qu'on arrive dans le troisième tronçon et ainsi de suite jusqu'à ce qu'on atteigne, pour l'écartement, une dimension maximum admissible égale à 3 ou 4 d. On continue alors la répartition avec cet écartement.

Charge fixe. — (Fig. 34). — On tient compte du béton au glissement. L'écartement des étriers est toujours inversement proportionnel à l'effort tranchant, mais diminué de la résistance au glissement du béton ($p_c\, e\, d$) ou de l'effort tranchant pris par le béton $p_c\, e\, h''$ de la formule

$$p_c = \frac{T\,d}{h'' \times d \times e} \quad (87) \quad \text{ou} \quad p_c\, h''\, d\, e = T\, d$$

$$p_c\, e\, h'' = T \qquad (97)$$

Le travail pour la répartition est le même que ci-dessus, mais les ligatures sont à répartir proportionnellement au triangle E G N au lieu du triangle A E O.

Sur la distance M L le béton n'est pas ligaturé.

On a donc pour écartement entre les étriers sur la distance E H

$$d = \frac{s''\, N\, h''\, r_c}{G\,E} \qquad (98)$$

et sur la distance H I on a

$$d_c = \frac{s''\, N\, h''\, r_c}{P\,Q} \qquad (99)$$

Surcharge mobile. — (Fig. 35.) — La résistance du béton au glissement est négligée.

Opérer comme dans le premier cas. Seulement, pour tenir compte que les armatures doivent renforcer le béton transversalement et qu'elles doivent réunir la dalle à la nervure, on renforce ordinairement l'effort tranchant en prenant, au milieu de la poutre, la valeur E H = 1/4 A F (donc plus grand que E G) et on raccorde par une droite F H. Dans ces conditions les écartements des étriers sont diminués au point où le moment fléchissant est maximum, ce qui provoque un renforcement de la poutre.

La surface A K M B est le diagramme de l'effort tranchant pour une charge uniformément répartie c'est-à-dire le poids mort.

Le diagramme A L B est le diagramme de l'effort tranchant dû à la surcharge mobile supposée allant de A à B. La ligne L B est une parabole.

Si on suppose que la surcharge mobile peut aller dans les deux sens, nous obtiendrons les deux mêmes diagrammes pour chacun des sens. Nous aurons donc pour diagramme de l'effort tranchant, en supposant la surcharge mobile allant dans les deux directions, la surface A L G I B. Ces deux diagrammes ne s'additionnent pas algébriquement parce que la surcharge mobile ne peut aller que dans un sens à la fois.

En prenant la surcharge dans chaque sens séparé et en additionnant au diagramme obtenu par cette surcharge, le diagramme dû à la charge uniformément répartie et du poids mort, nous obtiendrons le diagramme A F G M B.

Charge mobile — (Fig. 36). — Le béton intervient pour le glissement.

Opérer de même qu'au deuxième cas, en combinant avec le cas précédent pour l'augmentation de l'effort tranchant. Diminuer alors du diagramme de l'effort tranchant total la surface A K N B qui représente l'effort tranchant pris par le béton.

Pour les poutres à sections variables (fig. 37), on calcule l'écartement des étriers en plusieurs points.

Ce cas se rapporte principalement aux poutres encastrées. Il est nécessaire de rechercher l'écartement en plusieurs points parce que nous n'avons plus comme dans les cas précédents, l'effort tranchant seul qui diminue, mais nous avons aussi une variation dans la valeur de h''.

Nous aurons

$$d = \frac{s'' \; N \; h'' \; r_c}{T}$$

$$d_1 = \frac{s'' \; N \; h''_1 \; r_c}{T_1}$$

$$d_2 = \frac{s'' \; N \; h''_2 \; r_c}{T_2}$$

Aux points d'inflexion, nous pouvons supposer la poutre sur appuis fictifs et, entre ceux-ci, répartir les étriers comme nous l'avons fait dans le premier cas.

Poutres à armatures courbes et pliées. — Dans le but de réduire l'importance des efforts de glissements, on emploie les armatures simples courbes et les armatures mixtes, comprenant à la fois, des armatures droites et courbes ou pliées.

Soit l'armature droite à compression et l'armature courbe tendue.

Soient T l'effort tranchant.
s la section de l'armature tendue
r_i le coefficient de travail de cette armature

Nous appellerons r la composante horizontale de la valeur r_i (fig. 38).

Les tensions longitudinales, dans ce cas, s'obtiennent par les formules établies, mais la tension réelle est

$$r_i = \frac{r}{\cos \alpha}$$

En faisant les projections verticales des forces intérieures, à la section A on a

$g \times S$ = effort tranchant pris par le béton ou par les étriers

et

$r_i \; s \times \sin \alpha$ = effort tranchant pris par l'armature courbe.

La somme de ces projections verticales des forces intérieures doit faire équilibre à la projection verticale de la force extérieure T ou effort tranchant à cette section ; on a donc

$$T = g \times S + r_i \; s \times \sin \alpha \qquad (100)$$

L'effort tranchant n'est donc plus équilibré simplement par les forces tangentielles résultant d'un glissement de la section A B sur elle-même. Il trouve également une résistance dans la composante verticale de la tension de l'armature courbe. (L'armature comprimée étant droite n'a pas de projection verticale.)

On a en faisant $g \times S = T'$

$$T' = T - r_i\, s \sin \alpha \qquad (101)$$

ou, ce qui revient au même,

$$T' = T - r\, s \tang \alpha \qquad (102)$$

expression donnant la valeur de l'effort tranchant résultant sollicitant la section considérée.

Toutes les formules précédentes relatives à l'effort rasant restent applicables, à condition de remplacer T par T'

On a par exemple pour l'écartement des étriers

$$d = \frac{s'' \, N \, h'' \, r_c}{T - r\, s \operatorname{tg} \alpha}$$

Dans une poutre sur appuis aux deux extrémités, l'armature courbe tendue affecte la forme d'un pont suspendu très approximativement, c'est-à-dire un genre de poutre à membrure inférieure parabolique et à membrure supérieure droite.

Le taux de travail augmente du milieu vers les appuis, mais sa composante horizontale est constante.

En effet dans le polygone des forces ayant servi à tracer la membrure inférieure, les côtés du polygone représentent le travail dans la membrure et on remarque que ce dernier augmente du milieu vers les appuis et que sa composante horizontale ou distance polaire est constante.

Le moment fléchissant maximum pour une poutre appuyée uniformément chargée est

$$M = \frac{q\, L^2}{8}$$

lorsque q = la charge par unité de longueur.

Si f est la flèche de courbure (fig. 39) l'effort E dans la barre sera

$$E = \frac{M}{h''} = \frac{q\, L_2}{8\, f}$$

mais E étant égal à $r\, s$ nous aurons

$$E = r\, s = \frac{q\, L_2}{8\, f}$$

Sur les appuis on a

$$\operatorname{tg} \alpha = \frac{2\, f}{\frac{L}{2}} = \frac{4\, f}{L}$$

Multiplions ces deux dernières égalités membre à membre nous aurons

$$r\, s \times \operatorname{tg} \alpha = \frac{q. L^2}{8\, f} \times \frac{4\, f}{L} = \frac{q\, L}{2}$$

Nous avons vu que

$$r_i = \frac{r}{\cos \alpha} \quad \text{ou} \quad r_i \cos \alpha = r$$

$$\text{et} \quad r_i \cos \alpha \times s = r\, s' \quad \text{ou donc} \quad r_i\, s = \frac{r\, s}{\cos \alpha}$$

$$\text{mais} \quad \frac{1}{\cos \alpha} = \frac{\text{séc } \alpha}{1} \quad \text{donc} \quad r_i\, s = r\, s \text{ séc } \alpha.$$

séc α est aussi égal à

$$\text{séc}\ \alpha = \sqrt{1 + \text{tg}^2\ \alpha}$$

donc, en remplaçant, nous aurons

$$r_i\ s = r\ s\ \sqrt{1 + \text{tg}^2\ \alpha}$$

Remplaçons $\text{tg}^2\ \alpha$ par sa valeur $\left(\frac{4\ f}{L}\right)^2 = \frac{16\ f^2}{L^2}$

$$r_i\ s = r\ s\ \sqrt{1 + \frac{16\ f^2}{L^2}}$$

mais $r\ s = \frac{q\ L^2}{8\ f}$ nous aurons donc $r_i\ s = \frac{q\ L^2}{8\ f}\sqrt{1 + \frac{16\ f^2}{L^2}}$

En reprenant la formule $T' = T - r\ s \times \text{tg}\ \alpha$, nous trouvons, en remplaçant $r\ s \times \text{tg}\ \alpha$ par sa valeur trouvée $= \frac{q\ L}{2}$

$$T' = T - \frac{q\ L}{2}$$

mais T à l'appui dans le cas d'une poutre uniformément chargée est égal à $\frac{q\ L}{2}$ d'où nous aurons

$$T' = \frac{q\ L}{2} - \frac{q\ L}{2} = 0$$

c'est-à-dire effort tranchant nul. D'ailleurs, dans les poutres paraboliques à surcharge uniformément répartie, les diagonales ne travaillent pas. L'effort de glissement est nul.

Poutre à barres pliées. — La forme parabolique de l'armature tendue oblige à augmenter la section du fer à compression parce que la surface du béton comprimé diminue en se rapprochant des appuis. Alors on emploie les armatures à barres pliées. Celles-ci ont pour but de résister aux efforts de cisaillement. Le tracé du diagramme des moments résistants de la poutre, fixe la longueur des armatures qui doivent rester droites. Les parties libres sont alors inclinées vers l'armature opposée, pour constituer les barres pliées qu'on ligature à l'armature. On peut aussi constituer l'armature transversale en barres pliées au moyen de fers qu'on ligature aux deux armatures longitudinales.

Pour les poutres appuyées, les extrémités des barres pliées sont forgées à crochet (fig. 42).

Pour les poutres continues, les barres pliées sont prolongées pour servir de barres d'encastrement. Les barres pliées seront inclinées d'environ 45° et ces barres jouent le même rôle que les diagonales d'une poutre à treillis simple ou double. En outre, une partie de l'effort tranchant peut encore se reporter sur des étriers ordinaires.

Si T représente la partie d'effort tranchant à équilibrer par les fers pliés et si ceux-ci sont inclinés à 45° et qu'il n'existe qu'un sens d'inclinaison (diagonale simple), l'effort tranchant dans ces barres est donné par la formule $r_i\ s\ \sin\alpha = T$ ($r_i\ s$ étant le travail total à traction), on a

$$r_i\ s = \frac{T}{\sin\alpha}$$

pour $\alpha = 45°$ on a

$$r_i\ s = \frac{T}{0,707} = 1,414\ T \text{ (diagonale simple)}$$

$$r_i = \frac{1,414\ T}{s} \qquad (103)$$

Si l'on a deux barres dans le même panneau (diagonale double) et que l'inclinaison soit toujours de 45° on a

$$2\ r_i\ s = \frac{T}{\sin \alpha} \quad \text{ou} \quad r_i\ s = \frac{T}{2 \sin \alpha}$$

pour $\alpha = 45°$ on a

$$r_i\ s = \frac{T}{2 \times 0{,}707} = 0{,}707\ T \text{ (diagonale double)} \qquad (104)$$

Distribution des barres à traction. — (Fig. 40.) Soit le diagramme d'une poutre à charge uniformément répartie ; nous supposons ce diagramme ramené à des charges localisées et nous déterminons le nombre de barres pour le moment maximum.

Supposons que $s = 5$ barres à traction pour la section 1.

$s = 4$ » » 2.

$s = 3$ » » 3.

$s = 2$ » » 4.

Déterminer le diagramme de résistance de ces diverses barres, ce qui nous donne la figure abcdefghB.

Les 5 barres de la section I doivent exister sur la longueur ab ; 4 barres suffiront sur la longueur cd ; 3 barres suffiront sur la longueur ef ; 2 barres suffiront sur la longueur gh.

Les deux barres I et II de la section ab devront donc passer sur toute la longueur de la poutre jusqu'en H (fig. 41) ; une troisième barre III s'arrêtera en f ; une quatrième barre IV s'arrêtera en d ; la cinquième barre V devrait s'arrêter en b mais, par symétrie, elle viendra jusqu'en d.

Nous prendrons les 5 barres de même longueur que I et II et la partie dépassant la section où elle pouvait s'arrêter sera cintrée et remontera vers l'extérieur de la poutre. Nous aurons ainsi la poutre à barres pliées.

CALCUL DES ÉTRIERS ET LIAISONS TRANSVERSALES

Pour vérifier la résistance d'un étrier d'une poutre, il suffit d'évaluer l'effort de glissement total s'exerçant sur la longueur comprise entre les milieux des intervales qui séparent l'étrier considéré de ses voisins. Cet effort divisé par la section de l'étrier donne le taux de travail du métal au glissement.

Nous avons comme effort de glissement à la fibre neutre

$$g_i \text{ ou } g_m = \frac{T}{I\ e}\ m\ b\ s = g_i \qquad (72)$$

en remplaçant T par $\dfrac{M' - M}{d}$ on a

$$g_m = \frac{M' - M}{d\ I\ e}\ m\ b\ s \qquad (105)$$

d'où

$$g_m\ e\ d = \frac{M' - M}{I}\ m\ b\ s$$

Si on admet que le béton est trop peu résistant et que cet effort doit-être supporté par le métal, nous pourrons remplacer

$g_m\ e\ d$ par $r_c\ s''\ N$ et nous aurons

$$r_c\ s''\ N = \frac{M' - M}{I}\ m\ b\ s$$

d'où
$$r_c = \frac{M' - M}{I\ s''\ N}\ m\ b\ s \qquad (107)$$

L'effort de glissement à la fibre neutre est aussi représenté par la formule

$$g_m = \frac{T}{h''\ e} = \frac{M' - M}{h''\ e\ d} \qquad (108)$$

d'où
$$g_m\ e\ d = \frac{M' - M}{h''} \qquad (109)$$

pour la même raison que ci-dessus on aura

$$r_c\ s''\ N = \frac{M' - M}{h''}$$

$$r_c = \frac{M' - M}{h''\ s''\ N} \qquad (110)$$

h'' = bras de levier du couple

Pour les poutres à armatures courbes ou pliées l'expression M' — M doit-être remplacée par

$$(M' - M) - r\ s\ d\ \text{tg}\ \alpha \qquad (111)$$

la valeur de r_c devient

$$r_c = \frac{(M' - M) - r\ s\ d\ \text{tg}\ \alpha}{h''\ s''\ N} \qquad (112)$$

N = nombre de branches d'étriers
s'' = section d'une branche d'étrier
d = distance entre les étriers
r_c = coefficient à cisaillement des étriers
α = l'angle d'inclinaison de l'armature au droit de l'étrier
s = section de l'armature à traction
r = coefficient de travail à traction

Parfois on rencontre des organes de butée dans le béton, ceux-ci renforcent l'adhérence. Quand ce cas se présente on applique sur la hauteur des organes de butée les formules ci-dessus.

L'adhérence du métal avec le béton étant sujette à des variations d'intensité pour différentes causes telles que les chocs, les vibrations, la diminution de section des barres sous un effort de traction, les intempéries, etc., les armatures secondaires ont alors pour but de donner un surcroit de résistance au glissement des armatures. La circulaire ministérielle française ne permet de compter sur ces barres secondaires que pour autant que leur solidarité avec les armatures principales est réellement efficace et elle ajoute qu'une simple ligature ne peut être considérée comme une liaison suffisante.

Certains constructeurs ont cherché à réaliser cette solidarité au moyen de bagues rivées ou goupillées sur les barres principales et autour desquelles s'enroulent les armatures secondaires.

D'autres conservent les étriers ordinaires mais contournent les extrémités des barres principales en forme de crochets de retenue ou de boucles d'ancrage destinées à empêcher le glissement. Toutefois, ces systèmes de liaison demandent une main-d'œuvre supplémentaire assez élevée.

En Amérique, on a cherché à se dispenser de ces artifices coûteux et on a pensé qu'une barre qui offrirait, par ses propres moyens, une liaison efficace avec le béton, liaison indépendante de la simple adhérence, ajouterait un facteur appréciable à la sécurité d'un ouvrage en béton.

De plus, on peut avancer que l'emploi d'une barre dont le métal aurait une limite d'élasticité très élevée, permettrait alors de faire une économie réelle sans pour cela réduire le coefficient de sécurité de l'ouvrage.

Toutefois cette solution n'est réalisable que si les dispositions constructives permettent de demander de grands efforts d'extension, sans détruire l'adhérence des armatures avec le béton, car sans cela l'avantage résultant d'une limite d'élasticité très élevée ne peut être envisagé.

En Amérique, les barres d'armatures principales ont été munies par laminage ou par torsion de saillies réparties sur toute leur longueur suivant un ordre déterminé ; ces saillies s'opposent au glissement des barres dans le béton et constituent un lien mécanique constant qui est indépendant de la simple adhérence tangentielle des barres unies et, par suite, de la variation d'intensité de cette adhérence.

Les Américains ont employé pour ces barres à saillies de l'acier dur afin d'augmenter la limite de travail des armatures et réduire ainsi leur section transversale et par suite leur poids. Ces barres sont généralement fabriquées avec de l'acier dur ayant une résistance à la rupture de 65 kg. par mm^2 et une limite d'élasticité variant entre 32 et 35 kg. Dans ces conditions, la circulaire française permettant un taux de limite égal à la 1/2 de la limite d'élasticité, on obtient ainsi comme taux de travail de ces barres, 16 à 17 1/2 kg. par mm^2.

Voici quelques systèmes de barres qui ont été créées dans le but de produire un lien mécanique avec le béton indépendamment de l'adhérence.

La barre RANSOME tordue à froid. Le nombre de torsions par mètre varie avec la dimension de la barre. On emploie généralement la barre carrée mais la torsion peut-être effectuée sur les barres rondes et plates. Les calibres varient de 3 à 50 mm. La barre BUFFALO est une variante de la barre RANSOME, elle est tordue à chaud.

La barre THACHER qui est initialement ronde et renflée par intervalles dans toute sa longueur. Le diamètre des barres THACHER varie de 6 à 50 mm.

La barre DIAMOND ronde munie de saillies et la barre carrée crénelée, type JOHNSON. Ces deux derniers types de barres sont obtenus directement par laminage et leur dimension varie de 8 à 30 mm. La barre crénelée JOHNSON est munie de bossages disposés suivant un ordre déterminé et dont les biseaux font avec le plan des faces un angle inférieur au complément de l'angle de frottement du béton sur l'acier afin d'éviter l'action tranchante sur le béton. D'après les essais officiels on a trouvé que la résistance au glissement des barres crénelées était presque le double de l'adhérence des barres unies.

FORMULES RELATIVES AUX DALLES

Armature simple. — La pièce que nous allons étudier est uniquement armée dans la zone tendue. Il suffit de faire disparaître des formules établies les termes contenant s' et r'.

On obtient pour les tensions longitudinales

$$\frac{a^2 e}{2} = m\, b\, s \qquad (113)$$

Les efforts à traction et à compression se devant faire équilibre nous aurons

$$\frac{p\, a\, e}{2} = r\, s \qquad \text{mais } r = \frac{p\, m\, b}{a} \qquad (113')$$

d'où

$$\frac{p\, a\, e}{2} = \frac{p\, m\, b\, s}{a} \qquad (114)$$

Si nous multiplions ces deux efforts par leur bras de levier respectif par rapport à la fibre neutre, et si nous additionnons ces deux produits, nous obtenons le moment fléchissant total que peut supporter cette pièce, on a donc

$$M = \left(\frac{p\, a\, e}{2} \times \frac{2\, a}{3}\right) + \left(\frac{p\, m\, b\, s}{a} \times b\right) \qquad (115)$$

Effectuons les opérations

$$M = \frac{2\ p\ a_2\ e}{6} + \frac{p\ m\ b^2\ s}{a}$$

multiplions tous les termes par a et simplifions le 1er terme du second membre

$$M\ a = \frac{p\ a^3\ e}{3} + p\ m\ b^2\ s$$

d'où

$$M = \frac{p}{a}\left(\frac{a^3\ e}{3} + m\ b^2\ s\right) \qquad (116)$$

$$a + b = h' = h - d$$

$$p = \frac{M\ a}{\frac{a^3\ e}{3} + m\ b^2\ s} = \frac{M\ a}{I} \qquad (117)$$

en posant

$$I = \frac{1}{3}\ a^3\ e + m\ b^2\ s \qquad (118)$$

On peut transformer (116) en remplaçant $m\ b^2\ s$ par $m\ b\ s \times b$, mais la formule (113) nous montre que

$$m\ b\ s = \frac{a^2\ e}{2}$$

en remplaçant dans (116) nous trouvons

$$M = \frac{p}{a}\left[\frac{a^3\ e}{3} + \left(\frac{a^2\ e}{2} \times b\right)\right] =$$

$$\frac{p}{a}\left(\frac{2\ a^3\ e}{6} + \frac{3\ a^2\ e\ b}{6}\right) =$$

$$\frac{p\ a^2\ e}{6\ a}\ (2\ a + 3\ b) = \frac{p\ a\ e}{6}\ (2\ a + 3\ b)$$

donc

$$M = \frac{p\ a\ e}{6}\ (2\ a + 3\ b) \qquad (119)$$

Nous pouvons remplacer $2\ a + 3\ b$ en fonction de h' nous aurons

$$2\ a + 3\ b = 3\ a + 3\ b - a = 3\ h' - a$$

d'où M devient

$$M = \frac{p\ a\ e}{6}\ (3\ h' - a) \qquad (120)$$

Si l'on veut vérifier une construction dont les éléments sont connus, le problème se traite comme pour une armature double.

Détermination de la position de la fibre neutre

$$\frac{a^2\ e}{2} = m\ b\ s \qquad \text{mais} \quad b = h' - a$$

d'où

$$\frac{a^2\ e}{2} = m\ s\ (h' - a) = m\ s\ h' - m\ s\ a$$

$$\frac{a^2 e}{2} - m s h' + m s a = 0$$

$$a^2 - \frac{2 m s h'}{e} + \frac{2 m s a}{e} = 0$$

$$a = -\frac{m s}{e} + \sqrt{\left(\frac{m s}{e}\right)^2 + \frac{2 m s h'}{e}} \qquad (121)$$

On trouve ensuite p de la formule (120)

$$p = \frac{6 M}{a e (3 h' - a)} \qquad (122)$$

Détermination graphique de la fibre neutre. — Au lieu de la formule (121) on peut trouver a graphiquement (fig. 43).

Au-dessus de la fibre supérieure A porter verticalement

$$A C = \frac{m s}{e}$$

puis tracer une horizontale sur laquelle on porte d'un côté

$$C D = h'$$

et d'autre part

$$C E = C A = \frac{m s}{e}$$

De D comme centre, avec D E comme rayon, tracer un arc du cercle qui coupe la section A B au point F ce qui donne A F $= a$

En effet $$D E = h' + \frac{m s}{e} = D F$$

Considérons le triangle C D F

$$\overline{F C}^2 = \overline{D F}^2 - \overline{C D}^2$$

remplaçons ces segments par leur valeur nous aurons

$$\left(a + \frac{m s}{e}\right)^2 = \left(h + \frac{m s}{e}\right)^2 - h'^2$$

Effectuons les opérations

$$a^2 + \frac{2 m s a}{e} + \left(\frac{m s}{e}\right)^2 = h'^2 + \frac{2 m s h'}{e} + \left(\frac{m s}{e}\right)^2 - h'^2$$

$$a^2 + \frac{2 m s a}{e} - \frac{2 m s h'}{e} = 0$$

de laquelle on tire

$$a = -\frac{m s}{e} + \sqrt{\frac{m^2 s^2}{e^2} + \frac{2 m s h'}{e}}$$

Pour un projet, il faut mieux faire en sorte que le béton et le métal travaillent à leur taux limités.

Si on se donne p et r, la position de la fibre neutre est donnée comme suit.

Remplaçons b dans (119) par sa valeur tirée de (113') on a

$$M = \frac{p a e}{6} (2 a + 3 b)$$

b tiré de la formule (113') est égal à

$$r = \frac{p\ m\ b}{a}$$

d'où

$$b = \frac{r\ a}{p\ m}$$

en remplaçant, on a

$$M = \frac{p\ a\ e}{6}\left(2\ a + \frac{3\ r\ a}{p\ m}\right)$$

$$M = \frac{p\ a^2\ e}{6}\left(2 + \frac{3\ r}{p\ m}\right)$$

d'où

$$a^2 = \frac{6\ M}{p\ e\left(2 + \frac{3\ r}{p\ m}\right)} \qquad a = \sqrt{\frac{6\ M}{p\ e\left(2 + \frac{3\ r}{p\ m}\right)}} \qquad (123)$$

nous avons $b = h' - a$
d'où

$$h' = b + a$$

Remplaçons dans cette dernière égalité b par sa valeur $\frac{r\ a}{p\ m}$

$$h' = a + \frac{r\ a}{p\ m} = a\left(1 + \frac{r}{p\ m}\right) \qquad (124)$$

Remplaçons maintenant a par sa valeur donnée par 123, on a

$$h' = \sqrt{\frac{6\ M}{p\ e\left(2 + \frac{3\ r}{p\ m}\right)}}\left(1 + \frac{r}{p\ m}\right) \qquad (125)$$

mais $\frac{r}{p} = K$. En reprenant la formule (124), on a en remplaçant

$$h' = a\left(1 + \frac{r}{p\ m}\right) = a\left(1 + \frac{K}{m}\right) = a\left(\frac{m + K}{m}\right)$$

$$\text{où} \qquad 1 + \frac{r}{p\ m} = \frac{m + K}{m}$$

et

$$a = \frac{h'\ m}{K + m}$$

Recherche de *e*. — Remplaçons dans la formule

$$h' = \left(1 + \frac{r}{p\ m}\right)\sqrt{\frac{6\ M}{p\ e\left(2 + \frac{3\ r}{p\ m}\right)}}$$

$\left(1 + \frac{r}{p\ m}\right)$ par son équivalent $\left(\frac{m + K}{m}\right)$

nous aurons

$$h' = \frac{m + K}{m}\sqrt{\frac{6\ M}{p\ e\left(2 + \frac{3\ r}{p\ m}\right)}}$$

Elevons le tout au carré

$$h'^2 = \frac{(m + K)^2}{m^2} \times \frac{6\,M}{p\,e\left(2 + \dfrac{3\,r}{p\,m}\right)}$$

ou en remplaçant encore $\frac{r}{p}$ par K on a

$$h'^2 = \frac{(m + K)^2}{m^2} \times \frac{6\,M}{p\,e\left(2 + \dfrac{3\,K}{m}\right)}$$

d'où

$$e = \frac{6\,M\,(m + K)^2}{m^2\,h'^2\,p\left(2 + \dfrac{3\,K}{m}\right)} = \frac{6\,M\,(m + K)^2}{m^2\,h'^2\,p\left(\dfrac{2\,m + 3\,K}{m}\right)} =$$

$$\frac{6\,M\,(m + K)^2}{\dfrac{m^2\,h'^2\,p\,(2\,m + 3\,K)}{m}} = \frac{6\,M\,(K + m)^2}{m\,h'^2\,p\,(2\,m + 3\,K)}$$

donc

$$e = \frac{6\,M\,(K + m)^2}{m\,h'^2\,p\,(2\,m + 3\,K)}$$

Formule déjà trouvée précédemment.

Recherche de s. — La valeur de s s'obtient en fonction de a de la formule

$$\frac{p\,a\,e}{2} = r\,s$$

d'où

$$s = \frac{p\,a\,e}{2\,r} \qquad (126)$$

Remplaçons dans cette égalité a par sa valeur donnée par la formule (123)

$$s = \frac{p\,e}{2\,r}\sqrt{\frac{6\,M}{p\,e\left(2 + \dfrac{3\,r}{p\,m}\right)}}$$

faisons passer $\frac{p\,e}{2}$ dans le second facteur

$$s = \frac{1}{r}\sqrt{\frac{6\,M \times p\,e^2}{2^2 \times p\,e\left(2 + \dfrac{3\,r}{p\,m}\right)}}$$

$$s = \frac{1}{r}\sqrt{\frac{3\,M\,p\,e}{2\left(2 + \dfrac{3\,r}{p\,m}\right)}} \qquad (127)$$

Recherche de a en fonction des dimensions de la poutre, du moment fléchissant et du coefficient de travail du béton p.

De la formule (120) $M = \frac{p\,a\,e}{6}\,(3\,h' - a)$ on tire

$$6\,M = 3\,p\,a\,e\,h' - p\,a^2\,e \qquad \text{ou} \qquad p\,a^2\,e - 3\,p\,a\,e\,h' + 6\,M = 0$$

$$a^2 - \frac{3\ p\ a\ e\ h'}{p\ e} + \frac{6\ M}{p\ e} = 0 \text{ ou } a^2 - 3\ h'\ a + \frac{6\ M}{p\ e} = 0$$

et l'on a

$$a = + \frac{3\ h'}{2} - \sqrt{\left(\frac{3\ h'}{2}\right)^2 - \frac{6\ M}{p\ e}} \qquad (127^a)$$

EFFORT DE GLISSEMENT

Dans l'étude des efforts de glissement à la fibre neutre, on a

$$g_m = \frac{T}{I \cdot e} \quad \frac{a^2\ e}{2} \qquad (128)$$

Dans la zone comprimée, le taux de glissement diminue jusqu'à devenir zéro dans la fibre supérieure. Dans la partie tendue, il reste constant jusqu'au niveau de l'armature tendue. La formule (128) peut s'écrire

$$g_m = \frac{T}{I\ e}\ m\ b\ s \qquad (129)$$

et

$$g_m = \frac{T}{h''\ e} \qquad (130) \qquad h'' = \text{bras de levier du couple.}$$

Le moment d'inertie I est donné par

$$I = \frac{a^2\ e}{6}\ (3\ h' - a) \qquad (131)$$

que l'on tire de la formule

$$M = \frac{p\ a\ e}{6}\ (3\ h' - a)$$

qui donne $p = \dfrac{6\ M}{a\ e\ (3\ h' - a)}$ mais $p = \dfrac{M\ a}{I}$

d'où il vient

$$\frac{M\ a}{I} = \frac{6\ M}{a\ e\ (3\ h' - a)}$$

$$M\ a \left[\ a\ e\ (3\ h' - a)\ \right] = 6\ M\ I \quad \text{ou} \quad I = \frac{M\ a \left[\ a\ e\ (3\ h' - a)\ \right]}{6\ M}$$

Simplifions, on a

$$I = \frac{a^2\ e\ (3\ h' - a)}{6} \qquad (131)$$

La formule (128) donne, en remplaçant I par sa valeur donnée par (131)

$$g_m = \frac{T}{I\ e} \quad \frac{a^2\ e}{2} = \frac{T\ a^2\ e}{2\ e \left[\dfrac{a^2\ e\ (3\ h' - a)}{6}\right]} =$$

$$\frac{T\,a^2\,e}{\dfrac{2\,a^2\,e^2\,(3\,h' - a)}{6}} = \frac{T\,a^2\,e}{\dfrac{a^2\,e^2\,(3\,h' - a)}{3}} = \frac{T\,a^2\,e}{a^2\,e^2\left(h' - \dfrac{a}{3}\right)} = \frac{T}{e\left(h' - \dfrac{a}{3}\right)}$$

donc

$$g_m = \frac{T}{e\left(h' - \dfrac{a}{3}\right)} \qquad (132)$$

expression qui dérive de (130) en remarquant que h'' est le bras de levier du couple des forces intérieures égal a

$$h'' = b + \frac{2}{3}\,a = h' - \frac{a}{3}$$

Si l'armature est courbe ou pliée il faut remplacer, dans les formules précédentes, l'effort tranchant T par sa valeur

$$T' = T - r\,s\,\mathrm{tg}\,\alpha$$

S'il existe des liaisons transversales on a pour le taux de cisaillement du métal dans le cas d'une armature droite

$$g_m = r_c = \frac{M' - M}{s''\,N\left(h' - \dfrac{a}{3}\right)}$$

r^c = coefficient de cisaillement des étriers.

Si l'armature est courbe ou pliée, l'expression $M' - M$ se remplace par

$$(M' - M) - r\,s\,d\,\mathrm{tg}\,\alpha$$

DALLES A ARMATURES SIMPLES -- FORMULES PRATIQUES

Soit (Fig. 44)

$M_r = \dfrac{M}{e\,h^2}$ le moment rapporté à l'unité de largeur et de hauteur de la section

$F = \dfrac{s}{S} = \dfrac{s}{e\,h}$ le pourcentage en métal de l'armature tendue

$n = \dfrac{a}{h}$ fraction de la hauteur occupée par la partie comprimée

$d = \dfrac{h}{6}$ distance de l'armature tendue à la fibre inférieure de la poutre

$h' = \dfrac{5}{6}\,h \qquad m = \dfrac{E}{E'} = 12 \qquad b = h' - a = \dfrac{5}{6}\,h - n\,h = h\left(\dfrac{5}{6} - n\right)$

Recherche de n. — La formule trouvée (113)

$$\frac{a^2\,e}{2} = m\,b\,s$$

peut s'écrire en divisant le tout par h^2

$$\frac{a^2 e}{2 h^2} = \frac{m b s}{h^2}$$

remplaçons $\frac{a^2}{h^2}$ par n^2, nous aurons

$$\frac{n^2 e}{2} = \frac{m b s}{h^2} \qquad n^2 = \frac{2 m b s}{h^2 e}$$

$$\text{mais } b = h\left(\frac{5}{6} - n\right)$$

$$n^2 = \frac{2 m s \; h\left(\frac{5}{6} - n\right)}{h^2 e}$$

simplifions par h et remarquons que $\frac{s}{e h} = \text{F}$, nous aurons $n^2 = 2 m \text{F}\left(\frac{5}{6} - n\right)$

mais $m = 12$, n^2 deviendra donc

$$n^2 = 2 \times 12 \text{ F}\left(\frac{5}{6} - n\right) = 24 \text{ F}\left(\frac{5}{6} - n\right) =$$

$$\frac{120 \text{ F}}{6} - 24 \text{ F } n = \frac{120 \text{ F} - 144 \text{ F } n}{6}$$

d'où

$$n^2 - \frac{120 \text{ F}}{6} + \frac{144 \text{ F } n}{6} = 0 \qquad n^2 - 20 \text{ F} + 24 \text{ F } n = 0$$

$$n = -12 \text{ F} \pm \sqrt{12 \text{ F}^2 + 20 \text{ F}}$$

$$n = -12 \text{ F} \pm \sqrt{144 \text{ F}^2 + \frac{20 \text{ F} \times 7{,}2 \text{ F}}{7{,}2 \text{ F}}}$$

$$n = -12 \text{ F} \pm \sqrt{144 \text{ F}^2 + 144 \text{ F}^2\left(\frac{1}{7{,}2 \text{ F}}\right)}$$

$$n = -12 \text{ F} \pm \sqrt{144 \text{ F}^2\left(1 + \frac{1}{7{,}2 \text{ F}}\right)}$$

$$n = 12 \text{ F}\left(-1 + \sqrt{1 + \frac{1}{7{,}2 \text{ F}}}\right) \qquad (133)$$

ou position de la fibre neutre en fonction du pourcentage.

Recherche de n en fonction de r et de p

$$h' = \left(1 + \frac{r}{p m}\right) a \qquad (124)$$

Cette égalité peut s'écrire en divisant le tout par h

$$\frac{h'}{h} = \left(1 + \frac{r}{p m}\right)\frac{a}{h}$$

mais

$$h' = \frac{5}{6} h \text{ d'où } \frac{h'}{h} = \frac{5}{6} \text{ et } \frac{a}{h} = n$$

nous aurons

$$\frac{5}{6} = \left(1 + \frac{r}{p\,m}\right) n$$

remplaçons m par sa valeur 12 il vient

$$\frac{5}{6} = \left(1 + \frac{r}{p \times 12}\right) n = \left(\frac{12\,p + r}{12\,p}\right) n$$

d'où

$$60\,p = 6\,n\,(12\,p + r)$$

$$n = \frac{60\,p}{6\,(12\,p + r)} = \frac{10\,p}{12\,p + r}$$

simplifions par p on a

$$n = \frac{10\,p}{12\,p + r} = \frac{10}{12 + \frac{r}{p}} \qquad (134)$$

Recherche du moment unitaire ou moment réduit M_r. — La formule du moment est donnée par

$$M = \frac{p\,a\,e}{6}\,(3\,h' - a) \qquad (120)$$

divisons le tout par $e\,h^2$ et remplaçons h' par $\frac{5}{6}\,h$

$$\frac{M}{e\,h^2} = \frac{p\,a\,e}{6\,e\,h^2}\left[\left(3 \times \frac{5}{6}\,h\right) - a\right] =$$

$$\frac{p\,a\,e}{6\,e\,h^2}\left(\frac{15}{6}\,h - a\right) = \frac{15\,p\,a\,e\,h}{36\,e\,h^2} - \frac{p\,a^2\,e}{6\,e\,h^2}$$

en simplifiant et en remarquant que $\frac{a}{h} = n$ on a

$$\frac{M}{e\,h^2} = \frac{2{,}5\,p\,n}{6} - \frac{p\,n^2}{6}$$

mettons $\frac{p\,n}{6}$ en évidence, nous aurons

$$\frac{M}{e\,h^2} = M_r = \frac{p\,n}{6}\,(2{,}5 - n) \qquad (135)$$

Autre valeur de M_r. — Nous avons $r = p\,m\,\frac{b}{a}$ (113′)

remplaçons b par $h\left(\frac{5}{6} - n\right) = h\left(\frac{5 - 6\,n}{6}\right)$, nous aurons

$$r = p\,m\,\frac{\frac{5 - 6\,n}{6}\,h}{a} = \frac{p\,m\,(5 - 6\,n)\,h}{6\,a}$$

remplaçons m par sa valeur et $\frac{h}{a}$ par $\frac{1}{n}$

$$r = \frac{p \times 12\,(5 - 6\,n)}{6\,n} = \frac{2\,p\,(5 - 6\,n)}{n}$$

$$p = \frac{r\,n}{2\,(5 - 6\,n)} \qquad (136)$$

Dans la formule (135) remplaçons p par cette dernière valeur (136) on a

$$M_r = \frac{p\,n}{6}\,(2{,}5 - n) = \frac{r\,n \times n}{2\,(5 - 6\,n)\,6}\,(2{,}5 - n)$$

$$M_r = \frac{r\,n^2}{12\,(5 - 6\,n)}\,(2{,}5 - n) \qquad (137)$$

formule donnant le moment en fonction du taux de travail r de l'armature.

Détermination du pourcentage F. — Le pourcentage F se trouve par la formule

$$s = \frac{p\,a\,e}{2\,r} \qquad (126)$$

divisons les deux membres par $e \cdot h$ ($e\,h$ = section totale de la poutre ou S).

$$\frac{s}{e\,h} = \frac{p\,a\,e}{2\,r\,e\,h} = \frac{p\,n}{2\,r}$$

$$\frac{s}{S} = F = \frac{p\,n}{2\,r}$$

mais

$$n = \frac{10}{12 + \frac{r}{p}}$$

d'où

$$F = \frac{10\,p}{2\,r\left(12 + \frac{r}{p}\right)} \qquad (138)$$

Si nous remplaçons dans les formules ci-dessus p et r, en admettant $p = 50$ kg. nous aurons

Valeur de F. $F = \frac{10\,p}{2\,r\left(12 + \frac{r}{p}\right)} = \frac{10 \times 50}{2 \times 1200\left(12 + \frac{1200}{50}\right)} = 0{,}005787$

d'où $F = 0{,}005787$ soit $\underline{0{,}006}$

Valeur de n. $n = \frac{10}{12 + \frac{r}{p}} = \frac{10}{12 + 24} = 0{,}277$

on a aussi

$$n = 12\,F\left(-1 + \sqrt{1 + \frac{1}{7{,}2\,F}}\right)$$

$$n = 12 \times 0{,}005787\left(-1 + \sqrt{1 + \frac{1}{7{,}2 \times 0{,}005787}}\right) = 0{,}277$$

Valeur de M_r $M_r = \frac{p\,n}{6}\,(2{,}5 - n) = \frac{50 \times 0{,}277}{6}\,(2{,}5 - 0{,}277) = 5{,}135$

Valeur de h. $M_r = \frac{M}{e\,h^2}$ d'où $h^2 = \frac{M}{M_r \times e}$

et $h = \sqrt{\dfrac{M}{M_r \times e}} = \sqrt{\dfrac{M}{5{,}135 \times e}} = \sqrt{\dfrac{1}{5{,}135}}\sqrt{\dfrac{M}{e}}$

$$h = 0{,}44\sqrt{\frac{M}{e}}$$

Application. — Rechercher l'épaisseur à donner à une dalle de 4 mètres de côté, devant supporter une surcharge de 400 kg. par mètre carré.

Cette dalle est appuyée sur deux côtés et est libre sur les deux autres.

Pour se servir des formules ci-dessus, nous supposerons $p = 50$ kg. et $r = 1200$ kg.

Solution. — Nous considérons une bande de 1 mètre de largeur (fig. 45).

Charge totale $= q\ e\ L = 400 \times 1 \times 4 = 1600$ kg.

Moment fléchissant $= M = \dfrac{P\ L}{8} = \dfrac{1600 \times 400}{8} = 80.000$ kg. cm.

Hauteur de la poutre

$$h = 0{,}44\sqrt{\frac{M}{e}} = 0{,}44\sqrt{\frac{80.000}{100}} = 12 \text{ cm. } 45, \text{ soit 13 centimètres.}$$

Effort de glissement. — Armature simple. — Nous avons trouvé pour taux de cisaillement du béton au niveau de la fibre neutre

$$g_m = \frac{T}{e\left(h' - \frac{a}{3}\right)} \qquad (132)$$

Soit t effort tranchant par unité de section, on a

$$t = \frac{T}{e\ h} \qquad (139)$$

d'où

$$T = t\ e\ h$$

on sait que $n = \dfrac{a}{h}$ d'où $n\ h = a$

et que $h' = \dfrac{5}{6}\ h$

En remplaçant dans la valeur de g_m on a

$$g_m = \frac{t\ e\ h}{e\left(\frac{5}{6}\ h - \frac{n\ h}{3}\right)} = \frac{t\ e\ h}{e\ h\left(\frac{5}{6} - \frac{n}{3}\right)} =$$

$$g_m = \frac{t}{\left(\frac{5}{6} - \frac{n}{3}\right)} \qquad (140)$$

Nous avons trouvé pour n en faisant $p = 50$ kg. et $r = 1200$ kg.

$$n = \frac{10}{12 + \frac{r}{p}} = \frac{10}{12 + \frac{1200}{50}} = \frac{10}{12 + 24} = 0{,}277$$

d'où g_m devient
$$g_m = \frac{t}{\frac{5}{6} - \frac{n}{3}} = \frac{t}{\frac{5}{6} - \frac{0,277}{3}} = 1,3495\ t \text{ soit } 1,35\ t$$

Si nous prenons $F = \frac{s}{S} = 0$ c'est-à-dire pour une poutre sans armature, n devient égal à (133)
$$n = 12\ F\left(-1 + \sqrt{1 + \frac{1}{7,2\ F}}\right) = 0$$

et alors
$$g_m = \frac{t}{\frac{5}{6} - \frac{0}{3}} = \frac{6}{5}\ t = 1,20\ t$$

Pour un pourcentage F = 0,05 que l'on peut considérer comme maximum la valeur de
$$n = 12 \times 0,05\left(-1 + \sqrt{1 + \frac{1}{7,2 \times 0,05}}\right) = 0,566$$

d'où
$$g_m = \frac{t}{\frac{5}{6} - \frac{0,566}{3}} = 1,55\ t$$

Le minimum des taux de glissement à lieu pour un pourcentage F nul, c'est-à-dire sans armature et est égal à 1,55 t pour un pourcentage 0,05 considéré comme maximum.

Quel que soit le pourcentage, étant donné la faible variation du coefficient t, on pourra pratiquement se contenter de prendre, comme pour les pièces homogènes, $g_m = 1,5\ t$ (141)

Calcul des étriers armature simple. — Soit

s'' = section d'une branche d'étrier
N = le nombre de branches d'étriers.

Nous avons trouvé de la formule 110 en faisant $h'' = h' - \frac{a}{3}$

$$r_c = \frac{M' - M}{s''\ N\left(h' - \frac{a}{3}\right)} \quad \text{d'où} \quad s'' = \frac{M' - M}{r_c\ N\left(h' - \frac{a}{3}\right)}$$

en désignant par d la distance entre M et M' on a

$$s'' = \frac{(M' - M)\ d}{d\ r_c\ N\left(h' - \frac{a}{3}\right)} \quad \text{mais} \quad \frac{M' - M}{d} = T$$

si on remplace on a

$$s'' = \frac{T\ d}{r_c\ N\left(h' - \frac{a}{3}\right)} \quad \text{on a aussi } T = t\ e\ h$$

d'où
$$s'' = \frac{t\ e\ h\ d}{r_c\ N\left(h' - \frac{a}{3}\right)} \quad h' = \frac{5}{6}\ h \text{ et } a = n\ h$$

remplaçons ces valeurs, s'' devient donc

$$s'' = \frac{t\ e\ h\ d}{r_c\ N\left(\frac{5}{6}\ h - \frac{n\ h}{3}\right)} = \frac{t\ e\ h\ d}{r_c\ N\ h\left(\frac{5}{6} - \frac{n}{3}\right)}$$

$$s'' = \frac{t\,c\,d}{r_c\,N\left(\frac{5}{6} - \frac{n}{3}\right)}$$

nous savons que $g_m = \dfrac{t}{\frac{5}{6} - \frac{n}{3}}$ (140)

s'' devient alors égal à

$$s'' = \frac{g_m\,e\,d}{r_c\,N} \qquad (142)$$

en prenant $g_m = 1{,}35\ t$, nous aurons

$$s'' = \frac{1{,}35\ t\ e\ d}{r_c\,N}$$

TABLEAU *permettant de trouver directement les dimensions principales des dalles suivant les taux de travail r et p, en prenant* $m = \frac{E}{E'} = 12$

Travail r de l'acier	1.200 kg. par cm²			1.000 kg. par cm²		
Travail p du béton	30 kg.	40 kg.	50 kg.	30 kg.	40 kg.	50 kg.
$n = \dfrac{10}{12 + \frac{r}{p}}$	0,192	0,238	0,277	0,225	0,270	0,312
$F = \dfrac{p\,n}{2\,r}$	0,0024	0,004	0,0058	0,0034	0,0054	0,0078
$M_r = \dfrac{p\,n}{6}\,(2{,}5 - n)$	2,216	3,589	5,131	2,558	4,007	5,689
$h = \sqrt{\dfrac{M}{M_r\,e}}$	$0{,}672\sqrt{\frac{M}{e}}$	$0{,}528\sqrt{\frac{M}{e}}$	$0{,}441\sqrt{\frac{M}{e}}$	$0{,}624\sqrt{\frac{M}{e}}$	$0{,}500\sqrt{\frac{M}{e}}$	$0{,}419\sqrt{\frac{M}{e}}$
$g_m = \dfrac{t}{\frac{5}{6} - \frac{n}{3}}$	1,300 t	1,326 t	1,3495 t	1,318 t	1,345 t	1,371 t
$s = F\,S = F\,e\,h$ par mètre de largeur	$0{,}01612\sqrt{M}$	$0{,}02112\sqrt{M}$	$0{,}02557\sqrt{M}$	$0{,}02121\sqrt{M}$	$0{,}027\sqrt{M}$	$0{,}03268\sqrt{M}$

N. B. — Dans les 7 premières colonnes, l'unité est le centimètre, dans la dernière, l'unité est également le centimètre, mais s est donné par mètre de largeur de dalle.

DALLES A ARMATURE DOUBLE - FORMULES PRATIQUES

Soit $s' =$ armature comprimée
$s =$ armature tendue

Nous savons que

$$M_r = \frac{M}{e\,h^2} \qquad F = \frac{s}{e\,h} = \frac{s}{S} \qquad n = \frac{a}{h}$$

d'où

$$a = n\,h \qquad f = \frac{s'}{s} \qquad m = \frac{E}{E'} = 12$$

Chaque réseau de barres se trouve à une distance $\frac{h}{6}$ de la fibre extrême, d'où

$$c = d = \frac{h}{6} \qquad h' = \frac{5}{6}\,h \qquad \text{(Fig. 46).}$$

Recherche de n. — La formule donnant

$$a = -\frac{m\,(s' + s)}{e} + \sqrt{\left[\frac{m\,(s' + s)}{e}\right]^2 + \frac{2\,m}{e}\,(s'\,c + s\,h')}$$

devient, en remplaçant s' et s par leur valeur donnée par les formules

$$s' = f\,s \qquad \text{et} \qquad s = F\,e\,h \qquad \text{d'où} \qquad s' = f\,F\,e\,h$$

N'opérons que sur un terme à la fois, nous aurons

1er terme :

$$-\frac{m\,(s' + s)}{e} = -\frac{12\,(f\,F\,e\,h + F\,e\,h)}{e} = -\frac{12\,F\,e\,h\,(f + 1)}{e}$$

$$-\frac{m\,(s' + s)}{e} = -\,12\,F\,h\,(f + 1)$$

2me terme :

$$\left[\frac{m\,(s' + s)}{e}\right]^2 = \left[\,12\,F\,h\,(f + 1)\right]^2 = 144\,F^2\,h^2\,(f + 1)^2$$

3me terme :

$$\frac{2\,m}{e}\,(s'\,c + s\,h') = \frac{2\,m}{e}\left[\left(f\,F\,e\,h \times \frac{h}{6}\right) + \left(F\,e\,h \times \frac{5}{6}\,h\right)\right]$$

mettons $\frac{F\,e\,h^2}{6}$ en évidence et remplaçons m par sa valeur $= 12$

$$\frac{2 \times 12 \times F\,e\,h^2}{6\,e}\,(f + 5) = F\,h^2\,(f + 5)\,4$$

Pour simplifier les deux derniers termes se trouvant sous le radical et pour mettre

$$144\,F^2\,h^2\,(f + 1)^2$$

en évidence, multiplions le numérateur et le dénominateur du dernier terme par

$$36\,F\,(f + 1)^2$$

et nous aurons comme 3me terme

$$\frac{4\ F\ h^2\ (f+5)\times 36\ F\ (f+1)^2}{36\ F\ (f+1)^2} = 144\ F^2\ h^2\ (f+1)^2 \times \frac{f+5}{36\ F\ (f+1)^2}$$

Remplaçons ces trois termes dans la valeur de a, nous aurons

$$a = -\ 12\ F\ h\ (f+1) + \sqrt{144\ F^2\ h^2\ (f+1)^2 + 144\ F^2\ h^2\ (f+1)^2 \times \frac{f+5}{36\ F\ (f+1)^2}}$$

$$a = -\ 12\ F\ h\ (f+1) + \left(12\ F\ h\ (f+1)\sqrt{1+\frac{f+5}{36\ F\ (f+1)^2}}\right)$$

$$a = 12\ F\ h\ (f+1)\left(-\ 1 + \sqrt{1+\frac{f+5}{36\ F\ (f+1)^2}}\right)$$

Divisons les deux membres par h

$$\frac{a}{h} = \frac{12\ F\ h\ (f+1)}{h}\left(-\ 1 + \sqrt{1+\frac{f+5}{36\ F\ (f+1)^2}}\right)$$

$$\frac{a}{h} = n = 12\ F\ (f+1)\left(-\ 1 + \sqrt{1+\frac{f+5}{36\ F\ (f+1)^2}}\right) \qquad (143)$$

On peut, en s'imposant différentes valeurs pour f, par exemple 1/4, 1/3, 1/2, 3/4, 1, etc., trouver les valeurs correspondantes de n.

Exemple : $f = 1$.

$$n = 12\ F\ (1+1)\left(-\ 1 + \sqrt{1+\frac{1+5}{36\ F\ (1+1)^2}}\right) = 24\ F\left(-\ 1 + \sqrt{1+\frac{1}{24\ F}}\right)$$

Pour $f = \frac{1}{2}$, on a

$$n = 12\ F\ (0{,}5+1)\left(-\ 1 + \sqrt{1+\frac{0{,}5+5}{36\ F\ (0{,}5+1)^2}}\right) = 18\ F\left(-\ 1 + \sqrt{1+\frac{5{,}5}{81\ F}}\right)$$

Pour $f = \frac{1}{3}$, on a

$$n = 16\ F\left(-\ 1 + \sqrt{1+\frac{5{,}333}{64\ F}}\right)$$

Pour $f = \frac{1}{4}$, on a

$$n = 15\ F\left(-\ 1 + \sqrt{1+\frac{5{,}25}{56{,}25\ F}}\right)$$

Recherche du pourcentage F. — Le pourcentage F est donné par la formule

$$F = \frac{p\ n}{2\ r}\left[\frac{1}{1 - f\left(\frac{6\ n - 1}{5 - 6\ n}\right)}\right] \qquad (144)$$

nous savons que $r' = \frac{m\ p\ b'}{a}$ et $r = \frac{m\ p\ b}{a}$

d'où

$$\frac{r'}{r} = \frac{\frac{m\ p\ b'}{a}}{\frac{m\ p\ b}{a}} = \frac{b'}{b}$$

De la formule $\frac{a\ e\ p}{2} + r'\ s' = r\ s$

nous avons $s = \frac{a\ e\ p}{2\ r} + \frac{r'\ s'}{r}$ mais $\frac{r'}{r} = \frac{b'}{b}$

on a $s = \frac{a\ e\ p}{2\ r} + \frac{b'}{b}\ s'$

nous savons aussi que $s' = f\ s$ et $s = \mathrm{F}\ e\ h$ d'où $s' = f\ \mathrm{F}\ e\ h$

En remplaçant s' par sa valeur nous aurons

$$s = \frac{a\ e\ p}{2\ r} + \frac{b'}{b}\ f\ \mathrm{F}\ e\ h$$

Divisons les deux membres par $e\ h$

$$\frac{s}{e\ h} = \frac{s}{\mathrm{S}} = \mathrm{F} = \frac{a\ e\ p}{2\ r\ e\ h} + \frac{b'\ f\ \mathrm{F}\ e\ h}{b\ e\ h}$$

$$\mathrm{F} = \frac{a\ p}{2\ r\ h} + \frac{b'\ f\ \mathrm{F}}{b} = \frac{n\ p}{2\ r} + \frac{b'\ f\ \mathrm{F}}{b}$$

mais $b' = a - c = n\ h - \frac{h}{6} = \frac{6\ n\ h - h}{6}$

$b' = \frac{h}{6}\ (6\ n - 1)$ et $b = h' - a = \frac{5}{6} h - n\ h = \frac{h}{6}\ (5 - 6\ n)$

La formule $\mathrm{F} = \frac{n\ p}{2\ r} + \frac{b'\ f\ \mathrm{F}}{b}$ peut être mise sous une autre forme et nous avons

$$\mathrm{F} - \frac{b'\ f\ \mathrm{F}}{b} = \frac{n\ p}{2\ r}$$

$$\mathrm{F}\left(1 - \frac{b'\ f}{b}\right) = \frac{n\ p}{2\ r}$$

d'où

$$\mathrm{F} = \frac{n\ p}{2\ r\left(1 - \frac{b'\ f}{b}\right)}$$

Dans cette égalité remplaçons b et b' par les valeurs trouvées nous aurons

$$\mathrm{F} = \frac{n\ p}{2\ r\left[1 - \frac{\frac{h}{6}(6\ n - 1)\ f}{\frac{h}{6}(5 - 6\ n)}\right]}$$

$$\mathrm{F} = \frac{n\ p}{2\ r\left[1 - \frac{(6\ n - 1)\ f}{5 - 6\ n}\right]}$$

Pour F nous avons donc

$$F = \frac{n\,p}{2\,r}\,\frac{1}{\left[1 - f\left(\frac{6\,n - 1}{5 - 6\,n}\right)\right]} \tag{144}$$

Si on veut que p et r atteignent leurs valeurs maximum, nous employerons comme pour les dalles à armature simple

$$n = \frac{10}{12 + \frac{r}{p}} \tag{134}$$

Recherche du moment M_r en fonction de p. — L'équation des moments est

$$M = \frac{p}{a}\left[\frac{a^3\,e}{3} + m\,(s'\,b'^2 + s\,b^2)\right]$$

Divisons les deux membres par $e\,h^2$ pour avoir M_r et résolvons les opérations du second membre.

$$\frac{M}{e\,h^2} = M_r = \frac{p\,a^3\,e}{3\,a\,e\,h_2} + \frac{p\,m\,s'\,b'^2}{a\,e\,h^2} + \frac{p\,m\,s\,b^2}{a\,e\,h^2}$$

nous savons que

$$b = \frac{h}{6}\,(5 - 6\,n) \qquad \text{et} \qquad b' = \frac{h}{6}\,(6\,n - 1)$$

remplaçons dans la valeur M_r, b et b'

$$M_r = \frac{p\,a^3\,e}{3\,a\,e\,h^2} + \frac{p\,m\,s'\,h^2\,(6\,n - 1)^2}{6^2 \times a\,e\,h^2} + \frac{p\,m\,s\,h^2\,(5 - 6\,n)^2}{6^2 \times a\,e\,h^2}$$

réduisons le second membre au même dénominateur et remplaçons m par 12

$$M_r = \frac{12\,p\,a^3\,e}{36\,a\,e\,h^2} + \frac{12\,p\,s'\,h^2\,(6\,n - 1)^2}{36\,a\,e\,h^2} + \frac{12\,p\,s\,h^2\,(5 - 6\,n)^2}{36\,a\,e\,h^2}$$

simplifions et remplaçons $\frac{a}{h}$ par n et $\frac{h}{a} = \frac{1}{n}$

$$M_r = \frac{p\,n^2}{3} + \frac{p\,s'\,(6\,n - 1)^2}{3\,a\,e} + \frac{p\,s\,(5 - 6\,n)^2}{3\,a\,e}$$

nous savons que $s = F\,e\,h$ et $s' = f\,F\,e\,h$

d'où

$$M_r = \frac{p\,n^2}{3} + \frac{p\,f\,F\,e\,h\,(6\,n - 1)^2}{3\,a\,e} + \frac{p\,F\,e\,h\,(5 - 6\,n)^2}{3\,a\,e}$$

$$M_r = \frac{p\,n^2}{3} + \frac{p\,f\,F\,(6\,n - 1)^2}{3\,n} + \frac{p\,F\,(5 - 6\,n)^2}{3\,n}$$

réduisons au même dénominateur

$$M_r = \frac{p\,n^3}{3\,n} + \frac{p\,f\,F\,(6\,n - 1)^2}{3\,n} + \frac{p\,F\,(5 - 6\,n)^2}{3\,n}$$

$$M_r = \frac{p}{n}\left[\frac{n^3}{3} + \frac{F}{3}\left[\left|\,f\,(6\,n - 1)^2\,\right| + (5 - 6\,n)^2\right]\right] \tag{145}$$

Recherche de M_r en fonction de r. — De la formule $r = \frac{p\ m\ b}{a}$ nous avons trouvé en remplaçant b par sa valeur $\frac{h}{6}(5-6n)$ et $\frac{h}{a}$ par $\frac{1}{n}$

$$r = \frac{2p(5-6n)}{n} \quad \text{d'où} \quad p = \frac{r\ n}{2(5-6n)}$$

Remplaçons dans la formule (145) p par cette valeur

$$M_r = \frac{r\ n}{2\ n\ (5-6n)}\left[\frac{n^3}{3}+\frac{F}{3}\left[\left[f(6n-1)^2\right]+(5-6n)^2\right]\right]$$

$$M_r = \frac{r}{6(5-6n)}\left[n^3+F\left[\left[f(6n-1)^2\right]+(5-6n)^2\right]\right] \qquad (146)$$

Nous savons que $\frac{M}{e\ h^2} = M_r$ d'où $h^2 = \frac{M}{M_r \times e}$ d'où $h = \sqrt{\frac{M}{M_r \times e}}$

Si nous prenons $f = \frac{s'}{s} = 0{,}5$ $p = 50$ kg. et $r = 1.200$ kg., nous aurons

Rapport n. —

$$n = \frac{10}{12+\frac{r}{p}} = \frac{10}{12+\frac{1200}{50}} = 0{,}277$$

Pourcentage F. —

$$F = \frac{s}{e\ h} = \frac{p\ n}{2\ r}\ \frac{1}{1-f\left(\frac{6\ n-1}{5-6\ n}\right)} =$$

$$\frac{50 \times 0{,}277}{2 \times 1200\left[1-0{,}5\ \frac{(6\times 0{,}277)-1}{5-(6\times 0{,}277)}\right]} = 0{,}0064$$

Moment M_r. —

$$M^r = \frac{p}{n}\left[\frac{n^3}{3}+\frac{F}{3}\left[\left[f(6n-1)^2\right]+(5-6n)^2\right]\right] =$$

$$\frac{50}{0{,}277}\left[\left(\frac{0{,}277}{3}\right)^3+\frac{0{,}0064}{3}\left[\left[0{,}5\left((6\times 0{,}277)-1\right)^2+\left(5-(6\times 0{,}277)\right)^2\right]\right]\right]$$

$$= 5{,}653$$

Si nous remplaçons M_r par sa valeur donnée pour le cas de $p = 50$ kg. $r = 1200$ kg. et $f = 0{,}5$, nous aurons

$$h = \sqrt{\frac{M}{M_r \times e}} = \sqrt{\frac{M}{5{,}653 \times e}} = \sqrt{\frac{1}{5{,}653}}\sqrt{\frac{M}{e}} = 0{,}41\sqrt{\frac{M}{e}}$$

Application. — Déterminer les dimensions d'une dalle de 4 mètres de côté devant supporter 400 kg. au mètre carré.

$$p = 50 \text{ kg.} \qquad r = 1200 \text{ kg.} \qquad f = 0{,}5$$

$$M = \frac{P\ L}{8} = \frac{400 \times 4 \times 400}{8} = 80.000 \text{ kgcm.}$$

$$h = 0{,}41 \sqrt{\frac{80.000}{100}} = 0{,}41 \times 28{,}28 = 11{,}6 \text{ cm.}$$

Section de fer armature tendue

$$S = e \times h = 11{,}6 \times 100 = 1160 \text{ cm}^2 \qquad s = F\ S = 0{,}0064 \times 1160 = 7{,}42 \text{ cm}^2$$

soit 10 barres de 10 m/m de diamètre.

Section de fer armature comprimée

$$s' = f\ s = 0{,}5 \times 7{,}42 = 3{,}71 \text{ cm}^2$$

EFFORT DE GLISSEMENT

Armature double. — Nous avons trouvé que

$$g_i = g_m = \frac{T}{I\ e}\ m\ b\ s \qquad (72)$$

En remplaçant I par sa valeur pour les dalles à armature double, on a

$$g_m = \frac{T\ m\ b\ s}{e\left(\frac{a^3\ e}{3} + m\ b'^2\ s' + m\ b^2\ s\right)} \qquad (147)$$

mais $T = t\ e\ h$ $\qquad m = \frac{E}{E'} = 12 \qquad a = n\ h$

$$b = h' - a = \frac{5}{6}\ h - n\ h = \frac{h}{6}\ (5 - 6\ n)$$

$$b' = a - \frac{h}{6} = n\ h - \frac{h}{6} = \frac{h}{6}\ (6\ n - 1)$$

$$s = F\ e\ h \qquad s' = f\ F\ e\ h$$

Remplaçons ces diverses valeurs dans la formule (147)

$$g_m = \frac{t\ e\ h \times 12 \times \frac{h}{6}\ (5 - 6\ n)\ F\ e\ h}{e\left[\frac{n^3\ h^3\ e}{3} + 12\left[\left[\left(\frac{h}{6}\ (6\ n - 1)\right)^2 \times f F e h\right] + \left(\frac{h}{6}(5 - 6\ n)\right)^2 \times F e h\right]\right]} \qquad (148)$$

$$= \frac{12\ t\ e^2\ h^3\ F\ (5 - 6\ n)}{6\ e\left[\frac{n^3\ h^3\ e}{3} + \frac{12\ F\ e\ h^3}{36}\left[(6\ n - 1)^2 f + (5 - 6\ n)^2\right]\right]} =$$

$$\frac{12\ t\ e^2 h^3 F\ (5 - 6\ n)}{\frac{6\ e^2 h^3}{3}\left[n^3 + F\left[(6\ n - 1)^2 f + (5 - 6\ n)^2\right]\right]} =$$

$$\frac{6\ t\ F\ (5 - 6\ n)}{n^3 + F\left[(6\ n - 1)^2 f + (5 - 6\ n)^2\right]}$$

donc
$$g_m = t\left[\frac{6\ F\ (5 - 6\ n)}{n^3 + F\left[\left((6\ n - 1)^2 f\right) + (5 - 6\ n)^2\right]}\right] \quad (149)$$

Le coefficient de t peut-être calculé pour différentes pourcentages F et pour diverses valeurs de f.

n étant donné en fonction de p = 50 kg. et r = 1200 kg.

on trouve, pour F = 0,01 et f = 0,1, le coefficient de t = 1,37 d'où $g_m = 1{,}37\ t$

Pour F = 0,05 et f = 0,5 le coefficient de t = 1,24 d'où $g_m = 1{,}24\ t$

On pourrait encore, pratiquement, se contenter de $g_m = 1{,}5\ t$

CALCUL DES ÉTRIERS

Armatures doubles. — Nous avons trouvé que

$$r_c = \frac{M' - M}{s''\ N\ I}\ m\ b\ s \quad (107)$$

d'où on tire
$$s'' = \frac{(M' - M)\ m\ b\ s}{r_c\ N\ I}$$

Remplaçons I par sa valeur (Voir formule 147 et 148) et les facteurs m, b et s nous aurons

$s'' =$

$$\frac{(M' - M) \times 12\left[(5 - 6\ n)\frac{h}{6}\ F\ e\ h\right]}{r_c\ N\left[\frac{n^3 h^3 e}{3} + 12\left[\left[\left(\frac{h}{6}(6\ n - 1)\right)^2 \times f\ F\ e\ h\right] + \left(\frac{h}{6}(5 - 6\ n)\right)^2 F\ e\ h\right]\right]}$$

$$\frac{12\ (M' - M)\left[\frac{h}{6}(5 - 6\ n)\ F\ e\ h\right]}{r_c\ N\left[\frac{n^3 h^3 e}{3} + 12\left[\left[\left(\frac{h^2 (6\ n - 1)^2}{6^2} \times f\ F\ e\ h\right)\right] + \frac{h^2 (5 - 6\ n)^2}{6^2} \times F\ e\ h\right]\right]}$$

$$\frac{2\ (M' - M)\ h^2 F\ e\ (5 - 6\ n)}{r_c\ N\left[\frac{n^3 h^3 e}{3} + \frac{1}{3}\left[\left[h^2 (6\ n - 1)^2 f\ F\ e\ h\right] + \left[h^2 (5 - 6\ n)^2 F\ e\ h\right]\right]\right]}$$

$$\frac{6\,(M' - M)\,h^2\,F\,e\,(5 - 6\,n)}{r_c\,N\left[n^3\,h^3\,e + \left(\left[h^2(6\,n - 1)^2 f\,F\,e\,h\right]\right) + h^2\,(5 - 6\,n)^2\,F\,e\,h\right]}$$

$$\frac{6\,(M' - M)\,h^2\,F\,e\,(5 - 6\,n)}{r_c\,N\left(n^3\,h^3\,e + F\,h^3\,e\left[(6\,n - 1)^2\,f + (5 - 6\,n)^2\right]\right)}$$

$$\frac{6\,(M' - M)\,h^2\,F\,e\,(5 - 6\,n)}{r_c\,N\,h^2\,e\left[n^3\,h + F\,h\left((6\,n - 1)^2\,f + (5 - 6\,n)^2\right)\right]}$$

$$\frac{6\,(M' - M)\,F\,(5 - 6\,n)}{r_c\,N\,h\left[n^3 + F\left((6\,n - 1)^2\,f + (5 - 6)^2\right)\right]}$$

multiplions le numérateur et le dénominateur du second membre par d pour faire sortir ($M' - M$), d = distance entre les sections qui donnent M et M' nous aurons

$$s'' = \frac{d\,(M' - M)\,6\,F\,(5 - 6\,n)}{d\,r_c\,N\,h\left[n^3 + F\left((6\,n - 1)^2 f + (5 - 6)^2\right)\right]} =$$

$$\frac{T\,d\,6\,F\,(5 - 6\,n)}{r_c\,N\,h\left[n^3 + F\left((6\,n - 1)^2 f + (5 - 6\,n)^2\right)\right]}$$

T peut être remplacé par $t\,e\,h$ d'où

$$s'' = \frac{t\,e\,h\,d\,6\,F\,(5 - 6n)}{r_c\,N\,h\left[n^3 + F\left((6\,n - 1)^2\,f + (5 - 6\,n)^2\right)\right]} =$$

d'où nous aurons $$s'' = \frac{t\,e\,d\,6\,F\,(5 - 6\,n)}{r_c\,N\left[n^3 + F\left[(6\,n - 1)^2 f + (5 - 6\,n)^2\right]\right]} \qquad (150)$$

On peut aussi rechercher s'' par la formule $g_m \times d \times e = s''\,N\,r_c$

d'où $$s'' = \frac{g_m\,d \times e}{N\,r_c} \qquad (151)$$

TABLEAU *permettant de trouver directement les dimensions principales des dalles à armature double, en prenant* r = 1200 *ou* 1000 *kg. ; p* = 30, 40 *ou* 50 *kg. ; m* = $\frac{E}{E'}$ = 12. *(L'unité est le cm.)*

r du métal	1200 kg. par cm²			1000 kg. par cm²			$f = \frac{s'}{s}$
p du béton	30 kg.	40 kg.	50 kg.	30 kg.	40 kg.	50 kg.	
$n = \frac{10}{12 + \frac{r}{p}}$	0,192	0,238	0,277	0,225	0,270	0,312	
$F = \frac{pn}{2r}\left[\frac{1}{1 - \frac{f(6n-1)}{5-6n}}\right]$	0,00242	0,00406	0,00600	0,00343	0,00560	0,00826	0,2
	0,00243	0,00416	0,00626	0,00350	0,00582	0,00877	0,4
	0,00244	0,00421	0,00640	0,00354	0,00594	0,00905	0,5
	0,00245	0,00427	0,00655	0,00358	0,00606	0,00936	0,6
	0,00247	0,00438	0,00685	0,00365	0,00632	0,01003	0,8
	0,00250	0,00450	0,00719	0,00373	0,00660	0,01080	1,0
$M_r = \frac{p}{3n}\left[n^3 + F\left(\left[f(6n-1)\right]^2 + (5-6n)^2\right)\right]$	2,2355	3,6655	5,3328	2,5406	4,1525	6,0065	0,2
	2,2435	3,7458	5,5414	2,5861	4,2995	6,3485	0,4
	2,2505	3,7870	5,6536	2,6119	4,3793	6,5361	0,5
	2,2599	3,8336	5,7734	2,6376	4,4598	6,7425	0,6
	2,2758	3,9215	6,0154	2,6832	4,6334	7,1904	0,8
	2,2995	4,0179	6,2885	2,7350	4,8207	7,7056	1,0
$h = \sqrt{\frac{M}{M_r e}}$	0,668 $\sqrt{\frac{M}{e}}$	0,522 $\sqrt{\frac{M}{e}}$	0,433 $\sqrt{\frac{M}{e}}$	0,627 $\sqrt{\frac{M}{e}}$	0,490 $\sqrt{\frac{M}{e}}$	0,408 $\sqrt{\frac{M}{e}}$	0,2
	0,667	0,516	0,424	0,621	0,482	0,396	0,4
	0,666 »	0,514 »	0,420 »	0,618 »	0,477 »	0,391 »	0,5
	0,664 »	0,510 »	0,416 »	0,615 »	0,473 »	0,385 »	0,6
	0,662 »	0,505 »	0,408 »	0,609 »	0,464 »	0,372 »	0,8
	0,660 »	0,500 »	0,400 »	0,604 »	0,455 »	0,360 »	1,0
$g_m = \frac{6F(5-6n)}{n^3 + F\left[\left(f(6n-1)\right)^2 + (5-6n)^2\right]}$	1,30 t	1,33 t	1,35 t	1,31 t	1,35 t	1,378 t	0,2
	1,30 t	1,33 t	1,36 t	1,31 t	1,35 t	1,38 t	0,4
	1,30 t	1,33 t	1,36 t	1,31 t	1,35 t	1,38 t	0,5
	1,30 t	1,33 t	1,36 t	1,32 t	1,36 t	1,39 t	0,6
	1,30 t	1,34 t	1,37 t	1,32 t	1,36 t	1,39 t	0,8
	1,30 t	1,34 t	1,37 t	1,32 t	1,37 t	1,40 t	1,0
$S = FS = Feh$ par mètre de largeur de dalle	0,01616 $\sqrt{M}$	0,02119 $\sqrt{M}$	0,02598 $\sqrt{M}$	0,02150 $\sqrt{M}$	0,02744 $\sqrt{M}$	0,03370 $\sqrt{M}$	0,2
	0,01620	0,02146	0,02654	0,02173	0,02805	0,03472	0,4
	0,01625 »	0,02164 »	0,02688 »	0,02187 »	0,02833 »	0,03538 »	0,5
	0,01626 »	0,02177 »	0,02724 »	0,02201 »	0,02866 »	0,03603 »	0,6
	0,01635 »	0,02211 »	0,02794 »	0,02222 »	0,02932 »	0,03731 »	0,8
	0,01650 »	0,02250 »	0,02876 »	0,02253 »	0,03003 »	0,03888 »	1,0
$S' = fS = fFeh$ par mètre de largeur de dalle	0,003233 »	0,004238 »	0,005196 »	0,00430 »	0,005488 »	0,00674 »	0,2
	0,006483 »	0,008584 »	0,010610 »	0,00869 »	0,01122 »	0,01389 »	0,4
	0,008125 »	0,010820 »	0,013440 »	0,01093 »	0,01416 »	0,01769 »	0,5
	0,009760 »	0,013060 »	0,016340 »	0,01320 »	0,01719 »	0,02161 »	0,6
	0,01308 »	0,017690 »	0,022350 »	0,01774 »	0,02345 »	0,02918 »	0,8
	0,01650 »	0,022500 »	0,028760 »	0,02250 »	0,03003 »	0,03888 »	1,0

MÉTHODE POUR LA RECHERCHE DU MOMENT FLÉCHISSANT DES PLAQUES EN BÉTON

Les procédés qui vont suivre ne peuvent être considérés comme ayant une valeur scientifique; seulement, au point de vue pratique, on arrive par ces moyens à des constructions où les matériaux sont employés économiquement tout en offrant la sécurité désirable.

Dans cette méthode, les dalles reposant sur murs ou sur poutres de rive seront considérées comme simplement appuyées, tandis que celles se continuant au-delà de plusieurs travées sont envisagées comme encastrées au-dessus des appuis.

Le procédé consiste à envisager la dalle comme composée de deux plaques fictives ayant chacune deux appuis distincts et à répartir la charge totale suivant les portées en considérant que les deux flèches maximum doivent être égales.

L'armature de la dalle sera donc à barres croisées et la section des barres dans les deux dalles fictives sera à déterminer séparément.

Les taux de béton seront évalues dans les deux plaques fictives et seront à composer pour obtenir le taux résultant du béton dans la dalle. Soit p' le taux du béton suivant la direction L_1 (portée d'une dalle fictive) et soit p'' le taux du béton suivant la portée L_2 de l'autre dalle fictive. Les deux directions L_1 et L_2 étant perpendiculaires, le taux de travail résultant p du béton sera donné par la combinaison de p' et p'', c'est-à-dire par la diagonale du rectangle formé avec p' et p'' pour côtés.

On a : taux résultant du béton $p = \sqrt{p'^2 + p''^2}$

1er cas. — **Plaque rectangulaire reposant librement sur les quatres côtés.** — (Fig. 47.) — Soit :

L_1 et L_2 = la largeur de la dalle suivant les directions normales aux appuis
q = charge unitaire par m² de dalle
q_1 = portion de la charge q agissant suivant la portée L_1
q_2 = portion de la charge q agissant suivant la portée L_2
f_1 = flèche au milieu de la portée L_1
f_2 = flèche au milieu de la portée L_2
M_1 = moment fléchissant suivant la portée L_1
M_2 = moment fléchissant suivant la portée L_2
E' = coefficient d'élasticité du béton
I = moment d'inertie

Si nous considérons une bande de dalle suivant L_1 et une bande de même largeur suivant L_2, supportant à elles deux une charge q nous devons avoir $q_1 + q_2 = q$

Ces deux efforts q_1 et q_2 ne sont pas égaux, parce que les portées ne sont pas de même grandeur.

Les flèches seront égales dans les deux directions parce que les deux bandes considérées, font partie d'une même pièce on aura donc $f_1 = f_2$

Pour une poutre appuyée, aux deux extrémités, la flèche est donnée par la formule suivante

$$f = \frac{5\ Q\ L^3}{384\ E'\ I} = \frac{5\ q\ L^4}{384\ E'\ I}$$

La flèche pour la portée L_1, sous l'effort q_1 sera donc

$$f_1 = \frac{5\ q_1\ L_1^4}{384\ E'\ I}$$

celle suivant L_2 sous l'effort q_2 sera $$f_2 = \frac{5\ q_2\ L_2^{\ 4}}{384\ E'\ I}$$

Ces deux flèches étant égales nous aurons $f_1 = f_2$

d'où $$\frac{5\ q_1\ L_1^{\ 4}}{384\ E'\ I} = \frac{5\ q_2\ L_2^{\ 4}}{384\ E'\ I}$$

simplifions, il reste $$q_1\ L_1^{\ 4} = q_2\ L_2^{\ 4}$$

De cette égalité tirons la valeur de q_1, on aura

$$q_1 = \frac{q_2\ L_2^{\ 4}}{L_1^{\ 4}}$$

Faisons pour la facilité des transformations le rapport

$$\frac{L_1}{L_2} = n \qquad \text{ou} \qquad \frac{L_2}{L_1} = \frac{1}{n}$$

Si nous remplaçons cette valeur dans celle de q_1 nous aurons

$$q_1 = \frac{q_2}{n^4}$$

Connaissant la valeur de q_1 en fonction de q_2, nous pouvons la remplacer dans l'égalité $q_1 + q_2 = q$ et nous aurons

$$\frac{q_2}{n^4} + q_2 = q$$

Pour éliminer le dénominateur multiplions tous les termes par n^4, nous aurons

$$q_2 + q_2\ n^4 = q\ n^4 \qquad q_2 (1 + n^4) = q\ n^4$$

De cette égalité, tirons la valeur de q_2 en fonction de q

$$q_2 = \frac{q\ n^4}{1 + n^4}$$

Connaissant q_2 en fonction de q, recherchons également q_1, en remplaçant q_2 dans l'égalité suivante

$$q_1 + q_2 = q \qquad \text{d'où} \qquad q_1 = q - q_2 = q - \frac{q\ n^4}{1 + n^4} =$$

$$\frac{q + q\ n^4}{1 + n^4} - \frac{q\ n^4}{1 + n^4} = \frac{q + q\ n^4 - q\ n^4}{1 + n^4}$$

$$q_1 = \frac{q}{1 + n^4}$$

Le moment fléchissant maximum, pour une pièce appuyée aux 2 extrémités et uniformément chargée, a pour valeur

$$M = \frac{Q\ L}{8} \qquad \text{où} \qquad M = \frac{q\ L^2}{8}$$

Q = charge totale
q = charge par mètre courant

Suivant la portée L_1 le moment fléchissant est

$$M_1 = \frac{q_1\ L_1^{\ 2}}{8} = \frac{q \times L_1^{\ 2}}{(1 + n^4)\ 8} = \frac{q\ L_1^{\ 2}}{8} \times \frac{1}{1 + n^4} \qquad (152)$$

Suivant la portée L^2 le moment fléchissant est

$$M_2 = \frac{q_2 L_2^2}{8} = \frac{q \cdot n^4 L_2^2}{(1 + n^4)\, 8} = \frac{q L_2^2}{8} \times \frac{n^4}{1 + n^4} \qquad (153)$$

Maintenant si nous remplaçons n^4 par sa valeur en fonction de L_1 et L_2 nous trouvons pour M_1

$$M_1 = \frac{q L_1^2}{8} \frac{1}{1 + \left(\frac{L_1}{L_2}\right)^4} =$$

$$\frac{q L_1^2}{8} \frac{1}{\frac{L_2^4 + L_1^4}{L_2^4}}$$

d'où

$$M_1 = \frac{q L_1^2}{8} \frac{L_2^4}{L_2^4 + L_1^4} \qquad (154)$$

Faisons la même transformation pour M_2 nous aurons

$$M_2 = \frac{q L_2^2}{8} \frac{n^4}{1 + n^4} = \frac{q L_2^2}{8} \frac{\left(\frac{L_1}{L_2}\right)^4}{1 + \left(\frac{L_1}{L_2}\right)^4} =$$

$$\frac{q L_2^2}{8} \left[\frac{\frac{L_1^4}{L_2^4}}{1 + \frac{L_1^4}{L_2^4}} \right] = \frac{q L_2^2}{8} \frac{L_1^4}{L_2^4 \left(1 + \frac{L_1^4}{L_2^4}\right)} =$$

$$\frac{q L_2^2}{8} \times \frac{L_1^4}{L_2^4 \left(\frac{L_2^4 + L_1^4}{L_2^4}\right)} = \frac{q L_2^2}{8} \times \frac{L_1^4}{\frac{L_2^4 (L_2^4 + L_1^4)}{L_2^4}} =$$

$$M_2 = \frac{q L_2^2}{8} \times \frac{L_1^4}{L_2^4 + L_1^4} \qquad (155)$$

Remarque. — Le terme $\frac{L_1^4}{L_2^4 + L_1^4}$ est donc un coefficient de réduction.

Si $L_1 = L_2$, les moments M_1 et M_2 seront égaux et on a

$$M_1 = \frac{q L_1^2}{8} \times \frac{L_2^4}{L_2^4 + L_1^4} = \frac{q L_1^2}{8} \times \frac{L_2^4}{L_2^4 + L_2^4} =$$

$$\frac{q L_1^2}{8} \times \frac{L_2^4}{2 L_2^4} = \frac{q L_1^2}{8} \times \frac{1}{2} = \frac{q L_1^2}{16} \qquad (156)$$

Maintenant si nous faisons $L_2 = 2\ L_1$ le coefficient de réduction devient

$$\frac{L_2^4}{L_2^4 + L_1^4} = \frac{(2\ L_1)^4}{(2\ L_1)^4 + L_1^4} = \frac{16\ L_1^4}{16\ L_1^4 + L_1^4} = \frac{16}{17} = 0{,}94 .$$

Le coefficient de réduction devient alors négligeable et on calcule la dalle comme si la portée était L_1.

2me cas. — **Dalle encastrée sur deux côtés coucourants et reposant librement sur les deux autres côtés.** — (Fig. 48.) — Nous avons toujours

$q_1 + q_2 = q$ et $f_1 = f_2$

La flèche d'une poutre reposant sur un appui et encastrée à l'autre est

$$f = \frac{q\ L^4}{192\ E'\ I}$$

Flèche suivant L_1 sous l'effort q_1 $\quad f_1 = \frac{q_1\ L_1{}^4}{192\ E'\ I}$

Flèche suivant L_2 sous l'effort q_2 $\quad f_2 = \frac{q_2\ L_2{}^4}{192\ E'\ I}$

mais on a $f_1 = f_2$ d'où $\quad \frac{q_1\ L_1{}^4}{192\ E'\ I} = \frac{q_2\ L_2{}^4}{192\ E'\ I}$

$$q_1\ L_1{}^4 = q_2\ L_2{}^4$$

De là tirons la valeur de q_1 $\quad q_1 = \frac{q_2\ L_2{}^4}{L_1{}^4}$

d'où $\quad q_2 = \frac{q\ n^4}{1 + n^4}$ et $\quad q_1 = \frac{q}{1 + n^4}$ (Voir théorie précédente)

nous savons que

$$\frac{1}{1 + n^4} = \frac{L_2{}^4}{L_2{}^4 + L_1{}^4} \quad \text{et} \quad \frac{n^4}{1 + n^4} = \frac{L_1{}^4}{L_2{}^4 + L_1{}^4}$$

La formule générale du moment négatif pour une poutre encastrée à une extrémité et appuyée à l'autre est

$$- M = - \frac{q\ L^2}{8}$$

celle du moment positif maximum est $+ M = + \frac{9}{128}\ q\ L^2$

Moment négatif portée L_1. —

$$- M_1 = - \frac{q_1\ L_1{}^2}{8} = - \frac{q\ L_1{}^2}{8}\ \frac{1}{1 + n^4}$$

$$- M_1 = - \frac{q\ L_1{}^2}{8}\ \frac{L_2{}^4}{L_2{}^4 + L_1{}^4} \qquad (157)$$

Moment positif portée L_1. —

$$+ M_1 = + \frac{9}{128}\ q_1\ L_1{}^2 = + \frac{9\ q\ L_1{}^2}{128}\ \frac{1}{1 + n^4}$$

$$+ M_1 = + \frac{9\ q\ L_1{}^2}{128}\ \frac{L_2{}^4}{L_2{}^4 + L_1{}^4} \qquad (158)$$

Moment négatif portée L_2. —

$$- M_2 = - \frac{q_2\ L_2}{8} = - \frac{q\ L_2{}^2}{8}\ \frac{n^4}{1 + n^4}$$

$$- M_2 = - \frac{q\ L_2{}^2}{8}\ \frac{L_1{}^4}{L_2{}^4 + L_1{}^4} \qquad (159)$$

Moment positif portée L_2. —

$$+ M_2 = + \frac{9}{128} q_2 L_2^2 = + \frac{9 q L_2^2}{128} \frac{n_4}{1 + n_4}$$

$$+ M_2 = + \frac{9 q L_2^2}{128} \frac{L_1^4}{L_2^4 + L_1^4} \qquad (160)$$

3me cas. — **Dalle encastrée sur deux côtés concourants et libres sur les deux autres.** — (Fig. 49.) — La flèche d'une poutre encastrée à une extrémité et libre à l'autre est

$$f = \frac{Q L^3}{8 E' I} = \frac{q L^4}{8 E' I}$$

Nous aurons

$$f_1 = \frac{q_1 L_1^4}{8 E' I} \quad \text{et} \quad f_2 = \frac{q_2 L_2^4}{8 E' I}$$

Nous avons $f_1 = f_2$, d'où

$$\frac{q_1 L_1^4}{8 E' I} = \frac{q_2 L_2^4}{8 E' I}$$

$$q_1 L_1^4 = q_2 L_2^4$$

D'après la théorie du 1er cas, nous trouvons

$$q_1 = \frac{q}{1 + n^4} \quad \text{et} \quad q_2 = \frac{q n^4}{1 + n^4}$$

La formule générale du moment est

$$M = \frac{Q L}{2} = \frac{q L^2}{2}$$

Moment suivant la portée L_1.

$$M_1 = \frac{q_1 L_1^2}{2} = \frac{q L_1^2}{2} \frac{1}{1 + n^4} = \frac{q L_1^2}{2} \frac{L_2^4}{L_2^4 + L_1^4} \qquad (161)$$

Moment suivant la portée L_2.

$$M_2 = \frac{q_2 L_2^2}{2} = \frac{q L_2^2}{2} \frac{n^4}{1 + n^4} = \frac{q L_2^2}{2} \frac{L_1^4}{L_2^4 + L_1^4} \qquad (162)$$

4me cas. — **Dalle rectangulaire encastrée sur les quatre côtés.** — (Fig. 50.) — La flèche d'une poutre encastrée aux deux extrémités est

$$f = \frac{Q L^3}{384 E' I} = \frac{q L^4}{384 E' I}$$

Nous avons

$$f_1 = \frac{q_1 L_1^4}{384 E' I} \quad \text{et} \quad f_2 = \frac{q_2 L_2^2}{384 E' I}$$

d'où

$$q_1 L_1^4 = q_2 L_2^4$$

D'après la théorie du premier cas, on trouve

$$q_1 = \frac{q}{1 + n^4} \quad \text{et} \quad q_2 = \frac{q n^4}{1 + n^4}$$

Formule genérale du moment négatif à l'encastrement

$$-M = -\frac{q\ L^2}{12}$$

Formule générale du moment positif

$$+M = +\frac{q\ L^2}{24}.$$

Moment négatif suivant portée L_1. —

$$-M_1 = -\frac{q_1 L_1^2}{12} = -\frac{q\ L_1^2}{12}\ \frac{1}{1+n^4} = -\frac{q\ L_1^2}{12}\ \frac{L_2^4}{L_2^4 + L_1^4} \qquad (163)$$

Moment positif suivant portée L_1. —

$$+M_1 = +\frac{q_1 L_1^2}{24} = +\frac{q\ L_1^2}{24}\ \frac{1}{1+n^4} = +\frac{q\ L_1^2}{24}\ \frac{L_2^4}{L_2^4 + L_1^4} \qquad (164)$$

Moment négatif suivant portée L_2. —

$$-M_2 = -\frac{q_2 L_2^2}{12} = -\frac{q\ L_2^2}{12}\ \frac{n_4}{1+n^4} = -\frac{q\ L_2^2}{12}\ \frac{L_1^4}{L_2^4 + L_1^4} \qquad (165)$$

Moment positif suivant portée L_2. —

$$+M_2 = +\frac{q_2\ L_2^2}{24} = +\frac{q\ L_2^2}{24}\ \frac{n^4}{1+n^4} = +\frac{q\ L_2^2}{24}\ \frac{L_1^4}{L_2^4 + L_1^4} \qquad (166)$$

5me *cas*. — **Dalle encastrée d'un côté suivant la portée L_1 et libre à l'autre extrémité. Les deux autres extrémités suivant la portée L_2 reposent librement sur appuis.** — (Fig. 51.) — La flèche d'une poutre encastrée à une extrémité et libre à l'autre est

$$f = \frac{q\ L^4}{8\ E'\ I}$$

Celle d'une poutre reposant sur deux appuis est

$$f = \frac{5\ q\ L^4}{384\ E'\ I}$$

Nous avons donc $\quad f_1 = \frac{q_1\ L_1^4}{8\ E'\ I} \quad$ et $\quad f_2 = \frac{5\ q_2\ L_2^4}{384\ E'\ I}$

mais les flèches étant toujours égales nous avons

$$\frac{q_1\ L_1^4}{8\ E'\ I} = \frac{5\ q_2\ L_2^2}{384\ E'\ I}$$

$$q_1 L_1^4 = \frac{5\ q_2\ L_2^4}{48} = \frac{q_2\ L_2^4}{9,6}$$

d'où $\quad q_1 = \frac{q_2 L_2^4}{9,6 \times L_1^4} \quad$ en faisant $\frac{L_1}{L_2} = n$ on a

$$q_1 = \frac{q_2}{9,6\ n^4}$$

mais nous savons que $q_1 + q_2 = q$ en remplaçant q_1 par sa valeur nous trouvons

$$\frac{q_2}{9,6\ n^4} + q_2 = q$$

$$q_2 + 9,6\ n^4 q_2 = 9,6\ n^4 q \qquad q_2 (1 + 9,6\ n^4) = 9,6\ n^4\ q$$

$$q_2 = \frac{9,6\ n^4\ q}{1 + 9,6\ n^4}$$

Recherchons la valeur de q_1 en fonction de q, nous avons $q_1 = q - q_2$

$$q_1 = q - \frac{9,6\ n^4\ q}{1 + 9,6\ n^4} = \frac{q + 9,6\ n^4\ q - 9,6\ n^4\ q}{1 + 9,6\ n^4} = \frac{q}{1 + 9,6\ n^4}$$

Formule générale du moment, d'une poutre encastrée à un bout et libre à l'autre

$$M = \frac{q\ L^2}{2}$$

Formule générale du moment d'une poutre reposant sur deux appuis

$$M = \frac{q\ L^2}{8}$$

Moment positif portée L_1. —

$$M_1 = \frac{q_1\ L_1^2}{2} = \frac{q\ L_1^2}{2}\ \frac{1}{1 + 9,6\ n^4} = \frac{q\ L_1^2}{2}\ \frac{L_2^4}{L_2^4 + 9,6\ L_1^4} \qquad (167)$$

Moment positif portée L_2. —

$$M_2 = \frac{q_2\ L_2^2}{8} = \frac{9,6\ q\ L_2^2}{8}\ \frac{n^4}{1 + 9,6\ n^4} = \frac{9,6\ q\ L_2^2}{8}\ \frac{L_1^4}{L_2^4 + 9,6\ L_1^4} \qquad (168)$$

6me cas. — **Dalle encastrée sur trois côtés et appuyée sur le quatrième.** — (Fig. 52). — La flèche d'une poutre encastrée et appuyée est

$$f = \frac{q\ L^4}{192\ E'\ I}$$

La flèche d'une poutre encastrée aux deux extrémités est

$$f = \frac{q\ L^4}{192\ E'\ I}$$

d'où

$$f_1 = \frac{q_1\ L_1^4}{192\ E'\ I}$$

et

$$f_2 = \frac{q_2\ L_2^4}{384\ E'\ I}$$

nous aurons

$$\frac{q_1\ L_1^4}{192\ E'\ I} = \frac{q_2\ L_2^4}{384\ E'\ I}$$

$$q_1\ L_1^4 = \frac{q_2\ L_2^4}{2}$$

$$q_1 = \frac{q_2\ L_2^4}{2\ L_1^4} = \frac{q_2}{2\ n^4}$$

nous avons $q_1 + q_2 = q$ et $\frac{q_2}{2\ n_4} + q_2 = q$

$$q_2 \left(\frac{1}{2\ n^4} + 1\right) = q$$

d'où

$$q_2 = \frac{q}{\frac{1}{2\ n^4} + 1} = \frac{2\ n^4\ q}{1 + 2\ n^4}$$

nous avons aussi $q_1 = q - q_2$; en remplaçant q_2 par sa valeur nous aurons q_1 en fonction de q

$$q_1 = q - \frac{2\, n^4\, q}{1 + 2\, n^4} = \frac{q + 2\, n^4\, q - 2\, n^4\, q}{1 + 2\, n^4} = \frac{q}{1 + 2\, n^4}$$

La formule générale du moment à l'encastrement pour une poutre encastrée à une extrémité et appuyée à l'autre est

$$- M = - \frac{q\, L^2}{8}$$

Celle du moment positif est

$$+ M = + \frac{9\, q\, L^2}{128}$$

La formule générale du moment négatif pour une poutre encastrée aux deux extrémités est

$$- M = - \frac{q\, L^2}{12}$$

et celle du moment positif au milieu est

$$+ M = + \frac{q\, L^2}{24}$$

Moment négatif suivant L_1 à l'encastrement.

$$- M_1 = - \frac{q_1\, L_1{}^2}{8} = - \frac{q\, L_1{}^2}{8} \frac{1}{1 + 2\, n^4} = - \frac{q\, L_1{}^2}{8} \frac{L_2{}^4}{L_2{}^4 + 2\, L_1{}^4} \qquad (169)$$

Moment positif suivant L_1. —

$$+ M_1 = + \frac{9\, q_1\, L_1{}^2}{128} = + \frac{9\, q\, L_1{}^2}{128} \frac{1}{1 + 2\, n^4} = + \frac{9\, q\, L_1{}^2}{128} \frac{L_2{}^4}{L_2{}^4 + 2\, L_1{}^4} \qquad (170)$$

Moment négatif suivant L_2 à l'encastrement. —

$$- M_2 = - \frac{q_2\, L_2{}^2}{12} = - \frac{2\, q\, L_2{}^2}{12} \frac{n^4}{1 + 2\, n^4} = - \frac{q\, L_2{}^2}{6} \frac{L_1{}^4}{L_2{}^4 + 2\, L_1{}^4} \qquad (171)$$

Moment positif suivant L_2. —

$$+ M_2 = + \frac{q_2\, L_2{}^2}{24} = + \frac{2\, q\, L_2{}^2}{24} \frac{n^4}{1 + 2\, n^4} = + \frac{q\, L_2{}^2}{12} \frac{L_1{}^4}{L_2{}^4 + 2\, L_1{}^4} \qquad (172)$$

De la même façon on trouverait les moments pour les charges localisées.

7me cas. — **Dalle appuyée aux quatre côtés, une charge concentrée au milieu. — (Fig. 53.) —**

P = charge au milieu.

$$M_1 = \frac{P\, L_1}{4} \frac{L_2{}^3}{L_2{}^3 + L_1{}^3} \qquad (173)$$

$$M_2 = \frac{P\, L_2}{4} \frac{L_1{}^3}{L_2{}^3 + L_1{}^3} \qquad (174)$$

8me cas. — **Dalle encastrée aux quatre côtés, une charge concentrée au centre. — (Fig. 53.) —**

$$- M_1 = \frac{P\, L_1}{8} \frac{L_2{}^3}{L_2{}^3 + L_1{}^3} \qquad (175)$$

$$+ M_1 = \frac{P\ L_1}{8} \quad \frac{L_2{}^3}{L_2{}^3 + L_1{}^3} \qquad (176)$$

$$- M^2 = \frac{P\ L_2}{8} \quad \frac{L_1{}^3}{L_2{}^3 + L_1{}^3} \qquad (177)$$

$$+ M_2 = \frac{P\ L_2}{8} \quad \frac{L_1{}^3}{L_2{}^3 + L_1{}^3} \qquad (178)$$

9me cas. — **Dalle appuyée sur deux côtés**. — (Fig. 54.) — Se détermine comme une poutre rectangulaire. Les barres de répartition ne se calculent pas, on leur donne généralement le même diamètre que les barres de résistance, mais l'écartement est deux fois plus grand.

La portée des dalles est la distance entre les axes, des nervures, mais par esprit d'économie on réduit la distance ou portée, de la 1/2 ou des 3/4 de la largeur de la nervure ou de l'appui. Comme épaisseur de dalle, ne pas descendre en-dessous de 55 m/m et il est préférable de prendre comme minimum 7 à 8 cm.

10me cas. — **Dalle rectangulaire appuyée au milieu.** — (Cas de sommier, de colonnes et de supports, pour répartir la charge du sol).

Pour assurer une certaine raideur à ces dalles, il est bon de diminuer les coefficients de travail du béton et du fer.

Support de colonne. — Le système peut se retourner et nous obtenons la figure 55. La charge P est uniformément répartie suivant la résistance du terrain.

Chacun des triangles A C B ou A C D, A D E et A E B, supporte un quart de la charge P; soit P/4 passant en F à 1/3 L du point A.

La réaction P de la colonne se répartit également uniformément sur la base G H K L et chacun des triangles A G L, A L K, A K H et A H G supporte 1/4 de la charge totale le centre de pression de cette charge est à 1/3 *d* de A.

Le moment agissant sur cette partie par rapport au centre de la colonne est

$$\left(\frac{p}{4} \times \frac{L}{3}\right) - \left(\frac{P}{4} \times \frac{d}{3}\right) = \frac{P}{4}\left(\frac{L}{3} - \frac{d}{3}\right) = \frac{P}{12}(L - d)$$

Les barres de résistance se distribuent dans le sommier comme il est figuré au croquis (fig. 56). On place également des barres de répartition.

La figure 57 donne l'épure graphique des moments.

Quelquefois le sommier est armé sur les deux faces des 2 séries de barres parallèles. (Fig. 58). Pour les charges faibles on arme seulement à traction.

Ordinairement la charge est transmise par un coussinet de surface A B C D et la face inférieure du sommier est soumise aux réactions du terrain sur la surface E F G H. (Voir figure 58).

On calcule encore les sommiers par la méthode suivante. On admet que le sommier fléchit dans deux sens, une flexion suivant K L et l'autre suivant M N. (Fig. 58.)

Soit L = la longueur du sommier suivant l'axe K L
d = longueur du coussinet
P = charge sur le sommier

Le moment maximum en M N (flexion suivant K L) est

$$M = \left(\frac{P}{2} \times \frac{L}{4}\right) - \left(\frac{P}{2} \times \frac{d}{4}\right) = \frac{P}{8}(L - d)$$

Ce moment est à équilibrer par le moment résistant du sommier suivant l'axe M N.

L'effort tranchant maximum est

$$T = \frac{P}{2}$$

Le moment est alors à déterminer pour la flexion suivant M N.

Les étriers de la poutre seront soumis à deux efforts dont les directions sont perpendiculaires.

Soit r_c le taux de cisaillement des étriers pour le plan de flexion suivant K L
r'_c le taux de cisaillement des étriers pour le plan de flexion suivant M N.

L'effort résultant R_c est donné par la résultanle des efforts r_c et r'_c et on a

$$R_c = \sqrt{{r_c}^2 + {r'_c}^2}$$

Les taux de travail du béton ne doivent pas s'additionner, les flexions agissant dans des directions perpendiculaires. Ils sont à combiner de la même façon que les étriers.

On aura à vérifier également si le coefficient unitaire du béton à compression au contact du coussinet, n'est pas dépassé. De même la surface du sommier doit être telle que la pression sur le terrain ne soit pas supérieure au taux admissible.

Quand le sommier présente la forme d'une pyramide tronquée, on simplifie le calcul du sommier en ne considérant comme partie comprimée que le rectangle E F G H, F H étant la moitié de F K. (Fig. 59).

On dispose aussi ces fondations en forme de T. (Fig. 60).

La dalle étant calculée pour résister à la flexion transversale et la nervure à la flexion longitudinale. la semelle travaillant alors à tension.

Remarque sur la portée des dalles. — Ordinairement les dalles ne sont pas armées en compression.

Considérons une dalle de 1 mètre de largeur. Si nous prenons $m = 12$, $r = 1200$ kg. par cm^2 et $r = 50$ kg. par cm^2,

ou $r = 12.000.000$ kg. par mètre carré et $p = 500.000$ kg. par mètre carré

La formule (54) donnant la largeur de la dalle est

$$e \text{ ou 1 mètre pour notre cas} = \frac{6\,M\,(K + m)^2}{h'^2\,m\,p\,(3\,K + 2\,m)}$$

Soit q charge au mètre carré, poids mort de la dalle compris
d écartement des nervures ou des appuis.

La formule générale du moment fléchissant étant

$$M = \frac{q\,d^2}{12}$$

on trouve, en remplaçant dans la formule donnant la largeur de la dalle,

$$e = \frac{\frac{6\,q\,d^2}{12}\,(24 + 12)^2}{h'^2\,12 \times 500.000\,(72 + 24)} = \frac{648\,q\,d^2}{576.000.000\,h'^2}$$

$$e = 1 \text{ mètre} = \frac{0,000.001.125\,q\,d^2}{h'^2}$$

$$h'^2 = 0,000001125\,q\,d^2 \qquad \text{et } h' = \sqrt{0,000001125\,q\,d^2}$$

$$h' = 0{,}00106\ d\ \sqrt{q}$$

et

$$d = \frac{h'}{0{,}00106\sqrt{q}}$$

La distance minimum de l'armature tendue à la fibre inférieure de la dalle étant ordinairement de 0^m02, nous aurons pour hauteur de poutre

$$h = h' + 0{,}02$$

De ces formules, nous pouvons tirer l'écartement *d* le plus convenable pour une épaisseur minimum de hourdis, c'est-à-dire $h = 0{,}07$, ce qui donne

$$h' = 0{,}07 - 0{,}02 = 0^m05$$

Pour une surcharge de 225 kg., le poids mort de la dalle par mètre carré étant 175 kg., soit donc au total 400 kg. on a

$$d = \frac{0{,}05}{0{,}00106\sqrt{400}} = 2^m360$$

Si $h' = 0{,}06$, q ou charge totale par mètre carré $= 400$ kg.

on a

$$d = \frac{0{,}06}{0{,}00106\sqrt{400}} = 2{,}800$$

La formule $d = \dfrac{h'}{0{,}00106\sqrt{q}}$ a été établie pour les coefficients p de béton $= 50$ kg.

et r pour l'acier $= 1200$ kg.

Cette formule peut s'écrire

$$d = \frac{941\ h'}{\sqrt{q}}$$

si $p = 40$ kg. $d = \dfrac{790\ h'}{\sqrt{q}}$ et si $p = 30$ kg., $d = \dfrac{620\ h'}{\sqrt{q}}$

Ces formules sont établies pour $m = 12$.

Remarque sur le calcul des hourdis d'après la circulaire française. — (Fig. 61.) — Quand on a un plancher formé d'un hourdis avec nervures, on détache une nervure aux deux parties adjacentes de manière à ne considérer que la partie $a\ a'\ b\ b'$ de largeur $a\ b = b$, sans tenir compte du secours que cette portion du plancher peut recevoir de son adhérence avec les parties voisines.

Cette largeur b doit être en rapport avec l'épaisseur e du hourdis, l'écartement L des nervures et leur portée d. Il convient de ne jamais dépasser pour la largeur b le tiers de la portée d des nervures, ni les 3/4 de leur écartement L.

En ce qui concerne le plancher lui-même, s'il a à supporter des charges concentrées entre deux nervures, il doit être pourvu de deux séries de barres horizontales, dans des directions orthogonales. On donne généralement aux armatures les plus faibles, une section totale par mètre de largeur de hourdis au moins égale à la moitié de la section des plus fortes par mètre de longueur de hourdis.

Pour calculer l'épaisseur e du plancher, on admet que la charge isolée peut être remplacée par une charge uniformément répartie sur un rectangle ayant cette charge pour centre, ses côtés parallèles aux nervures, ayant un écartement D = à la somme des épaisseurs : 1° du hourdis lui-même soit e; 2° s'il y lieu, du remblai et de la chaussée qu'il porte. Les côtés perpendiculaires aux nervures ayant pour écartement

$$D' = D + \frac{L}{3}$$

L = écartement des nervures.

La charge ainsi répartie, on suppose qu'elle est portée par une bande du hourdis de la largeur D' sans concours des parties adjacentes, par conséquent par une poutre de section rectangulaire

$\left(D + \frac{L}{3}\right) \times e$ et de portée L, s'appuyant sur deux nervures consécutives.

S'il s'agit d'un hourdis porté par deux cours de nervures orthogonales d'écartements respectifs L et L', pour calculer le moment de flexion dans le sens de la portée L, on pourra, faute de mieux, le calculer comme si les nervures de portée L' existaient seules et multiplier le chiffre obtenu par le coeficient de réduction

$$\frac{1}{1 + 2\,\frac{L^4}{L'^4}}$$

On fera de même en permutant les lettres L et L' pour obtenir le moment de flexion dans le sens de la portée L'.

Remarque sur les armatures des dalles. — On remarque dans les dalles deux espèces d'armatures : l'une formée de barres croisées en forme de treillis et l'autre comprenant uniquement des barres parallèles et indépendantes. Nous avons vu que dans les dalles reposant sur les quatre côtés, la flexion se fait dans les deux sens et il faut 2 catégories de barres d'armatures parallèles à chacun des côtés. Chaque armature doit être calculée séparément. Les barres qui sont parallèles aux longs côtés seront placées au-dessus des autres. Pour une dalle encastrée et de grandes dimensions, il y a lieu de placer une armature double dans les deux sens et près des appuis. Les barres de répartition contribuent à la stabilité du glissement. Il faut que les barres des deux catégories soient parfaitement reliées entre elles ou ne former qu'un tout comme dans le métal déployé, car alors, dans la flexion, l'adhérence du béton aux barres de résistance n'est plus mise en jeu. Quand la dalle est construite avec du mortier riche en ciment ou si elle est exposée aux intempéries, il y a lieu de placer une armature en treillis de façon à empêcher dans tous les sens, la formation des fissures. Il y a lieu même de prévoir une armature spéciale près de la face la plus exposée.

Radiers. — On appelle radier une dalle en béton armé destinée à répartir la charge sur le terrain.

Ce système de fondation est employé quand le terrain ne présente pas assez de résistance parce qu'il permet d'augmenter la surface d'assise et, par conséquent, de réduire le taux unitaire de pression sur le sol.

On emploie ordinairement deux méthodes de calcul :

1re méthode. — On peut calculer le radier isolément comme dalle appuyée à ses côtés et soumise : 1° à son propre poids ; 2° aux charges de l'élévation et à une sous-pression uniformément répartie.

La dalle pourra être d'une épaisseur uniforme ou à une ou deux rangées de nervures, ce qui rend la construction plus économique.

2me méthode. — On calcule le radier en le supposant soumis à deux flexions, l'une longitudinale, l'autre transversale, ces flexions provenant de la répartition irrégulière des charges agissant à sa face supérieure.

On déterminera : 1° La résultante des divers poids de la construction ainsi que son point de passage, c'est-à-dire le centre de pression à la face supérieure du radier.

2° Les saillies du radier sur les parements extérieurs de la construction, de façon que le centre de gravité de la base coïncide avec le centre de pression des charges sur la face supérieure déterminée par le 1°. Il est nécessaire d'opérer de cette façon afin de répartir uniformément les charges sur le terrain et d'avoir un tassement régulier au cas où le sol serait compressible.

3° On vérifiera, en s'imposant une épaisseur de radier provisoire, si les saillies extérieures sont suffisantes pour ramener la pression unitaire du sol au taux admissible.

4° On déterminera alors les moments fléchissants dans les deux sens de flexion, longitudinale et transversale et on tiendra compte du signe des moments.

5° On vérifie aux points de flexion maximum les dimensions du radier et on tracera l'épure des fers.

Si le radier est à poids mort uniforme, à moins que les saillies extérieures ne soient grandes et fortement chargée de terre, on peut considérer le radier comme n'ayant aucune action de flexion, son poids ne faisant que d'augmenter la pression unitaire sur le terrain.

6° Déterminer les efforts tranchants dans les deux cas de flexion et rechercher si le béton seul peut résister aux efforts de glissement, sinon déterminer les ligatures nécessaires.

Pour faciliter le bétonnage prévoir un écartement minimum de $0^{m}40$ entre les ligatures et autant que possible celles-ci seront à section ronde. Par suite des deux flexions les ligatures subissent un double effort de glissement qui seront à combiner.

Les taux de béton agissant dans des directions perpendiculaires seront à combiner. Le taux résultant ne devra pas dépasser le coefficient imposé.

Cette méthode donne une sécurité complète, il est entendu que la construction à ériger devra s'élever d'une façon uniforme sur toute son étendue pour éviter des surcharges inégales.

Notes sur les radiers. — Le réseau d'armature doit être placé aussi près que possible de la face de la dalle en ayant soin de réserver une épaisseur de béton suffisante pour protéger le métal contre le délavement possible du ciment, pendant l'exécution.

Il arrive quand le radier doit supporter de grands efforts, qu'on emploie deux réseaux placés à peu de distance l'un de l'autre. Dans ces conditions, on devra employer des attaches verticales réunissant les deux réseaux.

On n'employera qu'un seul réseau si l'on n'est pas limité dans l'épaisseur de la dalle pour que l'armature n'ait à supporter que des efforts d'extension.

Dans le cas d'un radier général le réseau d'armature doit être placé près de la face supérieure et pour résister à l'encastrement sous les murs on armera également la face inférieure.

Si la portée entre les murs est un peu importante on reliera les deux réseaux par des ligatures.

Les radiers et semelles sous les baies des portes étant soumis à flexion on calculera ces parties comme une poutre.

Fondation. — Détermination de la résistance d'un terrain par les effets du choc produit par un corps dur tombant librement. —

P = le poids du corps terminé inférieurement par une surface plane de section S
H = la hauteur de chute mesurée, jusqu'au niveau du sol, avant le choc
h = l'affaisement produit
n = le nombre de chutes du corps
Q = la charge de la construction par centimètre courant de fondation
x = la largeur en centimètres à donner à la fondation
m = coéfficient fractionnaire représentant une portion de la charge que peut porter le terrain, c'est-à-dire : 3/4, 2/3, 1/2, etc.

La hauteur moyenne de chute après les n coups est

$$\frac{H + (H + h)}{3} = \frac{2H + h}{2} = H + \frac{h}{2}$$

Le travail produit par le poids P après n coups est

$$P\left(H + \frac{h}{2}\right) n \qquad (1)$$

La charge sur le terrain sur une section S est $\frac{Q}{x}$ S et le travail que cette charge produirait sur la hauteur h est

$$\frac{Q\ S}{x} \times h \qquad (2)$$

Egalisons (1) et (2) nous aurons

$$P\left(H + \frac{h}{2}\right) n = \frac{Q\ S\ h}{x} \qquad (3)$$

d'où

$$x = \frac{Q\ S\ h}{P\left(H + \frac{h}{2}\right) n} = \frac{Q\ S}{P\left(\frac{H}{h} + \frac{h}{2\ h}\right) n}$$

$$x = \frac{Q\ S}{P\left(\frac{H}{h} + \frac{1}{2}\right) n}$$

Le coefficient de sécurité étant m on a

$$x = \frac{Q\ S}{m\ n\ P\left(\frac{H}{h} + \frac{1}{2}\right)} \qquad (179)$$

de cette dernière égalité nous pouvons tirer la valeur de $\frac{Q}{x}$ ou pression unitaire admissible du terrain que nous nommons p_o et on aura

$$\frac{Q}{x} = p_o = \frac{m\ n\ P\left(\frac{H}{h} + \frac{1}{2}\right)}{S} \qquad (180)$$

On peut aussi considérer l'affaisement qu'éprouve la surface d'un terrain sous l'action d'une charge statique, mais il est prudent de ne charger un terrain qu'au 1/10 du poids qui a déterminé la dépression sous la charge statique.

Fondation des mûrs. — (Fig. 63.) —

d = saillie de la fondation
p_o = résistance du terrain par centimètre carré
e = longueur de la fondation soit 1 m. ou 100 cm.

Le moment fléchissant est $M = e\ p_o\ d \times . \frac{d}{2} =$

$$\frac{p_o\ e\ d^2}{2} = \frac{100 \times p_o\ d^2}{2} = 50\ p_o\ d^2$$

Taux du béton = 50 kg., celui du métal = 1200 kg. et m = 12

On a (formule 54) $\qquad e = \frac{6\ M\ (K + m)^2}{h'^2\ m\ p\ (3\ K + 2\ m)} =$

$$100 = \frac{6 \times 50\, p_o\, d^2\, (24 + 12)^2}{h'^2 \times 12 \times 50\, (72 + 24)}$$

ou $100 \times h'^2 \times 12 \times 50 \times 96 = 6 \times 50\, p_o\, d^2 \times 36 \times 36$

$$h'^2 = 0{,}0675\, p_o\, d^2$$

et $$h' = \sqrt{0{,}0675\, p_o\, d^2} = 0{,}26\, d \sqrt{p_o} \qquad (181)$$

h' = hauteur de l'armature tendue à la face supérieure du mur.

Section des fers. — La section de fer pour une bande de 1 mètre est donnée par la formule

$$s = \frac{M}{h''\, r}$$

$$h'' = h' - \frac{a}{3} \qquad \text{et } a = \frac{h'\, m}{K + m} = h' \frac{12}{24 + 12} = 0{,}3333\, h'$$

Remplaçons a dans h'' par cette dernière valeur, nous aurons

$$h'' = h' - \frac{0{,}3333\, h'}{3} = h' - 0{,}1111\, h' = 0{,}8889\, h'$$

Nous avons trouvé $h' = 0{,}26\, d \sqrt{p_o}$

$$h'' = 0{,}8889 \times 0{,}26\, d \sqrt{p_o}$$

Remplaçons la valeur de h'' dans la formule $s = \frac{M}{h''\, r}$ on a

$$s = \frac{M}{r \times 0{,}8889 \times 0{,}26\, d \sqrt{p_o}} = \frac{50\, p_o\, d^2}{1200 \times 0{,}8889 \times 0{,}26\, d \sqrt{p_o}}$$

$$s = \frac{50\, p_o\, d}{277{,}3 \sqrt{p_o}} = 0{,}18\, d \sqrt{p_o} \qquad (182)$$

Le taux du travail du béton au glissement longitudinal est

$$p_c = \frac{T}{h''\, e} = \frac{p_o\, d\, e}{e \times 0{,}8889 \times 0{,}26\, d \sqrt{p_o}} = \frac{\sqrt{p_o}}{0{,}231114}$$

$$p_o = 4{,}326 \sqrt{p_o}$$

Si on admet pour p_c le coefficient 5 kg. par cm^2 on trouvera que la charge sur le terrain ne devra pas dépasser

$$\sqrt{p_o} = \frac{p_c}{4{,}326} \quad \text{ou } p_o = \left(\frac{p_c}{4{,}326}\right)^2 = \left(\frac{5}{4{,}326}\right)^2 = 1 \text{ kg. } 334$$

Si on veut donner à p_c un taux plus élevé et si l'on ne veut pas armaturer transversalement le béton, on prendra comme hauteur théorique

$$h'' = \frac{T}{e\ p_c} = \frac{p_0\ d\ e}{e\ p_c} = \frac{p_0\ d}{5} = 0,20\ p_0\ d \qquad (183)$$

Si la hauteur de la poutre augmente, le coefficient du béton va diminuer, le terme $K = \frac{r}{p}$ va augmenter, la valeur de a diminuer et, par conséquent, h'' va augmenter, donc le coefficient de h' va augmenter également. Adoptons encore 0,8889 pour le coefficient de h' et nous aurons pour hauteur

$$h' = \frac{h''}{0,8889}$$

mais h'' est devenu $0,20\ p_0\ d$, on a donc

$$h' = \frac{0,20\ p_0\ d}{0,8889} = 0,225\ p_0\ d \qquad (184)$$

Alors, la section d'armature devient

$$s = \frac{M}{h''\ r} = \frac{50\ p_0\ d^2}{0,20\ p_0\ d \times 1200} = 0,208\ d \qquad (185)$$

Les unités sont le kilog et le centimètre.

Hauteur de fondation sans armature. — Si nous n'avons pas d'armature, voyons quelle serait la hauteur de la fondation.

Le moment fléchissant est

$$M = \frac{e\ p_0\ d^2}{2} = \frac{100\ p_0\ d^2}{2} = 50\ p_0\ d^2$$

Le moment résistant est $M = \frac{I}{V}\ p_t$

p_t = taux à traction du béton = 1,5 kg. par cm² (1/10 du taux de rupture variant de 15 à 20 kg. par cm²)

$$M = \frac{I}{V}\ p_t = \frac{e\ h^2}{6}\ p_t = \frac{100\ h^2}{6}\ p_t = 16,667\ h^2\ p_t$$

mais nous avons aussi $M = 50\ p_0\ d^2$, d'où

$$50\ p_0\ d^2 = 16,667\ h^2\ p_t$$

d'où on tire

$$h^2 = \frac{50\ p_0\ d^2}{16,667\ p_t} \qquad \text{et} \qquad h = \sqrt{\frac{50\ p_0\ d^2}{16,667\ p_t}}$$

Si nous prenons $p_0 = 4$ kg. et $p_t = 1,5$ kg. par cm², on aura

$$h = \sqrt{\frac{50 \times 4 \times d^2}{16,667 \times 1,5}} = \sqrt{8\ d^2} = 2,83\ d \qquad (186)$$

Ce qui montre que, pour le béton et la maçonnerie ordinaire, la hauteur des fondations devra être égale à environ 3 fois la saillie d.

Fondations de supports sur pilots. — Les réactions à la face inférieure de la dalle sont concentrées à l'axe des pilots. Si les armatures sont réparties en plus de deux directions, les compressions unitaires du béton doivent se composer. Vérifier également la dalle, dans l'hypothèse d'une erreur d'implantation, aux pilots de 5 cm. environ. Si la dalle est soumise à une action infléchissante, tenir compte de la charge qu'elle reporte sur certains pilots.

On aura à vérifier également si le cisaillement vertical de la semelle n'est pas à craindre aux faces latérales des pilots. Les armatures des pilots devront pénétrer dans la semelle de 35 fois leur diamètre et la semelle dépassera rarement le pilot de 0m35. Ordinairement la distance d'axe en axe des pilots est de 1 m. environ ou 2,75 fois le diamètre qui, habituellement est de 35 cm.

Le dispositif le plus avantageux est l'armature en diagonale, le béton travaillant à 30 ou 40 kg. par centimètre carré.

Les semelles reposant sur 4 à 7 pilots seront avec barres tendues et placées en diagonales. Les autres semelles recevront deux séries de barres tendues perpendiculaires, le béton travaillera à 30 kg. On demande rarement aux pilots de présenter une résistance de plus de 35 tonnes.

Semelle reposant sur cinq pilots. — Dans ce cas, on ne tient pas compte du pilot central et la dalle est calculée en envisageant la diagonale pour déterminer la section de résistance.

On suppose la réaction reportée sur les quatre pilots des coins.

Rôle de l'appui central dans la dalle à cinq pilots. — Admettons que chaque pilot puisse supporter 30 tonnes. La dalle est à calculer suivant les deux diagonales, en prenant comme portée la distance, entre les deux pilots extrêmes, mesurée suivant la diagonale. On pourrait donc envisager chaque cas comme poutre continue sur 3 appuis et nous allons déterminer la charge que devrait supporter le pilot central en admettant que les appuis extrêmes réagissent avec leur maximum, c'est-à-dire 30 tonnes.

Pour une poutre continue sur 3 appuis à travées égales, soumise à une charge uniformément répartie, la réaction des appuis extrêmes est donnée par 0,375 Q et la réaction de l'appui du milieu est 1,25 Q, Q étant la charge répartie sur une travée. Mais, dans notre cas, 0,375 Q = 30 tonnes, donc l'appui du milieu supporte $\frac{30 \times 1,25}{0,375} = 100$ tonnes.

Pour pouvoir considérer la poutre continue sur 3 appuis en faisant travailler les pilots extrêmes à leur maximum, il faudrait que le pilot central supporte 100 tonnes, ce qui est impossible. Il faut donc considérer la semelle comme appuyée sur les pilots extrêmes.

Semelle reposant sur six pilots. — Les barres tendues sont disposées en diagonale comme dans tous les autres cas. Ayant le cas d'un hexagone, nous aurons 3 croisements au centre ; donc, pour connaître l'effort dans le beton au centre de la dalle, nous devons combiner les efforts dans les trois directions et en rechercher la résultante.

Cloisons. — On remarque 1° les cloisons ordinaires d'habitation soumises à des charges verticales ; 2° les cloisons recevant, sur une face, des efforts de poussée : cloisons de soutènement ; 3° les cloisons pouvant supporter des efforts de poussée sur les deux faces : cloisons de réservoirs contigus dont l'un peut être plein et l'autre vide.

Le premier cas s'exécute en logeant des fers verticaux alternativement de chaque côté de la cloison et en les munissant d'étriers pour solidariser les fers verticaux avec le béton.

Pour le deuxième cas, l'armature sera placée du côté opposé aux efforts de poussée. On tiendra compte de la fixation des bords et on calculera les cloisons comme s'il s'agissait de dalles.

Dans le troisième cas, il y aura lieu d'armer les deux faces, et la cloison sera calculée comme une dalle.

L'épaisseur des cloisons varie de 8 à 16 cm. Elles sont moulées entre coffrage. On place les fers verticaux et on exécute un pan de coffrage sur toute la hauteur. Les barres horizontales et les étriers sont placés au fur et à mesure de l'avancement, de même que la deuxième paroi du coffrage.

Murs. — Les murs diffèrent des cloisons par une plus forte épaisseur. Ils s'exécutent en plaçant les fers verticaux en quinconce alternativement près de l'une ou de l'autre face. Ces barres servent à la flexion horizontale et les étriers se placent au fur et à mesure de l'avancement. Ces barres s'opposent à la flexion verticale. Outre les sollicitations auxquelles ils sont soumis, il arrive que l'on exige que les murs puissent également résister à une action infléchissante allant jusque 200 kg. par mètre carré.

Notes relatives à la flexion des pièces. — Pour une pièce appuyée, le moment fléchissant au milieu est $M = \frac{q\ L^2}{8}$ et l'effort tranchant aux appuis est $T = \frac{q\ L}{2}$. Ces formules sont à employer pour les hourdis de plancher à poutrelles quand ils ne sont pas continus au-dessus des appuis.

Pour une poutre encastrée, uniformément chargée, le moment négatif aux appuis est $-\frac{q\ L^2}{12}$ et le moment positif au milieu est $+\frac{q\ L^2}{24}$.

Le moment est nul à une distance des appuis égale à 0,21 L. L'effort tranchant maximum est $\frac{q\ L}{2}$

Pratiquement, dans les constructions en béton, il y a presque toujours encastrement, mais il est rare qu'il soit parfait. Souvent, on adopte pour valeur de M la moyenne de deux maximum (appuyé et encastré) et on a

$$\frac{\frac{q\ L^2}{8} + \frac{q\ L^2}{12}}{2} = \frac{12\ q\ L^2 + 8\ q\ L^2}{2 \times 96} = \frac{20\ q\ L^2}{192} = \frac{5\ q\ L^2}{48}$$

ou approximativement $\frac{q\ L^2}{10}$

Cette formule est irrationnelle parce qu'elle établit une moyenne entre des moments de sens différents et agissant en des section distinctes.

Si l'on voulait déterminer la moyenne réelle entre les moments nous aurions

aux appuis $$\frac{\text{mt. appuyé} + \text{mt. encastré}}{2} = \frac{0 + \left(-\frac{q\ L^2}{12}\right)}{2} = -\frac{q\ L^2}{24}$$

au milieu $$\frac{\text{mt. appuyé} + \text{mt. encastré}}{2} = \frac{\frac{q\ L^2}{8} + \frac{q\ L^2}{24}}{2} = +\frac{q\ L^2}{12}$$

Ces moments ne représentent encore qu'un état de sollication probable.

On peut donc aussi adopter pour la section au milieu la valeur $+\frac{q\ L^2}{10}$ valeur se rapprochant de $+\frac{q\ L^2}{12}$ mais il ne faut pas perdre de vue qu'il existe un moment d'encastrement aux appuis qui dans ce cas serait égal a

$$\frac{q\ L^2}{8} - \frac{q\ L^2}{10} = \frac{q\ L^2}{40}$$

Il est donc utile avant d'appliquer telle ou telle formule de s'inspirer des conditions d'encastrement.

FORMULES PRATIQUES RELATIVES AUX POUTRES RECTANGULAIRES

Soit $M_r = \frac{M}{e\ h^2}$ moment réduit

$F = \frac{s}{S} = \frac{s}{e\ h}$ pourcentage du métal de l'armature tendue

$n = \frac{a}{h}$ d'où $a = n\ h$

$d = \frac{h}{10}$ distance de l'armature tendue à la fibre inférieure de la poutre

$m = \frac{E}{E'} = 12$

Les lettres e, h, h', h'', s, a, d, m, E, E', ont la même signification que dans la théorie des poutres rectangulaires.

Nous aurons $h' = \frac{9}{10}\ h \qquad b = h' - a = \frac{9}{10}\ h - n\ h = h\left(\frac{9}{10} - n\right)$

Détermination de n en fonction de r et de p. — Nous savons que $h' = \left(1 + \frac{r}{p\ m}\right) a$

On peut écrire cette formule sous la forme suivante

$$\frac{h'}{h} = \left(1 + \frac{r}{p\ m}\right)\frac{a}{h} = \frac{9\ h}{10\ h} = \left(1 + \frac{r}{p\ m}\right) n$$

D'où
$$n = \frac{9}{10\left(1 + \frac{r}{12\ p}\right)} = \frac{108\ p}{10\,(12\,p + r)} = \frac{10{,}8}{12 + \frac{r}{p}} \qquad (187)$$

Détermination de n en fonction de F. — Nous avons $\frac{a^2\ e}{2} = m\ b\ s$

Divisons les 2 membres par h^2

$$\frac{a^2\ e}{2\ h^2} = \frac{m\ s\ b}{h^2} \qquad \text{mais } \frac{a^2}{h^2} = n^2$$

d'où
$$\frac{n^2\ e}{2} = \frac{m\ s\ b}{h^2}$$

et $n^2 = \frac{2\ m\ s\ b}{e\ h^2}$. Nous savons aussi que $\frac{s}{e\ h} = F$

d'où
$$n^2 = \frac{2\ m\ F\ b}{h}$$

Remplaçons b par sa valeur on a

$$n^2 = \frac{2\ m\ F\ h\left(\frac{9}{10} - n\right)}{h} = 2\ m\ F\left(\frac{9}{10} - n\right)$$

Remplaçons m par 12 on a

$$n^2 = \frac{216\ F}{10} - 24\ F\ n$$

$$n^2 + 24\ F\ n - \frac{216\ F}{10} = 0$$

d'où $$n = -12\ F + \sqrt{144\ F^2 + 21{,}6\ F}$$

Pour mettre 144 F^2 en évidence sous le radical nous devons multiplier et diviser 21,6 F par 6,66... F, nous aurons

$$n = -12\ F + \sqrt{144\ F^2 + \frac{21{,}6\ F \times 6{,}66...\ F}{6{,}66...\ F}}$$

$$n = -12\ F + \sqrt{144\ F^2 + \frac{144\ F^2}{6{,}66...\ F}}$$

$$n = -12\ F + \sqrt{144\ F^2\left(1 + \frac{1}{6{,}66...\ F}\right)}$$

$$n = 12\ F\left(-1 + \sqrt{1 + \frac{1}{6{,}66...\ F}}\right) \qquad (188)$$

Détermination du pourcentage F. — Nous avons

$$s\ r = \frac{p\ a\ e}{2}$$

d'où $$s = \frac{p\ a\ e}{2\ r}$$

Nous savons aussi que $$\frac{s}{e\ h} = F$$

d'où $$F = \frac{s}{e\ h} = \frac{p\ a\ e}{2\ r\ e\ h} = \frac{p\ n}{2\ r}$$

en remplaçant n par $$\frac{10{,}8}{12 + \frac{r}{p}}$$

on a

$$F = \frac{10{,}8\ p}{2\ r\left(12 + \frac{r}{p}\right)} \qquad (189)$$

Détermination du moment réduit en fonction de *p*. — On a

$$M_r = \frac{M}{e\ h}$$

Nous savons que $M = \frac{p\ a\ e}{2}\left(h' - \frac{a}{3}\right) = \frac{p\ a\ e}{6}\ (3\ h' - a)$

Divisons par $e\ h^2$ on a

$$\frac{M}{e\ h^2} = \frac{p\ a\ e}{6\ e\ h^2}\ (3\ h' - a)$$

en remplaçant h' et a par leur valeur on a

$$\frac{M}{e\,h^2} = \frac{p\,a\,e}{6\,e\,h^2}\left(\frac{27}{10}\,h - n\,h\right) = \frac{p\,a\,e\,h}{6\,e\,h^2}\,(2{,}7 - n)$$

$$M_r = \frac{M}{e\,h^2} = \frac{p\,n}{6}\,(2{,}7 - n) \qquad (190)$$

Détermination de M_r en fonction de r. — r est donné par la formule

$$r = \frac{p\,m\,b}{a}$$

Dans cette formule remplaçons b par sa valeur on aura

$$r = \frac{p\,m\,b\left(\frac{9}{10} - n\right)}{a} = \frac{12\,p\left(\frac{9}{10} - n\right)}{n} = \frac{12\,p\,(9 - 10\,n)}{10\,n}$$

d'où

$$p = \frac{10\,n\,r}{12\,(9 - 10\,n)}$$

Remplaçons p dans la formule (190) on a

$$M_r = \frac{p\,n}{6}\,(2{,}7 - n) = \frac{10\,n^2\,r\,(2{,}7 - n)}{72\,(9 - 10\,n)} = \frac{n^2\,r}{7{,}2} \times \frac{2{,}7 - n}{9 - 10\,n} \qquad (191)$$

Détermination de la hauteur h de la poutre. — De la valeur $M_r = \frac{M}{e\,h^2}$ nous pouvons tirer celle de h

on a

$$h^2 = \frac{M}{M_r\,e}$$

d'où

$$h = \sqrt{\frac{M}{M_r\,e}} \qquad (192)$$

Si nous prenons $r = 1200$ kg. et $p = 50$ kg., les formules donneront les valeurs suivantes :

Valeur de F. —

$$F = \frac{10{,}8\,p}{2\,r\left(12 + \frac{r}{p}\right)} = \frac{10{,}8 \times 50}{2 \times 1200\,(12 + 24)} = 0{,}00625$$

Valeur de n en fonction de r et de p. —

$$n = \frac{10{,}8}{12 + \frac{r}{p}} = \frac{10{,}8}{12 + 24} = 0{,}3$$

Valeur de n en fonction de F. —

$$n = 12\,F\left(-1 + \sqrt{1 + \frac{1}{6{,}66\ldots F}}\right) =$$

$$12 \times 0{,}00625\left(-1 + \sqrt{1 + \frac{1}{6{,}66\ldots \times 0{,}00625}}\right) = 0{,}3$$

Valeur de M_r en fonction de p. —

$$M_r = \frac{p\,n}{6}\,(2,7 - n) = \frac{50 \times 3}{6}\,(2,7 - 0,3) = 6$$

Valeur de M_r en fonction de r. —

$$M_r = \frac{n^2\,r}{7,2}\left(\frac{2,7 - n}{9 - 10\,n}\right) = \frac{0,3 \times 0,3 \times 1200\,(2,7 - 0,3)}{7,2\,(9 - 10 \times 0,3)} = 6$$

Valeur de h. —

$$h = \sqrt{\frac{M}{M_r \times e}} = \sqrt{\frac{M}{6 \times e}} = \sqrt{\frac{1}{6}\,\frac{M}{e}} = 0,408\sqrt{\frac{M}{e}}$$

Application. — Déterminer l'épaisseur à donner à une poutre devant résister à un moment fléchissant de 400.00 kgcm., la largeur e étant de 36 cm.

Pour se servir des formules ci-dessus nous prendrons $p = 50$ kg. et $r = 1200$ kg.

On a

$$h = 0,408\sqrt{\frac{M}{e}} = 0,408\sqrt{\frac{400.000}{36}} = 43 \text{ cm.}$$

Section de la poutre $S = 43 \times 36 = 1548$ cm²

Section de fer $s = F\,S = 1548 \times 0,00625 = 9,7$ cm²

EFFORT DE GLISSEMENT

Nous avons pour taux de cisaillement maximum

$$g_n = \frac{T}{e\left(h' - \frac{a}{3}\right)}$$

En faisant $t = \frac{T}{e\,h}$ on a $T = t\,e\,h$

Nous savons que $h' = \frac{9}{10}\,h$ $\qquad n = \frac{a}{h}$ d'où $a = n\,h$

Remplaçons toutes ces valeurs dans g_n on a

$$g_n = \frac{t\,e\,h}{e\left(\frac{9}{10}\,h - \frac{n\,h}{3}\right)} = \frac{t\,e\,h}{e\,h\left(\frac{9}{10} - \frac{n}{3}\right)} = \frac{t}{\frac{9}{10} - \frac{n}{3}} \qquad (193)$$

Si nous prenons $p = 50$, $r = 1200$ nous avons $n = 0,3$; g_n devient

$$g_n = \frac{t}{\frac{9}{10} - \frac{0,3}{3}} = \frac{t}{\frac{9}{10} - \frac{1}{10}} = \frac{t}{0,8} = 1,25\,t$$

Si nous faisons F = 0, n devient aussi égal à zéro et on a

$$n = 12\ F \left(-1 + \sqrt{1 + \frac{1}{6,66\ ..\ F}}\right) = 0$$

et la formule g_n devient

$$g_n = \frac{t}{\frac{9}{10} - \frac{0}{3}} = \frac{t}{0,9} = 1,111\ t$$

En faisant F = 0,5 (considéré comme un maximum) n devient égal a

$$n = 12 \times 0,05 \left(-1 + \sqrt{1 + \frac{1}{6.66\ ..\ \times 0,05}}\right) = 0,6$$

d'où
$$g_n = \frac{t}{\frac{9}{10} - \frac{0,6}{3}} = \frac{t}{0,7} = 1,444\ t$$

Quel que soit le pourcentage la variation du coefficient t est faible et on pourra pratiquement se contenter de prendre comme pour les piéces homogènes

$$g_n = 1,5\ t$$

DIMENSIONS PRINCIPALES DES POUTRES A ARMATURE SIMPLE

Travail r de l'acier	1.200 kg. par cm²			1.000 kg. par cm²		
Travail p du béton	30 kg.	40 kg.	50 kg.	30 kg.	40 kg.	50 kg.
$n = \frac{10,8}{12 + \frac{r}{p}}$	0,2077	0,257	0,300	0,238	0,292	0,337
$F = \frac{p\ n}{2\ r}$	0,00259	0,00428	0,00625	0,00357	0,00584	0,00842
$M_r = \frac{p\ n}{6}(2,7 - n)$	2,588	4,185	6,00	2,929	4,687	6,636
$h = \sqrt{\frac{M}{M_r\ e}}$	$0,621\sqrt{\frac{M}{e}}$	$0,488\sqrt{\frac{M}{e}}$	$0,408\sqrt{\frac{M}{e}}$	$0,585\sqrt{\frac{M}{e}}$	$0,461\sqrt{\frac{M}{e}}$	$0,338\sqrt{\frac{M}{e}}$
$g_n = \frac{t}{\frac{9}{10} - \frac{n}{3}}$	1,20 t	1,22 t	1,25 t	1,218 t	1,24 t	1,27 t

La valeur $s = F\ S = F\ e\ h$ L'unité est le centimètre

POUTRE RECTANGULAIRE A ARMATURE DOUBLE

Moment réduit $= M_r = \dfrac{M}{e\ h^2}$

Pourcentage de l'armature tendue $= F = \dfrac{s}{e\ h} = \dfrac{s}{S}$

Rapport entre les sections d'armature $f = \dfrac{s'}{s}$ $\quad m = \dfrac{E}{E'} = 12 \quad n = \dfrac{a}{h}$

d'où

$$a = n\ h \qquad c = d = \frac{1}{10}\ h \qquad \text{et} \qquad h' = \frac{9}{10}\ h$$

Détermination de n en fonction de r et de p. —

on a
$$h' = a\left(1 + \frac{r}{p\ m}\right)$$
(voir théorie précédente)

d'où
$$n = \frac{10{,}8}{12 + \dfrac{r}{p}} \qquad (194)$$

Détermination de n en fonction de F. — La formule théorique donnant la valeur de a est

$$a = -\frac{m\ (s' + s)}{e} + \sqrt{\frac{m^2\ (s' + s)^2}{e^2} + \frac{2\ m}{e}\ (s'\ c + s\ h')}$$

Nous savons que $s = F\ e\ h$ et $s' = f\ s$ d'où $s' = f\ F\ e\ h$

Remplaçons ces valeurs dans chacun des termes séparément on a

1er terme. —

$$-\frac{m\ (s' + s)}{e} = -\frac{12\ (f\ F\ e\ h + F\ e\ h)}{e} = -\frac{12\ F\ e\ h\ (f + 1)}{e}$$

$$= -\ 12\ F\ h(f + 1)$$

2me terme. —

$$\frac{m^2\ (s' + s)^2}{e^2} = \overline{12\ F\ h\ (f + 1)}^{\,2} = 144\ F^2\ h^2\ (f + 1)^2$$

3me terme. —

$$\frac{2\ m}{e}\ (s'\ c + s\ h') = \frac{2 \times 12}{e}\left(\frac{f\ F\ e\ h\ h}{10} + \frac{9\ F\ e\ h\ h}{10}\right) =$$

$$\frac{24\ F\ e\ h^2}{10\ e}\ (f + 9) = 2{,}4\ F\ h^2\ (f + 9)$$

Pour mettre $144\ F^2\ h^2\ (f + 1)^2$ en évidence sous le radical nous devons multiplier et diviser le 3me terme par $60\ F\ (f + 1)^2$, et on a

$$\frac{2{,}4\ F\ h^2\ (f + 9) \times 60\ F\ (f + 1)^2}{60\ F\ (f + 1)^2} = \frac{144\ F^2\ h^2\ (f + 9)\ (f + 1)^2}{60\ F\ (f + 1)^2}$$

Remplaçons dans la valeur de a ces trois termes transformés on a

$$a = -\ 12\ F\ h\ (f + 1) + \sqrt{144\ F^2\ h^2 (f + 1)^2 + \frac{144\ F^2\ h^2\ (f + 9)\ (f + 1)^2}{60\ F\ (f + 1)^2}}$$

$$a = 12\ F\ h\ (f + 1)\left(-1 + \sqrt{1 + \frac{f + 9}{60\ F\ (f + 1)^2}}\right)$$

Divisons les deux membres par h. —

$$\frac{a}{h} = n = \frac{12\ F\ h\ (f + 1)}{h}\left(-1 + \sqrt{1 + \frac{f + 9}{60\ F\ (f + 1)^2}}\right)$$

$$n = 12\ F\ (f + 1)\left(-1 + \sqrt{1 + \frac{f + 9}{60\ F\ (f + 1)^2}}\right) \qquad (195)$$

En se donnant des valeurs à f, par exemple 3/4, 1/2, 1/3 etc., on a

Pour $f = 3/4 = 0{,}75$

$$n = 12\ F\ (0{,}75 + 1)\left[-1 + \sqrt{1 + \frac{0{,}75 + 9}{60\ F\ (0{,}75 + 1)^2}}\right] =$$

$$21\ F\left(-1 + \sqrt{1 + \frac{13}{245\ F}}\right)$$

Pour $f = 1/2 = 0{,}5$

$$n = 12\ F\ (0{,}5 + 1)\left[-1 + \sqrt{1 + \frac{0{,}5 + 9}{60\ F\ (0{,}5 + 1)^2}}\right] =$$

$$18\ F\left(-1 + \sqrt{1 + \frac{19}{270\ F}}\right)$$

Pour $f = 1/3$

$$n = 12\ F\ (0{,}333 + 1)\left(-1 + \sqrt{1 + \frac{0{,}333 + 9}{60\ F\ (0{,}333 + 1)^2}}\right) =$$

$$16\ F\left(-1 + \sqrt{1 + \frac{1{,}03}{11{,}84\ F}}\right)$$

Pour $f = 1/4 = 0{,}25$

$$n = 15\ F\left(-1 + \sqrt{1 + \frac{1}{10{,}14\ F}}\right)$$

Détermination du pourcentage F. — Nous avons

$$r' = \frac{m\ p\ b'}{a} \qquad \text{et} \qquad r = \frac{m\ p\ b}{a}$$

d'où

$$\frac{r'}{r} = \frac{\frac{m\ p\ b'}{a}}{\frac{m\ p\ b}{a}} = \frac{b'}{b}$$

De l'égalité suivante tirons la valeur de s, on a

$$\frac{a\ e\ p}{2} + r'\ s' = r\ s$$

d'où

$$s = \frac{a\ e\ p}{2\ r} + \frac{r'\ s'}{r} = \frac{a\ e\ p}{2\ r} + \frac{b'\ s'}{b}$$

Remplaçons s' par sa valeur $s' = f\ F\ e\ h$

$$s = \frac{a\ e\ p}{2\ r} + \frac{b'\ f\ F\ e\ h}{b}$$

Divisons les deux membres par $e\ h$ pour obtenir $F = \frac{s}{e\ h}$

$$\frac{s}{e\ h} = \frac{s}{S} = F = \frac{a\ e\ p}{2\ r\ e\ h} + \frac{b'\ f\ F\ e\ h}{b\ e\ h} = \frac{n\ p}{2\ r} + \frac{b'\ f\ F}{b} \qquad (196)$$

Remplaçons b' par sa valeur

$$b' = a - \frac{h}{10} = n\ h - \frac{h}{10} = \frac{h}{10}\ (10\ n - 1)$$

$$b = h' - a = \frac{9}{10}\ h - n\ h = \frac{h}{10}\ (9 - 10\ n)$$

La formule (196) peut se transcrire de la façon suivante on a

$$F - \frac{b'\ f\ F}{b} = \frac{n\ p}{2\ r}$$

ou

$$F\left(1 - \frac{b'\ f}{b}\right) = \frac{n\ p}{2\ r}$$

d'où

$$F = \frac{n\ p}{2\ r\left(1 - \frac{b'\ f}{b}\right)}$$

Remplaçons b' et b

$$F = \frac{n\ p}{2\ r\left[1 - \frac{f\ \frac{h}{10}\ (10\ n - 1)}{\frac{h}{10}\ (9 - 10\ n)}\right]}$$

$$F = \frac{n\ p}{2\ r\left[1 - \frac{f\ (10\ n - 1)}{9 - 10\ n}\right]} \qquad (197)$$

Détermination du moment réduit M_r — Nous avons pour valeur de M. —

$$M = \frac{p}{a}\left[\frac{a^3\ e}{3} + m\ (s'\ b'^2 + s\ b^2)\right]$$

Remplaçons b et b' et divisons par $e\ h^2$

$$b = \frac{h}{10}\ (9 - 10\ n) \qquad \text{et} \qquad b' = \frac{h}{10}\ (10\ n - 1)$$

on a

$$\frac{M}{e\ h^2} = M_r = \frac{p\ a^3\ e}{3\ a\ e\ h^2} + \frac{p\ m\ s'\ b'^2}{a\ e\ h^2} + \frac{p\ m\ s\ b^2}{a\ e\ h^2} =$$

$$\frac{p\ a^3\ e}{3\ a\ e\ h^2} + \frac{p\ m\ s'\ h^2\ (10\ n - 1)^2}{10 \times 10\ a\ e\ h^2} + \frac{p\ m\ s\ h^2\ (9 - 10\ n)^2}{10 \times 10\ a\ e\ h^2}$$

Réduisons les trois termes au même dénominateur et remplaçons m par 12 on a

$$M_r = \frac{100\ p\ a^3\ e}{300\ a\ e\ h^2} + \frac{36\ p\ s'\ h^2\ (10\ n - 1)^2}{300\ a\ e\ h^2} + \frac{36\ p\ s\ h^2\ (9 - 10\ n)^2}{300\ a\ e\ h^2}$$

Simplifions les deux derniers termes du second membre et remplaçons s' et s par leur valeur

on a $s' = f\,F\,e\,h$ et $s = F\,e\,h$

$$M_r = \frac{100\,p\,a^3\,e}{300\,a\,e\,h^2} + \frac{36\,p\,f\,F\,e\,h\,(10\,n - 1)^2}{300\,a\,e} + \frac{36\,p\,F\,e\,h\,(9 - 10\,n)^2}{300\,a\,e}$$

Faisons $\frac{h}{a} = \frac{1}{n}$ et $\frac{a}{h} = n$ on a

$$M_r = \frac{100\,p\,n^2}{300} + \frac{0{,}36\,p\,f\,F\,(10\,n - 1)^2}{3\,n} + \frac{0{,}36\,p\,F\,(9 - 10\,n)^2}{3\,n}$$

Réduisons au même dénominateur

$$M_r = \frac{p\,n^3}{3\,n} + \frac{0{,}36\,p\,f\,F\,(10\,n - 1)^2}{3\,n} + \frac{0{,}36\,p\,F\,(9 - 10\,n)^2}{3\,n}$$

$$M_r = \frac{p}{n}\left[\frac{n^3}{3} + \frac{0{,}36\,F}{3}\left(\left|f\,(10\,n - 1)^2\right| + (9 - 10\,n)^2\right)\right] \qquad (198)$$

Détermination du moment réduit en fonction de r. — Nous avons

$$r = \frac{p\,m\,b}{a}$$

Remplaçons m et b par leur valeur

$$r = \frac{12\,p\,h\,(9 - 10\,n)}{10\,a} = \frac{6\,p\,(9 - 10\,n)}{5\,n}$$

d'où

$$p = \frac{5\,r\,n}{6\,(9 - 10\,n)}$$

Remplaçons cette valeur de p dans la formule (198) on a

$$M_r = \frac{5\,r\,n}{6\,n\,(9 - 10\,n)}\left[\frac{n^3}{3} + \frac{0{,}36\,F}{3}\left(\left|f\,(10\,n - 1)^2\right| + (9 - 10\,n)^2\right)\right]$$

$$M_r = \frac{5\,r}{6\,(9 - 10\,n)}\left[\frac{n^3}{3} + 0{,}12\,F\left(\left|f\,(10\,n - 1)^2\right| + (9 - 10\,n)^2\right)\right] \qquad (199)$$

Détermination de h. — On a

$$M_r = \frac{M}{e\,h^2} \quad \text{et} \quad h^2 = \frac{M}{M_r\,e} \quad \text{d'où} \quad n = \sqrt{\frac{M}{M_r\,e}}$$

Si nous prenons $r = 1200$ kg. $p = 50$ kg. et $f = \frac{s'}{s} = 0{,}5$ les formules ci-dessus donneront les valeurs suivantes.

Valeur de n. — $n = \dfrac{10{,}8}{12 + \dfrac{r}{p}} = \dfrac{10{,}8}{12 + 24} = 0{,}3$

Valeur de F. — $F = \dfrac{p\,n}{2\,r} \times \dfrac{1}{1 - \dfrac{f\,(10\,n - 1)}{9 - 10\,n}}$

$$F = \frac{50 \times 0,3}{2 \times 1200} \times \frac{1}{1 - \frac{0,5\left[(10 \times 0,3) - 1\right]}{9 - (10 \times 0,3)}} = 0,0075$$

Valeur de M. —

$$M_r = \frac{p}{n}\left[\frac{n^3}{3} + 12\ F\ \left(\left[f\ (10\ n - 1)^2\right] + (9 - 10\ n)^2\right)\right]$$

$$M_r = \frac{50}{0,3}\left[\frac{\overline{0,3}^3}{3} + 0,12 \times 0,0075\ \left(\left[\overline{0,5\ (10 \times 0,3) - 1)}^2\right] + \overline{9 - (10 \times 0,3)}^2\right)\right] = 7,4$$

Valeur de h. — $h = \sqrt{\frac{M}{M_r\ e}} = \sqrt{\frac{M}{7,4 \times e}} = \sqrt{\frac{1}{7,4} \times \frac{M}{e}} = 0,367 \sqrt{\frac{M}{e}}$

Application. — Déterminer les dimensions d'une poutre de section rectangulaire, devant résister à un moment fléchissant de 400.000 kgcm. la largeur admise étant de 23 cm. Rechercher également la section de fer nécessaire.

On suppose $r = 1200$ kg., $p = 50$ kg. et $f = 0,5$

Hauteur de la poutre :

$$h = 0,367 \sqrt{\frac{M}{e}} = 0,367 \sqrt{\frac{400.000}{23}} = 48 \text{ cm.}$$

Section de la poutre : $S = e\ h = 23 \times 48 = 1115$ cm².

Section de fer armature tendue $s = S\ F = 1115 \times 0,0075 = 8$ cm².

Section de fer armature comprimée $s' = f\ s = 0,5 \times 8 = 4$ cm².

DIMENSIONS PRINCIPALES DES POUTRES A ARMATURE DOUBLE

Travail de l'acier	1200 kg. par cm²			1000 kg. par cm²			$f = \frac{s'}{s}$
Travail p du béton	30 kg.	40 kg.	50 kg.	30 kg.	40 kg.	50 kg.	
$n = \frac{10,8}{12 + \frac{r}{p}}$	0,2077	0,257	0,300	0,238	0,292	0,337	
$F = \frac{p\,n}{2\,r}\left[\frac{1}{1 - \frac{f(10\,n - 1)}{9 - 10\,n}}\right]$	0,00267	0,00450	0,00670	0,00372	0,00623	0,00919	0,2
	0,00276	0,00477	0,00721	0,00389	0,00668	0,01010	0,4
	0,00280	0,00487	0,00750	0,00398	0,00693	0,01069	0,5
	0,00287	0,00502	0,00781	0,00408	0,00721	0,01120	0,6
	0,00295	0,00534	0,00852	0,00428	0,00782	0,01260	0,8
	0,00306	0,00566	0,00937	0,00450	0,00853	0,01450	1,0
$M_r = \frac{p}{3\,n}\left[n^3 + 0,36\,F\left(f(10\,n - 1)^2 + (9 - 10\,n)^2\right)\right]$	2,6575	4,3963	6,4291	3,0517	4,9952	7,2592	0,2
	2,7436	4,6510	6,9159	3,1878	5,3559	7,9911	0,4
	2,7657	4,7522	7,1992	3,2592	5,5568	8,4015	0,5
	2,8427	4,8948	7,4936	3,3385	5,7805	8,8713	0,6
	2,9264	5,1983	8,1769	3,4990	6,2645	10,0086	0,8
	3,0283	5,5096	8,9935	3,6775	6,8353	11,521	1,0
$h = \sqrt{\frac{M}{M_r\,e}}$	0,613 $\sqrt{\frac{M}{e}}$	0,477 $\sqrt{\frac{M}{e}}$	0,394 $\sqrt{\frac{M}{e}}$	0,572 $\sqrt{\frac{M}{e}}$	0,447 $\sqrt{\frac{M}{e}}$	0,371 $\sqrt{\frac{M}{e}}$	0,2
	0,603	0,463	0,380	0,560	0,432	0,352	0,4
	0,601 »	0,458 »	0,372 »	0,554 »	0,424 »	0,345 »	0,5
	0,593 »	0,451 »	0,365 »	0,547 »	0,416 »	0,335 »	0,6
	0,584 »	0,438 »	0,350 »	0,534 »	0,400 »	0,316 »	0,8
	0,574 »	0,426 »	0,333 »	0,521 »	0,382 »	0,294 »	1,0
$g_m = \left[\frac{3,6\,F\,(9 - 10\,n)}{n^3 + 0,36\,F\left(f(10\,n - 1)^2 + (9 - 10\,n)^2\right)}\right] t$	1,20 t	1,22 t	1,25 t	1,22 t	1,24 t	1,26 t	0,2
	1,20 t	1,23 t	1,25 t	1,22 t	1,24 t	1,26 t	0,4
	1,20 t	1,23 t	1,25 t	1,22 t	1,24 t	1,26 t	0,5
	1,20 t	1,23 t	1,25 t	1,22 t	1,24 t	1,26 t	0,6
	1,20 t	1,23 t	1,25 t	1,22 t	1,24 t	1,26 t	0,8
	1,20 t	1,23 t	1,25 t	1,22 t	1,24 t	1,26 t	1,0

La valeur $s = F\,S = F\,e\,h$ La valeur $s' = f\,s = f\,F\,e\,h$ L'unité est le centimètre

PIÈCES FORTEMENT ARMÉES SOUMISES A FLEXION

Supposons maintenant que l'armature présente une résistance propre à la flexion et suffisante pour qu'il ne soit plus permis de négliger sa section ou sa hauteur comparativement à la section ou à la hauteur de la pièce (Fig. 64).

Tension longitudinales. — Soit

r et r' coefficients moyens de l'armature tendue et comprimée

r_m et r'_m taux maximum de ces armatures

s et s' sections des armatures tendues et comprimées

b et b' distances de la fibre moyenne des armatures à la fibre neutre

i et i' le moment d'inertie propre de chacune des armatures par rapport à leur fibre neutre propre

I_a et I'_a le moment d'inertie de chacune des armatures, par rapport à la fibre neutre de la pièce.

La surface de l'armature supérieure doit être déduite de la section du béton dans la zone comprimée p' étant la pression moyenne au centre de gravité de l'armature comprimée nous aurons pour effort total de compression.

$$\left(\frac{a\,e\,p}{2} - p'\,s'\right) + r'\,s'$$

Le terme entre parenthèses représente l'effort supporté par le béton et le terme $r'\,s'$ celui supporté par l'armature.

Remplaçons p' en fonction de p on a $\frac{p}{a} = \frac{p'}{b'}$ d'où $p' = \frac{p\,b'}{a}$

et pour effort de compression nous aurons

$$\frac{a\,e\,p}{2} - \frac{p\,b'\,s'}{a} + r'\,s'$$

L'effort de traction est seul supporté par l'armature tendue et nous savons que les efforts de compression et de tension doivent se faire équilibre, nous aurons

$$\frac{a\,e\,p}{2} - \frac{p\,b'\,s'}{a} + r'\,s' = r\,s \qquad (201)$$

Pour déterminer le moment résistant de la pièce, on doit : tenir compte du moment du béton se trouvant dans la zone comprimée, du moment propre de chacune des armatures et du moment de chaque armature par rapport à la fibre neutre de la pièce.

Moment du béton à compression (comme si l'armature comprimée n'existait pas)

$$M' = \frac{p\,a\,e}{2} \times \frac{2}{3}\,a = \frac{p\,a^2\,e}{3}$$

Le moment d'inertie par rapport à la fibre neutre de la section de béton, correspondant à la section de l'armature comprimée est $I'_a = i' + b'^2\,s'$

son module de flexion est $\frac{I'_a}{b'} = \frac{i' + b'^2\,s'}{b'}$

et son moment de résistance $M_b = \frac{I'_a}{b'} \times p' = \left(\frac{i' + b'^2\,s'}{b}\right) p'$

Remplaçons p' en fonction de p nous avons $p' = \frac{p\ b'}{a}$

d'où
$$M_b = \frac{I'_a}{b'} \times p' = \frac{i' + b'^2 s'}{b'} \times \frac{p\ b'}{a} =$$
$$\frac{p\ i'\ b'}{a\ b'} + \frac{p\ b'\ b'^2\ s'}{a\ b'} = \frac{p\ i'}{a} + \frac{p\ b'^2\ s'}{a}$$

Donc le moment résistant d'une section de béton qui occuperait la section de l'armature serait
$$M_b = \frac{p\ i'}{a} + \frac{p\ b'^2\ s'}{a}$$

et cette valeur serait à déduire du moment du béton à compression que l'on a trouvé égal a $\frac{p\ a^2\ e}{3}$

Le moment d'inertie de l'armature métallique comprimée par rapport à la fibre neutre étant
$$I'_a = i' + b'^2\ s'$$

son moment résistant sera $M'_a = \frac{I'_a}{b'} \times r' = \frac{i' + b'^2\ s'}{b'} \times r' =$
$$\frac{i'\ r'}{b'} + \frac{b'^2\ s'\ r'}{b'} = \frac{i'\ r'}{b'} + b'\ s'\ r'$$

Dans la partie à traction on ne tient compte que du fer, on aura donc

Moment d'inertie de l'armature tendue par rapport à la fibre neutre de la pièce
$$I_a = i + b^2\ s$$

Pour moment résistant nous aurons
$$M_a = \frac{I_a}{b} \times r = \frac{i + b^2\ s}{b} \times r = \frac{i\ r}{b} + \frac{b^2\ s\ r}{b} = \frac{i\ r}{b} + b\ s\ r$$

Nous savons aussi que le moment des forces extérieures doit faire équilibre aux moments des forces intérieures, nous aurons $M = M' - M_b + M'_a + M_a$

et, en remplaçant les lettres par leur valeur, on trouve
$$M = \frac{p\ a^2\ e}{3} - \left(\frac{p\ i'}{a} + \frac{p\ b'^2\ s'}{a}\right) + \frac{i'\ r'}{b'} + b'\ s'\ r' + \frac{i\ r}{b} + b\ s\ r$$
$$M = \frac{p\ a^2\ e}{3} - \frac{p\ i'}{a} - \frac{p\ b'^2\ s'}{a} + \frac{i'\ r'}{b'} + b'\ s'\ r' + \frac{i\ r}{b} + b\ s\ r \qquad (202)$$

Nous avons toujours $r = p\ m\ \frac{b}{a}$ et $r' = p\ m\ \frac{b'}{a}$

et en remplaçant ces valeurs dans 201 et 202 on a (formule 201)
$$\frac{a\ e\ p}{2} - \frac{p\ b'\ s'}{a} + \frac{p\ m\ b'\ s'}{a} = \frac{p\ m\ b\ s}{a}$$

Simplifions par p tous les termes $\frac{a\ e}{2} - \frac{b'\ s'}{a} + \frac{m\ b'\ s'}{a} = \frac{m\ b\ s}{a}$

Faisons sortir a en multipliant tous les termes par a on a

$$\frac{a^2\ e}{2} - b'\ s' + m\ b'\ s' - m\ b\ s = 0 \qquad \frac{a^2\ e}{2} + b'\ s'\ (m - 1) - m\ b\ s = 0$$

Remplaçons b par $h' - a$

$$\frac{a^2 e}{2} + b' s' (m - 1) - m s h' + m s a = 0 \qquad (203)$$

$$a^2 + \frac{2 m s a}{e} + \frac{2 b' s' (m - 1) - m s h'}{e} = 0$$

$$a = - \frac{m s}{e} + \sqrt{\left(\frac{m s}{e}\right)^2 - \frac{2 b' s' (m - 1) - m s h'}{e}} \qquad (204)$$

Dans la formule 203, remplaçons b' par la valeur $\frac{2}{3} a$ en admettant que l'armature comprimée se trouve au centre de pression de la surface à compression, on a :

$$\frac{a^2 e}{2} + \frac{2}{3} a s' (m - 1) - m s h' + m s a = 0$$

$$\frac{a^2 e}{2} + a \left[\frac{2}{3} s' (m - 1) + m s\right] - m s h' = 0$$

$$a^2 + a \left[\frac{4 s'}{3 e} (m - 1) + \frac{2 m s}{e}\right] - \frac{2 m s h'}{e} = 0$$

$$a = - \left[\frac{2 s'}{3 e} (m - 1) + \frac{m s}{e}\right] + \sqrt{\left[\frac{2 s'}{3 e} (m - 1) + \frac{m s}{e}\right]^2 + \frac{2 m s h'}{e}} \qquad (205)$$

Remplaçons dans la formule 202, r et r' par leur valeur

$$M = \frac{p a^2 e}{3} - \frac{p b'^2 s'}{a} - \frac{i' p}{a} + \frac{p m b'^2 s'}{a} + \frac{p m b^2 s}{a} + \frac{p m b i}{b a} + \frac{p m b' i'}{b' a}$$

Simplifions et faisons disparaître a en multipliant tous les termes par a

$$M a = \frac{p a^3 e}{3} - p b'^2 s' - i' p + p m b'^2 s' + p m b^2 s + p m i + p m i'$$

$$M a = p \left[\frac{a^3 e}{3} - b'^2 s' - i' + m b'^2 s' + m b^2 s + m i + m i'\right]$$

$$M a = p \left[\frac{a^3 e}{3} + m (b'^2 s' + i') + m (b^2 s + i) - b'^2 s' - i'\right]$$

$$M a = p \left[\frac{a^3 e}{3} + m (b'^2 s' + i') - 1 (b'^2 s' + i') + m (b^2 s + i)\right]$$

$$M a = p \left[\frac{a^3 e}{3} + (m + 1) (b'^2 s' + i') + m (b^2 s + i)\right]$$

$$p = \frac{M a}{\frac{a^3 e}{3} + (m - 1) (b'^2 s' + i') + m (b^2 s + i)} = \frac{M a}{I} \qquad (206)$$

donc

$$I = \frac{a^3 e}{3} + (m - 1) (b'^2 s' + i') + m (b^2 s + i) \qquad (207)$$

Tension maximum des armatures. — Soient r_m et r'_m les taux de travail maximum à traction et à compression.

Nous avons $r' = \frac{p\ m\ b'}{a}$ pour la fibre moyenne passant par le centre de gravité. Pour la fibre extrême, nous aurons

$$r'_m = \frac{p\ m\ b'_m}{a} \qquad (208)$$

Pour l'armature tendue, nous aurons $r_m = \frac{p\ m\ b_m}{a}$ (209)

Armature simple. — (Fig. 65) Dans ce genre de poutre le béton à compression doit faire équilibre à l'effort de traction dans l'armature inférieure, nous aurons

$$\frac{a\ e\ p}{2} = r\ s$$

Nous savons que $r = \frac{p\ m\ b}{a}$ d'où $\frac{a\ e\ p}{2} = \frac{p\ m\ b\ s}{a}$

Simplifions et multiplions les deux termes par a

$$\frac{a^2\ e}{2} = m\ b\ s \qquad \text{mais} \qquad b = h' - a$$

d'où $\frac{a^2\ e}{2} = m\ s\ h' - m\ s\ a$ $\qquad \frac{a^2\ e}{2} - m\ s\ h' + m\ s\ a = 0$

$$a^2 - \frac{2\ m\ s\ h'}{e} + \frac{2\ m\ s\ a}{e} = 0$$

et

$$a = -\frac{m\ s}{e} + \sqrt{\frac{m^2\ s^2}{e^2} + \frac{2\ m\ s\ h'}{e}} \qquad (210)$$

Pour les moments des forces intérieures nous avons

$$M = \frac{a\ e\ p}{2} \times \frac{2}{3}\ a + \frac{i + b^2\ s}{b} \times r$$

$$M = \frac{a\ e\ p}{2} \times \frac{2}{3}\ a + \frac{r\ i}{b} + r\ s\ b$$

Remplaçons r par sa valeur $\frac{p\ m\ b}{a}$ on a

$$M = \frac{a^2\ e\ p}{3} + \frac{p\ m\ b^2\ s}{a} + \frac{p\ m\ b\ i}{b\ a}$$

Simplifions et multiplions les deux membres par a

$$M\ a = \frac{a^3\ e\ p}{3} + p\ m\ b^2\ s + p\ m\ i$$

$$M\ a = p\left(\frac{a^3\ e}{3} + m\ b^2\ s + m\ i\right) = p\left[\frac{a^3\ e}{3} + m\ (b^2\ s + i)\right]$$

d'où

$$p = \frac{M\ a}{\frac{a^3\ e}{3} + m\ (b^2\ s + i)} \qquad (211)$$

Mais nous savons que $p = \frac{M\ a}{i}$

donc

$$I = \frac{a^3\ e}{3} + m\ (b^2\ s + i) \qquad (212)$$

Tension maximum dans l'armature. — Nous avons trouvé pour tension maximum dans l'armature tendue (formule 209) $r_m = \frac{p\ m\ b_{ml}}{a}$. On peut transformer cette égalité en fonction de M et de I

en remarquant que $p = \frac{M\ a}{I}$ d'où $\frac{p}{a} = \frac{M}{I}$

et, en remplaçant $\frac{p}{a}$ par sa valeur, r_m devient $r_m = \frac{M\ m\ b_m}{I}$

Pour la détermination des étriers et du taux de glissement les formules trouvées pour les pièces légèrement armées sont applicables.

Il suffira de remplacer dans les diverses formules les valeurs de I données par les expressions (207) et (212).

FORMULES EMPIRIQUES

Pièces soumises à compression. — Méthode Hennebique. — Suivant cette méthode, on admet que le béton et l'armature peuvent atteindre en même temps leurs taux limites de compression.

On fixe pour le taux du béton p 25 kg. par cm² et pour le fer le taux $r = 1000$ kg. par cm².

Soit P = la charge de la colonne
S = la section réelle de la colonne
s = la section des armatures

On pose simplement $P = p\ S + r\ s = 25\ S + 1000\ s$

Cette façon de procéder est erronée car par suite des taux de travail adoptés, les déformations unitaires des deux matières ne sont pas les mêmes.

Si nous posons pour le fer, le coefficient d'élasticité E = 2.200.000 kg. par cm² et si nous prenons le rapport $\frac{E}{E'} = 12$, nous trouvons le coefficient d'élasticité du béton E' = 183.000 kg. environ.

Dès lors le raccourcissement unitaire des fibres du béton est

$i = \frac{p}{E'} = \frac{25}{183000} = 0{,}000136$ et celui du fer est $i_t = \frac{r}{E} = \frac{1000}{2.200.000} = 0{,}00046$

Nous voyons que les raccourcissements ne sont pas égaux, ce qui ne peut se produire dans une même colonne et si nous voulons que le taux du métal conserve sa valeur imposée, le béton devra travailler à un taux supérieur pour arriver à la même déformation que le fer. On trouverait dans ces conditions que le taux du béton deviendrait $p' = i\ E'$ 0,00046 × 183.000 = 84 kg.

Si l'on voulait conserver au béton le taux imposé de 25 kg. par cm² le taux du métal devrait diminuer de façon à donner le même raccourcissement que le béton on trouverait $r = i\ E$ = 0.000.136 × 2.200.000 = 300 kg. en chiffres ronds.

Nous avons d'ailleurs trouvé dans la théorie que le taux du métal dérivait de celui du béton et qu'il était donné par la formule $r = m\ p$. Pour le cas ci-dessus $r = 12 \times 25 = 300$ kg.

Pour que la méthode Hennebique fut exacte il faudrait que le rapport $m = \frac{E}{E'}$ fut égal au rapport des taux de travail du métal et du béton c'est-à-dire à $\frac{1000}{25} = 40$ pour les taux considérés. Or l'expérience n'a jamais donné un chiffre aussi élevé, en réalité m a une valeur approchée de 12.

D'après la théorie exposée précédemnent en employant la formule $P = p\,S \left[1 + (m-1)\,F\right]$ et en remarquant que le taux moyen $R = \frac{P}{S} = p\left[1 + (m-1)\,F\right]$ si nous prenons $m = 12$ et $F = 0{,}005$ considéré comme pourcentage minimum d'armature on trouve que le fer intervient pour 0,052 dans la valeur du taux moyen tandis que le restant ou 0,948 est pris par le béton. En effet $R = p\left[1 + (m-1)\,F\right] = p\left[1 + 11 \times 0.005\right] = 1{,}055\,p$ d'où $p = \frac{R}{1{,}055}$ ou $\frac{948}{1000}$ R

Le fer intervient donc pour $\frac{1000}{1000} - \frac{948}{1000} = \frac{52}{1000}$ R

Ce pourcentage de R pour le fer est donné en fonction de la section réelle S de la colonne et si nous voulons l'obtenir en fonction de la section s de l'armature nous devons le diviser par F nous aurons ainsi

$$\frac{52\ R}{1000 \times 0{,}005} = \frac{52}{5}\ R$$

Le taux réel du béton $p = 0.948$ R

Le taux de l'armature $r = \frac{52}{5}\ R = 10{,}4\ R$

Si nous prenons $F = 0{,}05$ considéré comme maximum d'armature et en conservant à m la valeur 12 on trouvera que le taux du béton $p = 0{,}645$ R et le taux de l'armature

$$\frac{R - \frac{645}{1000}\,R}{0{,}05} = \frac{355}{1000 \times 0{,}05}\ R = 7{,}1\ R$$

Exemple. — En admettant d'après la méthode Hennebique que $m = 40$ et en prenant un pourcentage $F = 0{,}005$ ainsi que le taux du béton $p = 25$ kg. on trouve le taux moyen

$$R = p\left[1 + (m-1)\,F\right] = 25\left[1 + (40-1)\ 0{,}005\right] = 29 \text{ kg. } 875$$

En conservant à m la valeur 12 (confirmée par l'expérience), le taux réel du béton serait $p = 0{,}948$ R $= 0{,}948 \times 29$ kg. 875 $= 28$ kg. 32 au lieu de 25 kg. imposé et le taux du métal deviendrait 10,4 R $= 10{,}4 \times 29$ kg. 875 $= 310$ kg. 70 au lieu de 1000 kg.

Si on prend $F = 0{,}05$ $m = 40$ et $p = 25$ kg.

le taux moyen $R = p\left[1 + (m-1)\,F\right] = 25\left[1 + (40-1)\ 0{,}05\right] = 74$ kg. 75

En donnant à m la valeur 12, le taux réel du béton devient $p = 0{,}645 \times 74$ kg. 75 $= 48$ kg. 21 au lieu de 25 kg. et le taux du métal $r = 7{,}1$ R $= 7{,}1 \times 74$ kg. 75 $= 530$ kg. 72 au lieu de 1000 kg.

On remarque donc que la méthode Hennebique fait travailler le béton à un taux supérieur au taux imposé tandis que le métal travaille à un taux inférieur.

Autre méthode. — Certains constructeurs ne considèrent que le béton pour résister à la compression et comptent sur l'armature pour résister au flambage.

Pièces droites sollicitées à flexion. — *Méthode Kœnen Wayss.* — Elle est employée en Allemagne pour le calcul des dalles MONIER et des hourdis. — Les dalles dites MONIER sont composées de 2 réseaux de barres croisées. L'un servant de barres de résistance et l'autre de barres de répartition.

Dalle à armature simple. (Fig. 66). — On admet approximativement que la fibre neutre est au milieu de la dalle, la résistance du béton à la traction étant négligée.

La compression des fibres du béton est représentée par la droite C A', la résultante agit à une distance de la fibre supérieure égale à 1/3 de h/2 soit $h/6$.

La résultante des tractions se trouve au niveau de l'armature.

D'après le système KOENEN on admet qu'en pratique $d = h/12$ ce qui n'est pas réel.

Soit p = taux maximum de compression du béton = A A'

r = taux maximum de traction des armatures

s = section totale de l'armature

e = largeur de la dalle

L'égalité des 2 forces du couple résistant donne

$$\frac{p}{2} \times \frac{h}{2} \times e = r\,s$$

d'où

$$\frac{p\,h\,e}{4} = r\,s \qquad (213)$$

La recherche du moment résistant se fait par rapport à l'axe de l'armature tendue.

Le bras du levier du couple est

$$h'' = h - \frac{h}{12} - \frac{h}{6} = \frac{9}{12}\,h = \frac{3}{4}\,h$$

on a

$$M = \frac{p\,h\,e}{4} \times h'' = \frac{p\,h\,e}{4} \times \frac{3}{4}\,h = \frac{3\,p\,h^2\,e}{16} \qquad (214)$$

Des relations 213 et 214 on tire

$$s = \frac{p\,h\,e}{4\,r} \qquad (215)$$

et

$$h^2 = \frac{M}{\frac{3\,p\,e}{16}} = \frac{16\,M}{3\,p\,e}$$

d'où

$$h = 2{,}31\sqrt{\frac{M}{p\,e}} \qquad (216)$$

On considère que $d = h/12$ est trop faible pour être réalisé pratiquement et on adopte $h/6$, alors le bras de levier devient

$$h'' = h - \frac{h}{6} - \frac{h}{6} = \frac{2}{3}\,h$$

et on trouve

$$M = \frac{p\,h\,e}{4} \times \frac{2}{3}\,h = \frac{p\,h^2\,e}{6} \qquad (217)$$

qui représente la formule de la dalle homogène.

Dans ce cas la résultante des efforts de traction sous la fibre neutre est également située à $h/6$ de la face inférieure on en déduit

$$h^2 = \frac{6\ M}{p\ e}$$

et

$$h = \sqrt{\frac{6\ M}{p\ e}} = 2{,}45 \sqrt{\frac{M}{p\ e}} \qquad (218)$$

On calcule aujourd'hui les dalles MONIER avec les coefficients

$p = 30$ kg. par cm^2 pour le béton
$r = 750$ kg. par cm^2 pour le fer

Dans ces conditions des formules 213 ou 215 on tire

$$s = \frac{p\ h\ e}{4\ r} = \frac{38 \times h\ e}{4 \times 750} = \frac{h\ e}{100} \qquad (219)$$

$$M = \frac{3\ p\ h^2\ e}{16} = \frac{3 \times 30 \times h^2\ e}{16} = \frac{90 \times h^2\ e}{16} \qquad (220)$$

$$M = 5{,}6\ h^2\ e \text{ soit environ } 5\ h^2\ e$$

d'où

$$h = \sqrt{\frac{M}{5\ e}} = 0{,}45 \sqrt{\frac{M}{e}} \quad \text{(approximativement)} \qquad (221)$$

Les formules 219, 220, 221 servent de base à la règle pratique suivante : Lorsqu'une dalle MONIER est armée de 1 % son moment résistant vaut

$$5\ e\ h^2 \text{ (kg. centimètre)} \qquad (222)$$

Dans l'application des formules précédentes il est d'usage de considérer la dalle comme appuyée librement sur ses supports.

(Cas ordinaire des hourdis de plancher).

$$M = \frac{q\ L^2}{8}$$

q = charge par unité de longueur
L = longueur

Au point de vue d'encastrement KOENEN considère l'encastrement parfait.
on a

au milieu $M = \frac{q\ L^2}{24}$ à l'encastrement $M = \frac{q\ L^2}{12}$

Comparaison des formules Kœnen avec celles de la théorie. — Soit une dalle armée à 1/100 nous avons $M = 5\ e\ h^2$

D'après les formules de l'armature simple on trouve

$$a = -\frac{m\ s}{e} + \sqrt{\frac{m^2\ s^2}{e^2} - \frac{2\ m\ s\ h'}{e}}$$

Soit

$$m = 12 \qquad h' = \frac{5}{6}\ h \qquad s = 0{,}01\ h\ e$$

on a

$$a = -\frac{12 \times 0{,}01\ h\ e}{e^2} + \sqrt{0{,}0144\ h^2 + \frac{2 \times 12 \times 0{,}01\ h\ e \times 5\ h}{6\ e}}$$

$$a = -0,12\,h + \sqrt{0,0144\,h^2 + 0,20\,h^2}$$

$a = -0,12\,h + 0,46\,h = 0,34\,h$ tandis que KOENEN considère $a = \frac{h}{2}$

On déduit

$$p = \frac{6\,M}{a\,e\,(3\,h' - a}$$

remplaçons M, h' et a par leur valeur

$$p = \frac{6 \times 5\,e\,h^3}{0,34\,h\,e\,(\frac{15}{6}\,h - 0,34\,h)} = \frac{6 \times 5\,e\,h^2}{0,34\,h\,e \times 2,16\,h}$$

d'où $p = 41$ kg. par cm², alors que KOENEN considère que le béton de la dalle travaille au taux de 30 kg. Nous avons $r = \frac{p\,m\,b}{a}$ mais $b = h' - a$

$$r = \frac{p\,m\,(h' - a)}{a} = \frac{41 \times 12\,(5/6\,h - 0,34\,h)}{0,34\,h} =$$

$$\frac{41 \times 12 \times 0,49\,h}{0,34\,h} = 709 \text{ kg.}$$

tandis que le taux imposé est de 750 kg.

Formule KOENEN pour une dalle armée à 0,005

De la formule 215 $s = \frac{p\,h\,e}{4\,r}$ on a $\frac{s}{e\,h} = \frac{p}{4\,r} = 0,005$

si $p = 30$ kg. nous trouverons pour r

$$r = \frac{30}{4 \times 0,005} = 1500 \text{ kg.}$$

au lieu de 750 kg. employé par la méthode KOENEN.

Si nous remplaçons s par $0,005\,h\,e$ les formules théoriques donnent

$a = 0,26\,h$ au lieu de $\frac{h}{2}$ $p = 51,5$ kg. par cm² au lieu de 30 kg.

On remarque donc que plus la dalle est faiblement armée, plus l'erreur commise sur le taux du travail du béton augmente.

Dalle avec armature en métal déployé. — (Fig. 67.) — On emploie la méthode KOENEN, mais on admet que la feuille de métal déployé vaut au point de vue résistance le double de son poids employé comme tige de résistance dans une dalle.

En admettant qu'une dalle armée en barres de résistance à 1°/₀, contenant donc 0,780 kg. de fer par m² et par centimètre d'épaisseur, peut résister à un moment égal à $M = 5\,h^2$ par centimètre de largeur, on admet qu'une dalle armée de 0,390 kg. de métal déployé par mètre carré et par centimètre d'épaisseur possède la même résistance.

On place toujours les longues diagonales des mailles du métal déployé dans le sens de la grande portée de la dalle. Le profil de métal ordinairement employé est à mailles de 200 × 75 mm.

TABLEAU
DONNANT LA HAUTEUR DES DALLES ARMÉES DE MÉTAL DÉPLOYÉ

TREILLIS	LANIÈRE $a \times b$	POIDS PAR MÈTRE² DU MÉTAL	HAUTEUR DE LA DALLE
200 × 75	6 × 4 1/2	5,650 kg.	$\frac{5650}{390}$ = 15 cm. environ
»	4 1/2 × 4 1/2	4,225 »	$\frac{4225}{390}$ = 11 cm. »
»	6 × 3	4,000 »	$\frac{4000}{390}$ = 10 cm. »
»	4 1/2 × 3	3,000 »	$\frac{3000}{390}$ = 8 cm. »
»	3 × 3	2,000 »	$\frac{2000}{390}$ = 6 cm. »

N. B. — Ces dalles peuvent supporter un moment sollicitant égal à — $M = 5\ e\ h^2$

Méthode Hennebique. — (Fig. 68.) — Pour les planchers complets ou hourdis de plancher à poutres on admet

1. — Que le béton ne travaille pas à traction.
2. — Que la fatigue du béton est uniforme dans toute la partie comprimée de la section.
3. — Que le moment des forces élastiques de compression est égal à celui des forces élastiques de tension.

a = distance de la fibre neutre
p = taux de travail du béton à compression
r = taux de travail du métal à traction

La résultante des efforts dans la partie comprimée est $p\ a\ e$

La résultante des efforts dans la partie tendue est $r\ s$

Les moments sont à compression

$$a\ e\ p \times \frac{a}{2} = \frac{p\ a^2\ e}{2} \quad \text{et à traction} \quad r\ s\ (h' - a)$$

Ils sont tous les deux égaux à la moitié des moments des forces extérieures on a

$$\frac{p\ a^2\ e}{2} = \frac{M}{2} \tag{223}$$

et

$$r\ s\ (h' - a) = \frac{M}{2} \tag{224}$$

d'où on tire

$$a = \sqrt{\frac{M}{p\ e}} \tag{225}$$

et

$$s = \frac{M}{2\ r\ (h' - \sqrt{\frac{M}{p\ e}})} \tag{226}$$

l'épaisseur h' étant supposée connue.

Cette méthode est fausse, en effet, la pression du béton n'est pas uniforme car on ne peut avoir qu'une pression moyenne et il y a erreur sur la position du centre d'application de la résultante de compression ; en outre les moments ne peuvent être égaux.

D'après la méthode Hennebique, en général on adopte $p = 25$ kg. par cm², mais on va aussi à 30 kg., on prend pour le fer $r = 1000$ kg. et pour l'acier $r = 1200$ à 1300 et même 1500 kg.

Admettons $p = 25$ kg. et $r = 1000$ kg. on a

$$a = \sqrt{\frac{M}{p\ e}} = \sqrt{\frac{1}{25}\ \frac{M}{e}} = 0{,}2\sqrt{\frac{M}{e}} \tag{227}$$

$$s = \frac{M}{2 \times 1000\ (h' - 0{,}2\sqrt{\frac{M}{e}})} \tag{228}$$

La formule qui donne a représente la position de la figure neutre sans égard à la hauteur de la pièce et la sécurité est très variable suivant la hauteur de la poutre.

Supposons une dalle de hauteur réduite.

Dans les constructions HENNEBIQUE on ne descend guère en-dessous de

$$h' = \frac{3\ a}{2} \text{ et dans ce cas } h' = \frac{3 \times 0{,}2\sqrt{\frac{M}{e}}}{2} = 0{,}3\sqrt{\frac{M}{e}} \tag{229}$$

$$s = \frac{M}{2 \times 1000\ (0{,}3\sqrt{\frac{M}{e}} - 0{,}2\sqrt{\frac{M}{e}})} = \frac{M}{2000 \times 0{,}1\sqrt{\frac{M}{e}}} =$$

$$\frac{M}{200\sqrt{\frac{M}{e}}} = \frac{0{,}005\ M}{\sqrt{\frac{M}{e}}} = \frac{0{,}005\sqrt{M}\sqrt{M}}{\frac{\sqrt{M}}{\sqrt{e}}} =$$

$$\frac{0{,}005\sqrt{M}\sqrt{M}\sqrt{e}}{\sqrt{M}} =$$

$$0{,}005\sqrt{M}\sqrt{e} = 0{,}005\sqrt{M\ e} \tag{230}$$

D'après la théorie en admettant $m = 12$ nous aurons formule (121)

$$a = -\frac{m\ s}{e} + \sqrt{\frac{m^2\ s^2}{e^2} + \frac{2\ m\ s\ h'}{e}} = -\frac{12 \times 0{,}005\sqrt{M\ e}}{e} +$$

$$\sqrt{\frac{144 \times (0{,}005\sqrt{M\ e})^2}{e^2} + \frac{2 \times 12 \times 0{,}005\sqrt{M\ e} \times 0{,}3\sqrt{\frac{M}{e}}}{e}}$$

$$a = -\frac{12 \times 0{,}005 \sqrt{M}\sqrt{e}}{\sqrt{e}\sqrt{e}} + \sqrt{\frac{144 \times 0{,}000025\ M\ e}{e^2} + \frac{24 \times 0{,}005 \times 0{,}3 \times \sqrt{M} \times \sqrt{e}\sqrt{\frac{M}{e}}}{e}}$$

$$a = -\frac{0{,}006\sqrt{M}}{\sqrt{e}} + \sqrt{\frac{0.0036\ M}{e} + \frac{0{,}036\ M}{e}}$$

$$a = -\frac{0{,}06\sqrt{M}}{\sqrt{e}} + \sqrt{\frac{0{,}0396\ M}{e}} = -\frac{0{,}06\sqrt{M}}{\sqrt{e}} +$$

$$0{,}20\frac{\sqrt{M}}{\sqrt{e}} = 0{,}14\frac{\sqrt{M}}{\sqrt{e}} = 0{,}14\sqrt{\frac{M}{e}}$$

Coefficient de travail du béton

$$p = \frac{6\ M}{a\ e\ (3\ h' - a)} = \frac{6\ M}{0{,}14\sqrt{\frac{M}{e}} \times e\ (3 \times 0{,}3\sqrt{\frac{M}{e}} - 0{,}14\sqrt{\frac{M}{e}})} =$$

$$\frac{6\ M}{0{,}14\sqrt{\frac{M}{e}} \times 0{,}76\sqrt{\frac{M}{e}} \times e} = \frac{6\ M}{0{,}1064\ \frac{M}{e} \times e} = \frac{6}{0{,}1064}$$

d'où $p = 56$ kg. par cm² alors que Hennebique suppose 25 kg.

Coefficient de travail du fer

$$r = \frac{p\ m\ (h' - a)}{a} = \frac{56 \times 12\ (0{,}3\sqrt{\frac{M}{e}} - 0{,}14\sqrt{\frac{M}{e}})}{0{,}14\sqrt{\frac{M}{e}}} =$$

$$\frac{56 \times 12 \times 0{,}16\sqrt{\frac{M}{e}}}{0{,}14\sqrt{\frac{M}{e}}} = 770 \text{ kg. par cm}^2 \text{ au lieu de 1000 kg. imposé}$$

Soit maintenant une dalle de grande hauteur : Hennebique dépasse rarement comme hauteur de poutre

$$h' = \frac{5\ a}{2} \qquad (231)$$

on a

$$h' = \frac{5 \times 0{,}2\sqrt{\frac{M}{e}}}{2} = 0{,}5\sqrt{\frac{M}{e}} \qquad (232)$$

La section du métal

$$s = \frac{M}{2\ r\ (h' - a)} = \frac{M}{2 \times 1000\ (05\sqrt{\frac{M}{e}} - 0{,}2\sqrt{\frac{M}{e}})} =$$

$$\frac{M}{600\sqrt{\frac{M}{e}}} = 0{,}0017\sqrt{M}\sqrt{e} = 0{,}0017\sqrt{M\,e} \qquad (233)$$

pour $m = 12$ on a

$$a = -\frac{m\,s}{e} + \sqrt{\frac{m^2\,s^2}{e^2} + \frac{2\,m\,s\,h'}{e}}$$

$$a = -\frac{12 \times 0{,}0017\sqrt{M\,e}}{e} + \sqrt{\frac{144 \times (0{,}0017\sqrt{M\,e})^2}{e^2} + \frac{2 \times 12 \times 0{,}0017\sqrt{M\,e} \times 0{,}5\sqrt{\frac{M}{e}}}{e}}$$

$$a = -0{,}0204\sqrt{\frac{M}{e}} + \sqrt{\frac{0{,}00041616\,M}{e} + \frac{0{,}0204\,M}{e}}$$

$$a = -0{,}0204\sqrt{\frac{M}{e}} + \sqrt{0{,}02081\,\frac{M}{e}} = 0{,}1236\sqrt{\frac{M}{e}}$$

$$\text{soit } 0{,}124\sqrt{\frac{M}{e}}$$

Le taux du béton

$$p = \frac{6\,M}{a\,e\,(3\,h' - a)} = \frac{6\,M}{e \times 0{,}124\sqrt{\frac{M}{e}}\left(3 \times 0{,}5\sqrt{\frac{M}{e}} - 0{,}124\sqrt{\frac{M}{e}}\right)}$$

$$p = \frac{6\,M}{e \times 0{,}124\sqrt{\frac{M}{e}} \times 1{,}376\sqrt{\frac{M}{e}}} = \frac{6}{0{,}124 \times 1{,}376} = 35 \text{ kg.}$$

Le taux du métal

$$r = \frac{p\,m\,(h' - a)}{a} = \frac{35 \times 12\left(0{,}5\sqrt{\frac{M}{e}} - 0{,}124\sqrt{\frac{M}{e}}\right)}{0{,}124\sqrt{\frac{M}{e}}} =$$

$$\frac{35 \times 12 \times 0{,}376}{0{,}124} = 1273 \text{ kg.}$$

On remarque donc que les fortes épaisseurs se rapprochent plus des valeurs des coefficients admissibles de p et de r que les épaisseurs réduites.

Monsieur HENNEBIQUE calcule les moments extérieurs en tenant compte d'un encastrement partiel aux appuis. Il ne fait la vérification qu'au milieu de la portée à l'endroit donc où l'armature travaille complètement à traction et il pose

$$M = \frac{q\,L^2}{10}$$

Quand la dalle considérée repose sur les quatre bords et qu'elle présente une forme à peu près carrée, il tient compte de la réduction de flexion due aux appuis latéraux en prenant comme valeur maxima du moment au centre de la dalle

$$M = \frac{q\,L^2}{36}$$

L étant égal à la moyenne des portées mesurées dans les deux sens.

Méthode Matrai ou système fer béton. — (Fig. 69.) — Il consiste à noyer dans le béton un réseau métallique formé de fils attachés à des points fixes (poutres ou solives). Ces fils prennent la forme de la chaînette ou de la courbe des ponts suspendus. Des fils sont dirigés parallèlement aux côtés du cadre d'appui ; d'autres sont placés diagonalement, de façon à reporter la charge vers les extrémités des poutres de support et à réduire ainsi les moments de flexion de ces poutres. On ne tient pas compte du béton dans le calcul des planchers. Les hourdis armés de fils suspendus se calculent comme suit

Soit q = la chargé uniformément répartie sur la largeur correspondante à un fil
Q = charge totale = q L
L = portée
f = flèche de la chaînette

On admet que la traction dans ce fil est donnée par la formule

$$F = \frac{Q\,L}{8\,f} = \frac{q\,L^2}{8\,f} \text{ (au milieu)}$$

Mais le taux de travail augmente du milieu vers les appuis où le taux de traction maximum F′ est donné par

$$F' = \frac{F}{\cos\alpha} = \frac{Q\,L}{8\,f\cos\alpha}$$

α étant l'angle compris entre l'horizontale et la tangente à la chaînette au point d'appui.

Le taux de travail, limite du fil d'acier de 5 mm. (fer étiré) est fixé dans ces conditions à 20 kg. par mm^2.

Pour que la méthode soit vraie il faut que le cadre d'appui soit assez fort pour résister à la tension des fils sans affecter le béton.

On ne tient pas compte de l'encastrement des appuis ni de la présence d'appuis latéraux.

DE LA PARABOLE

La parabole est une courbe dont les points sont à égale distance d'une droite fixe dénommée directrice et d'un point fixe F appelé foyer, c'est-à-dire que A F = A B et F A′ = A′ B′ (fig. 70).

La distance F C entre le foyer et la directrice, est le *paramètre* de la parabole. Donc le point S, sommet de la parabole, se trouve au milieu de F C et on a F S = S C.

Les rayons tels que F A et F A′ sont les rayons vecteurs.

THÉORÈME 1. — *La tangente à la parabole fait des angles égaux avec la parallèle à l'axe et le rayon vecteur mené par le point de contact* (fig. 70).

Directrice = D E
Foyer = F
A = un point de la parabole
A K = la tangente en A

Traçons une sécante A G M coupant la parabole en A et G. A B et G H sont perpendiculaires sur D E.

Les triangles semblables M B A et M H G donnent

$$\frac{M\,A}{M\,G} = \frac{A\,B}{G\,H} = \frac{A\,F}{F\,G} \qquad (1)$$

car on a A F = A B et F G = G H.

On peut dire que F M est la bissectrice de l'angle extérieur F du triangle F G A, c'est-à-dire de l'angle G F O. En effet, de (1)on peut écrire

$$\frac{M A + M G}{M A} = \frac{A F + G F}{A F}$$

Portons M N = M G, on a M A + M N = M A + M G et F O = F G, donc A F + F O = A F + G F.

Joignons N O et O G. Les triangles N A O et M A F sont semblables et les côtés N O et M F sont parallèles, car nous avons la relation

$$\frac{N A}{M A} = \frac{A O}{A F}$$

donc côtés proportionnels. Dans le triangle N O G, N O et M F étant parallèles et M N = M G donc G P = P O et les triangles P G F et P F O sont égaux, ayant les deux côtés égaux ; donc les angles G F P et P F O sont égaux et, par conséquent, la droite M F est bissectrice de l'angle G F O.

Faisons alors tourner la sécante autour du point A, de façon que G se rapproche de A, à la limite la sécante va devenir tangente en A et le point M aura pour limite, sur la directrice, le point L. La droite F M est devenue F L sans cesser d'être la bissectrice de l'angle extérieur F. Mais l'angle F est devenu deux droits puisque F G est devenu F A, il s'ensuit que L F est perpendiculaire sur A F. Alors, les triangles rectangles L B A et L F A sont égaux comme ayant l'hypothénuse commune et un côté de l'angle droit égal B A = A F. Les angles B A L et L A F sont égaux. Donc 1 = 2, 2 = 3 et 4 = 1 comme alternes internes, D'où 4 = 2 et le triangle K F A est isocèle. Le rayon vecteur du point de contact est égal à la portion d'axe comprise entre le foyer et le point K, où la tangente rencontre l'axe.

THÉORÈME 2. — A) *Le lieu des symétriques du foyer par rapport à toutes les tangentes est la directrice* D E.

B) *Le lieu des projections du foyer snr les tangentes est la tangente au sommet de la parabole* (fig. 71).

D E = directrice
F = foyer
A = point de la courbe
A F = A B
F K = A F

Le triangle B A F est isocèle. La bissectrice A K est perpendiculaire sur B F. Cette bissectrice est précisément la tangente à la parabole au point A. Donc B est le symétrique du foyer F par rapport à la tangente.

Soit R la projection du foyer sur la tangente, ce point est le milieu de B F dans le triangle C B F, il sera donc constamment sur la parallèle à C B partant du milieu de C F en S, donc sur la tangente au sommet de la parabole.

A T est la perpendiculaire de A sur C F. K T est la projection de la tangente en A, elle porte le nom de *sous-tangente*.

THÉORÈME 3. — *Le sommet de la parabole est le milieu de la sous-tangente* (fig. 71).

Le triangle A F K est isocèle, F B est perpendiculaire sur A K, donc R est le milieu de A K et S R est parallèle à A T, donc K S = S T.

THÉORÈME 4. — *La normale* A U *en un point* A *de la parabole est la bissectrice de l'angle formé entre le rayon vecteur et la parallèle à l'axe menée par le point* A (fig. 71).

Menons la tangente A K qui est la bissectrice de l'angle B A F. Traçons A U perpendiculaire sur K A, cette droite est la normale au point A.

Les angles 1, 2, 3 et 4 sont égaux (voir plus haut). Les angles 2' et 3' sont égaux comme compléments d'angles égaux.

La portion T U, projection de la normale sur l'axe, porte le nom de *sous-normale*.

THÉORÈME 5. — *La sous-normale est constante et égale à la distance du foyer à la directrice, donc égale au paramètre* (fig. 71).

Considérons les triangles rectangles A T U et B C F.

Ces triangles sont égaux. B F et A U sont parallèles parce qu'elles sont perpendiculaires à la même tangente K A. Ces droites sont égales car B A est parallèle à F U. B C = A T parce qu'elles sont perpendiculaires sur C U et comprises entre parallèles. Donc T U = C F.

THÉORÈME 6. — *Le carré d'une corde perpendiculaire à l'axe est proportionnel à la distance qui sépare cette corde du sommet* (fig. 71).

Soit la 1/2 corde A T perpendiculaire à l'axe. Dans le triangle K A U, on a

$$\overline{AT}^2 = TU \times TK$$

mais T U = C F = p paramètre. K T est la sous-tangente et le sommet S est le milieu de la sous-tangente

d'où
$$KT = 2\,ST$$

On a donc
$$\overline{AT}^2 = p \times 2\,ST = 2\,p \times ST$$

Puisque 2 p est une constante le théorème est démontré.

Equation de la parabole. — (Fig. 72.) — Chercher l'équation de la parabole c'est chercher **la** relation qui unit constamment les coordonnées d'un point quelconque de la courbe.

Les axes des coordonnées sont l'axe de la parabole et la tangente au sommet. On dit que la parabole est rapportée à son axe et à sa tangente au sommet.

Soit un point A dont les coordonnées sont x et y.

On a d'après le 6me théorème

$$\overline{AT}^2 = 2\,p \times ST$$

c'est-à-dire

$$y^2 = 2\,p \times x$$

d'où

$$x = \frac{y^2}{2\,p} \qquad (234)$$

THÉORIE AMÉRICAINE

Formules établies en Amérique par M. JOHNSON et transformées pour se conformer aux prescriptions de la circulaire ministérielle française et qui sont :

1° Le béton travaillera uniquement à compression. Dans le calcul des déformations, on tiendra compte de la résistance du béton à traction.

2° Le travail maximum du béton à compression sera les 0,28 de la résistance à l'écrasement du béton non armé après 90 jours de prise.

3° Le travail du métal employé par l'armature sera égal à la moitié de sa limite apparente d'élasticité.

HYPOTHÈSES RELATIVES A LA DÉFORMATION DU BÉTON

Dans les formules jusqu'ici établies, nous avons admis que la répartition des forces élastiques se faisait suivant une ligne droite, ce qui suppose que le coefficient d'élasticité du béton est le même à compression qu'à traction.

Cette manière d'opérer rend les calculs d'une grande simplicité sans être tout à fait conforme à la réalité. En Amérique, on a fait de nombreuses expériences dans le but de rechercher la forme qu'il convenait de donner à la courbe des forces élastiques et on a été amené à adopter les hypothèses suivantes :

1° Conservation des sections planes, après déformation.

2° Le coefficient d'élasticité du béton décroit au fur et à mesure que l'effort augmente et sa valeur instantanée peut être représentée par la tangente trigonométrique de l'angle compris entre une droite de repère sur laquelle on porterait les déformations longitudinales et la tangente à une parabole du deuxième degré dont les ordonnées représentent les efforts.

3° Si on prend (fig. 73) une droite O A rapportée à 2 axes rectangulaires (vertical pour les efforts, horizontal pour les déformations longitudinales) et telle que son coefficient angulaire soit égal au coefficient d'élasticité initial du béton et si l'on trace une parabole du deuxième degré tangente en O à O A et passant par un point M tel que l'ordonnée M_1 M soit égale à la charge d'écrasement du béton et aux 2/3 de l'ordonnée M_1 M', la parabole ainsi tracée représente très approximativement la courbe des forces élastiques.

Equation de la parabole rapportée à deux axes O y et Ox. — Fig. 74. — La formule $y_1^2 = 2\,p\,x_1$, qui donne $x_1 = \frac{y_1^2}{2\,p}$ est donnée pour deux axes rectangulaires passant par le sommet S de la parabole ; à la section A, la valeur correspondant à x_1 est $c\,b$ et celle correspondant à y_1 est S b.

$$c\,b = f - x \qquad \text{et} \qquad S\,b = i - y$$

En remplaçant dans la formule générale $x_1 = \frac{y_1^2}{2\,p}$, x_1 par sa valeur $c\,b = f - x$ et y_1 par sa valeur S $b = i - y$, nous obtiendrons l'équation de la parabole rapportée aux deux axes O y et O x.

Recherche du paramètre de la parabole. — D'après le théorème 2, le lieu des projections du foyer sur les tangentes est la tangente au sommet, nous trouvons que le foyer F doit se trouver à l'intersection de l'axe U Z avec la perpendiculaire sur O Z élevée en G croisement de la tangente au sommet avec la tangente O Z.

L'angle d est donné par la formule

$$\text{tang. } d = \frac{2\,f}{i}$$

et l'angle S F G est égal à l'angle d les triangles F a b et a O G étant semblables.

D'où

$$\text{tang. } S\,F\,G = \frac{2\,f}{i} \qquad \text{et} \qquad F\,S = \frac{p}{2} = \frac{S\,G}{\text{tang. } d}$$

mais

$$S\,G = \frac{i}{2}$$

d'où

$$F\,S = \frac{\frac{i}{2}}{\frac{2\,f}{i}} = \frac{i^2}{4\,f}$$

Le paramètre

$$p = 2\,F\,S = \frac{2\,i^2}{4\,f} = \frac{i^2}{2\,f}$$

Remplaçons cette valeur de p dans la formule générale $x_1 = \frac{y^2{}_1}{2\,p}$ on trouve

$$\left|\text{nous savons que } x_1 = (f - x) \text{ et } y_1 = (i - y)\right|$$

$$f - x = \frac{(i - y)^2}{2\,\frac{i^2}{2\,f}} = \frac{(i - y)^2\,f}{i^2} \text{ ce qui donne}$$

$$f\,i^2 - x\,i^2 = (i^2 - 2\,i\,y + y^2)\,f$$

$$f\,i^2 - x\,i^2 = f\,i^2 - 2\,i\,y\,f + y^2\,f$$

$$f\,i^2 - f\,i^2 + 2\,i\,y\,f - y^2\,f = x\,i^2$$

d'où

$$x = \frac{2\,i\,y\,f - y^2\,f}{i^2} = \frac{f\,y\,(2\,i - y)}{i^2} \qquad (235)$$

Poutre rectangulaire. — (Fig. 75.)

Soit
- e = largeur de la poutre en cm.
- h' = distance entre le parement comprimé et les barres tendues
- a = distance de la fibre comprimée à la fibre neutre
- c = distance du centre de pression de la partie comprimée à la fibre extrême
- s = section de l'armature tendue en cm²
- E = coefficient d'élasticité de l'acier en kg. par cm.
- E' = coefficient d'élasticité du béton à compression en kg. par cm.
- r = coefficient unitaire de l'acier en kg. par cm.
- p = coefficient unitaire du béton en kg. par cm.
- p_e = résistance à l'écrasement du béton à compression en kg. par cm.
- f = flèche de la parabole
- i = déformation longitudinale par unité de longueur correspondant à un effort représenté par l'ordonnée f
- i_1 = déformation longitudinale par unité de longueur correspondant à l'effort p_e
- i_b = déformation longitudinale par unité de longueur correspondant à l'effort p
- i_a = déformation longitudinale par unité de longeur correspondant à l'effort r
- M = moment fléchissant extérieur en kgcm.
- M_r = moment résistant de la poutre = M
- P = effort total de tension sur le métal dans la largeur e
- P_1 = effort total de compression sur le béton dans la largeur e

Nous avons vu que la parabole devait passer par le point C_1 tel que $C\,C_1 = \frac{2}{3}\,C\,C_2$ et $C\,C_2$ en fonction de l'allongement unitaire i_1 à cette section est égal à i_1 E', on a $i_1 = \frac{C\,C_2}{E'}$ d'où $C\,C_2 = i_1\,E'$E

D'où $C\,C_1$ devient

$$C\,C_1 = \frac{2}{3}\,i_1\,E' \qquad (236)$$

Ce qui donne en faisant C C_1 = p_e $p_e = \frac{2}{3} i_1 E'$

d'où

$$i_1 = \frac{3 p_e}{2 E'} \tag{237}$$

Faisons dans l'égalité (235) $y = i_1$ on doit trouver $x = p_e$ on a donc

$$p_e = \frac{f i_1 (2 i - i_1)}{i^2} \tag{238}$$

mais nous avons $p_e = 2/3 \; i_1 \; E'$ en remplaçant nous aurons

$$\frac{2}{3} i_1 E' = \frac{f i_1}{i^2} (2 i - i_1) \tag{239}$$

Nous voyons que $2 f = i E'$ d'où $f = \frac{i E'}{2}$ en remplaçant dans (239) on a

$$\frac{2}{3} i_1 E' = \frac{i E' i_1}{3 i^2} (2 i - i_1)$$

Simplifions on a

$$\frac{2}{3} = \frac{2 i - i_1}{2 i} \text{ où } 4 i = 3 (2 i - i_1) = 6 i - 3 i \text{ où } 3 i_1 = 2 i$$

ce qui donne

$$i = \frac{3 i_1}{2}$$

en remplaçant i_1 par sa valeur tirée de (237) on a

$$i = \frac{3 \times 3 p_e}{2 \times 2 E'} = \frac{9 p_e}{4 E'} \tag{240}$$

Nous avons trouvé $f = \frac{i E'}{2}$ remplaçant i par sa valeur (240)

on a

$$f = \frac{9 p_e E'}{8 E'} = \frac{9 p_e}{8}$$

Remplaçons cette valeur et celle de i dans l'égaliié (235)

on a

$$x = \frac{\frac{9 p_e}{8}}{\frac{81 p_e^2}{16 E'^2}} y \left(\frac{2 \times 9 p_e}{4 E'} - y\right) = \frac{9 p_e \times 16 E'^2}{8 \times 81 p_e^2} y \left(\frac{9 p_e}{2 E'} - y\right) =$$

$$\frac{2 E'^2}{9 p_e} y \left(\frac{9 p_e}{2 E'} - y\right) = \frac{2 E'^2 y \, 9 p_e}{9 p_e \, 2 E_t} - \frac{2 E'^2 y^2}{9 p_e} = E' y - \frac{2 E'^2 y^2}{9 p_e} =$$

$$E' y \left(1 - \frac{2 E' y}{9 p_e}\right)$$

$$x = E' y \left(1 - \frac{2 E' y}{9 p_e}\right) \tag{241}$$

Le travail maximum du béton p est obtenu en faisant $y = i_b$ et $x = p$ dans la formule (241) on a

$$p = E' i_b \left(1 - \frac{2 E' i_b}{9 p_e}\right) \quad (242)$$

Si on s'impose p, p_e étant connu on tire de (242) la valeur de i_b

$$9 p_e p = 9 p_e E' i_b - 2 E'^2 i_b^2$$

$$2 E'^2 i_b^2 - 9 p_e E' i_b + 9 p_e p = 0$$

$$i_b^2 - \frac{9 p_e E' i_b}{2 E'^2} + \frac{9 p_e p}{2 E'^2} = 0 \qquad i_b^2 - \frac{9 p_e i_b}{2 E'} + \frac{9 p_e p}{2 E'^2} = 0$$

$$i_b = + \frac{9 p_e}{4 E'} \pm \sqrt{\left(\frac{9 p_e}{4 E'}\right)^2 - \frac{9 p_e p}{2 E'^2}} = + \frac{9 p_e}{4 E'} +$$

$$\sqrt{\left(\frac{9 p_e}{4 E'}\right)^2 - \frac{9 p_e p \times p_e 9 \times 8}{2 E'^2 \times p_e \times 9 \times 8}}$$

$$i_b = + \frac{9 p_e}{4 E'} \left(+ 1 - \sqrt{1 - \frac{8 p}{9 p_e}}\right) \quad (243)$$

La distance c du centre de gravité de la surface de compression au parement comprimé est

$$c = a - \frac{2 i^2 \left(\frac{1}{3} - \frac{E' i_b}{9 p_e \times 2}\right)}{\left(1 - \frac{4}{27} \frac{E' i_b}{p_e}\right) a} \quad (244)$$

Faisons $i = a$ i^2 sera égal à a^2

Nous avons vu formule 6 que $i = \frac{9 p_e}{4 E'}$

d'où

$$p_e = \frac{4}{9} E' i = \frac{4}{9} E' a$$

Faisons également $\frac{i_b}{i} = u$ on a $i_b = u i = u a$

Remplaçons ces diverses valeurs par celle de c

$$c = a - \frac{2 a^2 \left(\frac{1}{3} - \frac{E' u a}{\frac{9 \times 4 a E' \times 2}{9}}\right)}{a \left(1 - \frac{4 E' u a}{\frac{27 \times 4 E' a}{9}}\right)} = a - \frac{2 a^2 \left(\frac{1}{3} - \frac{u}{8}\right)}{a \left(1 - \frac{4 u}{12}\right)} =$$

$$a - \frac{2 a \left(\frac{1}{3} - \frac{u}{8}\right)}{1 - \frac{u}{3}} = a - \frac{\frac{2 a}{3} - \frac{2 a u}{8}}{\frac{3 - u}{3}} =$$

$$a - \frac{(16 a - 6 a u) 3}{24 (3 - u)} = a - \frac{16 a - 6 a u}{8 (3 - u)} =$$

$$\frac{24a - 8au - 16a + 6au}{8(3-u)}$$

$$\frac{8a - 2au}{8(3-u)} = \frac{4a - au}{4(3-u)} = \frac{a(4-u)}{12 - 4u} \qquad (245)$$

Poutre rectangulaire à armature simple. — (Fig. 76). — Les forces élastiques de compression se répartissent suivant la parabole.

Considérons les triangles O A A' et O B B' on a

$$\frac{m\,p'}{r} = \frac{a}{b} \quad \text{et} \quad m = \frac{E}{E'} = 12$$

$$a = \frac{m\,p'\,b}{r} \quad \text{mais} \quad b = h' - a$$

d'où

$$a = \frac{m\,p'\,(h' - a)}{r} = \frac{m\,p'\,h' - p'\,m\,a}{r}$$

$$a\,r + m\,p'\,a = m\,p'\,h' \qquad a = \frac{m\,p'\,h'}{r + m\,p'} \qquad (246)$$

D'après la loi de l'élasticité nous savons que $i_b = \frac{p'}{E'}$

et nous avons vu (formule 243) que

$$i_b = \frac{9\,p_e}{4\,E'}\left(1 - \sqrt{1 - \frac{8\,p}{9\,p_e}}\right)$$

Egalisons les valeurs de i_b on a

$$\frac{p'}{E'} = \frac{9\,p_e}{4\,E'}\left(1 - \sqrt{1 - \frac{8\,p}{9\,p_e}}\right)$$

et

$$p' = \frac{9\,p_e\,E'}{4\,E'}\left(1 - \sqrt{1 - \frac{8\,p}{9\,p_e}}\right)$$

$$p' = \frac{9\,p_e}{4}\left(1 - \sqrt{1 - \frac{8\,p}{9\,p_e}}\right) \qquad (247)$$

Posons $n = \frac{p}{p_e}$ d'où $p_e = \frac{p}{n}$ (n représente 0,28 d'après la circulaire française)

Remplaçons la valeur de p_e dans p' la formule 247

$$p' = \frac{9\,p}{4\,n}\left(1 - \sqrt{1 - \frac{8}{9}\,n}\right) \qquad (248)$$

Quand on connait p et n on pourra déterminer a en fonction de p, p_e et h'

Moments intérieurs de la poutre. — L'effort total de compression $p_i = e \times p_z \times a$

p_z = cœfficient unitaire moyen du béton ou ordonnée moyenne de la parabole.

Ecrivons l'équilibre des moments par rapport à l'armature tendue on a

$$M = M_i = e\,p_z\,a\,(h' - c) \qquad (249)$$

M = moment extérieur

M_i = moment intérieur ou résistant de la poutre

Recherche de l'ordonnée moyenne p_z — La valeur du taux moyen ou ordonnée moyenne p_z = surface du segment de parabole divisée par la distance y portée du segment.

L'ordonnée moyenne est encore donnée par la formule $p_z = \frac{p + 4\,p_i + p_o}{6}$ dans laquelle p et p_o représentent les ordonnées extrêmes du segment de la parabole et p_i l'ordonnée a mi-hauteur.

Mais pour notre cas $p_o = o$ et l'ordonnée moyenne $= p_z = \frac{p + 4\,p_i}{6}$ (fig. 76)

Les formules de la parabole donnent sachant que $p' = i_b\,E'$

(formule 242) $p = E'\,i_b\left(1 - \frac{2\,E'}{9\,p_e}\,i_b\right) = p'\left(1 - \frac{2\,E'\,p'}{9\,p_e\,E'}\right) = p'\left(1 - \frac{2\,p'}{9\,p_e}\right)$

L'ordonnée p_i est celle a mi hauteur c'est-à-dire à la distance $\frac{i_b}{2}$

d'après la formule (241) $x = E'\,y\left(1 - \frac{2\,E'}{9\,p_e}\,y\right)$ nous aurons

en remplaçant y par sa valeur correspondante $\frac{i_b}{2}$

$$p_i = \frac{E'\,i_b}{2}\left(1 - \frac{2\,E'}{9\,p_e}\,\frac{i_b}{2}\right)$$

mais

$$i_b = \frac{p'}{E'} \text{ d'où } \frac{i_b}{2} = \frac{p'}{2\,E'}$$

d'où

$$p_i = \frac{E'\,p'}{2\,E'}\left(1 - \frac{2\,E'\,p'}{9\,p_e\,2\,E'}\right) = \frac{p'}{2}\left(1 - \frac{p'}{9\,p_e}\right)$$

Dès lors $p_z = \frac{p + 4\,p_i}{6}$ devient

$$p_z = \frac{p'\left(1 - \frac{2\,p'}{9\,p_e}\right) + \frac{4\,p'}{2}\left(1 - \frac{p'}{9\,p_e}\right)}{6} =$$

$$\frac{\frac{9\,p_e\,p' - 2\,p'}{9\,p_e} + \frac{36\,p_e\,p' - 4\,p'_2}{18\,p_e}}{6} = \frac{18\,p_e\,p' - 4\,p'^2 + 36\,p_e\,p' - 4\,p'^2}{18\,p_e \times 6} =$$

$$\frac{54\,p_e\,p' - 8\,p'^2}{108\,p_e} = \frac{p'}{2} - \frac{2\,p'^2}{27\,p_e} = \frac{p'}{2}\left(1 - \frac{4\,p'}{27\,p_e}\right) \quad (250)$$

En remplaçant dans cette formule p_e par sa valeur $\frac{p}{n}$ on trouve

$$p_z = \frac{p'}{2}\left(1 - \frac{4\,p'\,n}{27\,p}\right) \quad (251)$$

Valeur de c. — Nous avons trouvé (formule 245)

$$c = \frac{a\,(4 - u)}{12 - 4\,u}$$

et nous savons que

$$u = \frac{i_b}{i}$$

de même que

$$i_b = \frac{9\ p_e}{4\ E'}\left(1 - \sqrt{1 - \frac{8\ p}{9\ p_e}}\right) \quad \text{et} \quad i = \frac{9\ p_e}{4\ E'}$$

d'où on a

$$u = \frac{i_b}{i} = \frac{\frac{9\ p_e}{4\ E'}}{\frac{9\ p_e}{4\ E'}}\left(1 - \sqrt{1 - \frac{8\ p}{9\ p_e}}\right) = 1 - \sqrt{1 - \frac{8\ p}{9\ p_e}}$$

et comme

$$\frac{p}{p_e} = n$$

on trouve

$$u = 1 - \sqrt{1 - \frac{8\ n}{9}} \qquad (252)$$

Section du métal. — Ecrivons l'équilibre des efforts de traction et de compression dans la poutre

$$e\ a\ p_z = s\ r$$

d'où

$$s = \frac{e\ a\ p_z}{r} \qquad (253)$$

Transformons les formules ci-dessus en prenant $n = 0,28$ d'après la circulaire française. — (Formule 246)

$$a = \frac{m\ p'\ h'}{r + m\ p'}$$

mais

$$p' = \frac{9\ p}{4\ n}\left(1 - \sqrt{1 - \frac{8\ n}{9}}\right) =$$

$$\frac{9\ p}{4 \times 0,28}\left(1 - \sqrt{1 - \frac{8 \times 0,28}{9}}\right) = 1,076\ p$$

Remplaçons cette valeur dans celle de a formule (246) on a

$$a = \frac{m \times 1,076\ p\ h'}{r + 1,076\ p\ m}$$

Eliminons en divisant le numérateur et le dénominnteur par p et en remplaçant le rapport r/p par K, on aura

$$a = \frac{\frac{m \times 1,076\ p\ h'}{p}}{\frac{r + 1,076\ p\ m}{p}} = \frac{1,076\ m\ h'}{K + 1,076\ m} \qquad (254)$$

$$\frac{i_b}{i} = u = 1 - \sqrt{1 - \frac{8\ n}{9}} = 1 - \sqrt{1 - \frac{8 \times 0,28}{9}} = 0,13334$$

D'où

$$u = 0,13334 \qquad (255)$$

La formule 245

$$c = \frac{a\ (4 - u)}{12 - 4\ u} \quad \text{devient} \quad \frac{a\ (4 - 0,13334)}{12 - (4 \times 0,13334)} = 0,337\ a \qquad (256)$$

$$c = \frac{0,337 \times 1,076\ p\ m\ h'}{r \times 1,076\ p\ m} = \frac{0,362\ p\ m\ h'}{r + 1,076\ p\ m} \quad (257)$$

La formule 251 donnant le taux moyen du béton

$$p_z = \frac{p_1}{2}\left(1 - \frac{4\ p'\ n}{27\ p}\right)$$

devient en remplaçant p' par 1,076 p et n par 0,28

$$p_z = \frac{1,076\ p}{2}\left(1 - \frac{4 \times 1,076\ p \times 0,28}{27\ p}\right) = 0,514\ p \quad (258)$$

La formule 249 donnant le moment $M = p_z\ a\ e\ (h' - c)$

$$h' - c = h' - \frac{0,362\ p\ m\ h'}{r + 1,076\ p\ m} = \frac{h'\ r + 1,076\ p\ m\ h' - 0,362\ p\ m\ h'}{r + 1,076\ p\ m}$$

$$h' - c = \frac{h'\ (r + 0,714\ m\ p)}{r + 1,076\ p\ m}$$

En remplaçant les lettres par leurs valeurs on a

$$M = 0,514\ p \times e \times \frac{m \times 1,076\ p\ h'}{r + 1,076\ p\ m} \times \frac{h'\ (r + 0,714\ m\ p)}{r + 1,076\ p\ m} =$$

$$e\ h'^2 \left(\frac{0,553\ p^2\ m\ (r + 0,714\ p\ m)}{(r + 1,076\ p\ m)^2}\right) \quad (259)$$

Section métal

$$s = \frac{e\ a\ p_z}{r} = \frac{e \times 0,514\ p \times 1,076\ p\ m\ h'}{r\ (r + 1,076\ p\ m)} =$$

$$e\ h'\left(\frac{0,553\ m\ p^2}{r\ (r + 1,076\ p\ m)}\right) \quad (260)$$

Dans la valeur de M et de s les termes entre parenthèses peuvent être calculés à l'avance pour en déterminer des tableaux.

Poutre à armature comprimée. — (Fig. 77.) — L'équilibre des efforts de compression et de traction est donné par

$$e\ a\ p_z + r'\ s' = r\ s \quad (261)$$

De par les triangles semblables et en remarquant que A B $= m\ p'$ on trouve

$$\frac{m\ p'}{r} = \frac{a}{\text{O F}} = \frac{a}{h' - a}$$

qui permet de trouver le taux de l'armature tendue

$$r = \frac{m\ p'\ h' - m\ p'\ a}{a} = \frac{m\ p'\ (h' - a)}{a} \quad (262)$$

On trouve également le taux de l'armature comprimée par la relation

$$\frac{m\ p'}{r} = \frac{a}{\text{A D}} = \frac{a}{a - c'} \quad \text{d'où} \quad r' = \frac{m\ p'\ (a - c')}{a} \quad (263)$$

Remplaçons r et r' dans l'équilibre des forces formule (261) on a

$$a\ e\ p_z + \frac{m\ p'\ (a - c')}{a}\ s' = \frac{m\ p'\ (h' - a)}{a}\ s \quad (264)$$

Faisons $n = 0,28$ nous avons trouvé

(form. 258) $p_z = 0,514\ p$ (form. 246) $p' = 1,076\ p$ et (form. 256) $c = 0,337\ a$

Remplaçons ces valeurs dans (264) on a

$$e\,a \times 0,514\ p + \frac{1,076\ p\ m\ s'\ (a' - c')}{a} = \frac{1,076\ p\ m\ s\ (h' - a)}{a}$$

Transformons on a

$$0,514\ e\ a^2\ p + 1,076\ p\ m\ s'\ (a - c') - 1,076\ p\ m\ s\ (h' - a) = 0$$

ou

$$0,514\ a^2\ e\ p + 1,076\ p\ a\ m\ s' - 1,076\ p\ m\ s'\ c' - 1,076\ p\ m\ s\ h' + 1,076\ p\ m\ s\ a = 0$$

on a

$$a^2 + \frac{1,076\ p\ m\ a\ (s' + s)}{0,514\ e\ p} - \frac{1,076\ p\ m\ (s'\ c' + s\ h')}{0,514\ e\ p} = 0$$

$$a^2 + \frac{a \times 1,076\ m\ (s' + s)}{0,514\ e} - \frac{1,076\ m\ (s'\ c' + s\ h')}{0,514\ e} = 0$$

Equation du second degré qui donne

$$a = -\frac{1,076\ m\ (s' + s)}{1,028\ e} \pm \sqrt{\frac{1,076\ m\ (s' + s)^2}{1,028\ e} + \frac{1,076\ m\ (s\ h' + s'\ c')}{0,514\ e}}$$

$$a = -\frac{1,076\ m\ (s' + s)}{1,028\ e} \pm$$

$$\sqrt{\left[\frac{1,076\ m\ (s' + s)}{1,028\ e}\right]^2 + \frac{1,076\ m\ (s\ h' + s'\ c') \times 2 \times 1,028\ e}{0,514\ e \times 2 \times 1,028\ e}}$$

$$a = \frac{-1,076\ m\ (s' + s) \pm \sqrt{1,157\ m^2\ (s' + s)^2 + 2,212\ m\ e\ (s\ h' + s'\ c')}}{1,028\ e}$$

$$a = \frac{1,076\ m}{1,028\ e}\left[-(s' + s) + \sqrt{(s' + s)^2 + \frac{(s\ h' + s'\ c')\ 2,056\ e}{1,076\ m}}\right] \quad (265)$$

L'équilibre des moments intérieur et extérieur est donné par

$$M = a\ p_z\ e\ (h' - c) + s'\ r'\ (h' - c') \quad (266)$$

mais

$$r' = \frac{m\ p'\ (a - c')}{a}\ ; \quad p' = 1,076\ p\ ; \quad p_z = 0,514\ \text{p} \quad \text{et} \quad c = 0,337\ a$$

Remplaçons ces diverses valeurs dans la formule (266) on a

$$M = a \times 0,514\ p\ e\ (h' - c) + \frac{s'\ m \times 1,076\ p\ (a - c')\ (h' - c')}{a}$$

$$M = a\ e \times 0,514\ p\ (h' - 0,337\ a) + \frac{s'\ m \times 1,076\ p\ (a - c')\ (h' - c')}{a}$$

$$M = \frac{p}{a}\left[0,514\ e\ a^2\ (h' - 0,337\ a) + 1,076\ m\ s'\ (a - c')\ (h' - c')\right] \quad (267)$$

Le terme entre [ ] représente le moment d'inertie de la section.

De la formule (267) on tire

$$p = \frac{M\ a}{0{,}514\ e\ a^2\ (h' - 0{,}377\ a) + 1{,}076\ m\ s'\ (a - c')\ (h' - c')} = \frac{M\ a}{I} \quad (268)$$

Travail du métal à compression est

$$r' = \frac{m\ p'\ (a - c')}{a} = \frac{1{,}076\ m\ p\ (a - c')}{a} \quad (269)$$

Travail du métal à traction est

$$r = \frac{m\ p'\ (h' - a)}{a} = \frac{1{,}076\ m\ p\ (h' - a)}{a} \quad (270)$$

Remarque. — Les dimensions que l'on trouve, en employant les formules obtenues avec la répartition des forces élastiques suivant une parabole diffèrent peu de celles que l'on obtient en utilisant les formules données en considérant les forces élastiques réparties suivant la ligne droite.

Pilots. — Les pilots en béton armé sont ligaturés et armaturés mais de préférence frettés et armaturés longitudinalement. La forme la plus convenable est carrée. L'écartement des armatures transversales est de 10 cm. environ vers le milieu du pilot et 5 cm. environ aux extrémités sur 1 mètre de longeur (fig. 78).

Le pilot doit être construit pour résister à la compression provenant de la charge et pour résister parfaitement au battage. En outre, sa résistance à flexion sera suffisante pour être maintenu par son milieu et pour être soulevé par une extrémité lors de la mise en place. Dans ces deux cas, le moment fléchissant est

$$M = \frac{P\ L}{8}$$

P = poids propre du pilot

L = longueur totale du pilot

En effet, pris par son milieu la charge sur la partie en porte à faux est P/2, la longueur du porte à faux est L/2 et le moment est

$$\frac{\frac{P}{2} \times \frac{L}{2}}{2} = \frac{P\ L}{8}$$

Soulevé par une extrémité, l'autre reposant sur le sol, nous avons à faire à une poutre uniformément chargée reposant sur deux appuis et on a

$$M = \frac{P\ L}{8}$$

Prenons $m = 12$ et d = largeur du pilot.

Dimensions sous l'action du moment fléchissant. — Poids du mètre cube de béton = 2500 kg. Le poids total sera $P = 2500 \times L \times d^2$ le mètre étant pris pour unité.

Remplaçons dans la formule $M = \frac{P\ L}{8}$ P par sa valeur, nous aurons

$$M = \frac{P\ L}{8} = \frac{2500 \times L \times d^2 \times L}{8} = 312{,}5\ d^2\ L^2 \quad (271)$$

Les armatures longitudinales sont à 0,1 d des parements. Le taux du béton à compression = 50 kg. celui de l'acier = 1200 kg. par cm²

$$K = \frac{1200}{50} = 24 \quad \text{et} \quad f = \frac{s'}{s} = 1$$

l'armature étant symétrique.

La largeur d'un pilot est donnée par la formule (51)

$$e = \frac{M\,(6\,K - 4\,m\,f)\,(K + m)^2}{p\,h'^2\,m\,K\,(3\,K + 2\,m)}$$

Remplaçons les lettres par leur valeur ; l'unité étant le mètre on a

$$e = \frac{312{,}5\ L^2\ d^2\ \left|(6 \times 24) - (4 \times 12 \times 1)\ (24 + 12)^2\right|}{500{,}000 \times (0{,}9\ d)^2 \times 12 \times 24\ \left[(3 \times 24) + (2 \times 12)\right]} = 0{,}00348\ L^2 \qquad (272)$$

Si on prenait $m = 15$ au lieu de 12 on trouverait $e = 0{,}0027\ L^2$

Pour une longueur de pilot de 10 mètres, m étant 12 on trouve

$$e \text{ ou } d = 0{,}00348 \times 10 \times 10 = 0^m348$$

Si nous admettons un prisme fretté et si nous prenons un taux de travail de 60 kg. par centimètre carré on trouve

$$K = \frac{r}{p_1} = \frac{1200}{60} = 20$$

alors la formule du pilot devient en remplaçant dans la formule 51

$$e = \frac{312{,}5\ L^2\ d^3\ \left|(6 \times 20) - (4 \times 12 \times 1)\ (20 + 12)^2\right|}{500{,}000\ (0{,}9\ d)^2 \times 12 \times 20\ \left[(3 \times 20) + (2 \times 12)\right]} = 0{,}0028\ L^2 \qquad (273)$$

Si nous prenions $m = 15$, e dans ces conditions serait égal à

$$e = \frac{312{,}5\ L^2\ d^2\ \left[(6 \times 20) - (4 \times 15 \times 1)\right]\ (20 + 15)^2}{500{,}000\ (0{,}9\ d)^2 \times 12 \times 20\ \left[(3 \times 20) + (2 \times 15)\right]} = 0{,}0026\ L^2 \qquad (274)$$

Sections des armatures tendues. On néglige les armatures se trouvant près de la fibre neutre. Le béton peut travailler au taux de 50 kg. et le rapport M = 12.

Le pourcentage des armatures $f = \frac{s'}{s} = 1$

$$s = \frac{M}{r\,h''} = \frac{312{,}5\ L^2\ d^2}{1200 \times 10{,}000 \times 0{,}889 \times 0{,}9\ d} = 0{,}0000326\ L^2\ d^2 \qquad (275)$$

On multiplie le dénominateur par 10,000 pour ramener le taux de travail du fer au mètre carré.

La valeur de h'' est donnée par

$$h'' = h' - \frac{a}{3} = \frac{3\,h' - a}{3} = 3\,h' - \frac{h'\,m}{3\,(K + m)} = h'\left(3 - \frac{m}{3\,(K + m)}\right) =$$

$$h'\left(3 - \frac{12}{3\,(24 + 12)}\right) = 0{,}889\ h' \qquad (276)$$

Pilot devant résister à une poussée horizontale, indépendamment de la charge. — Ces pilots sont destinés à empêcher le glissement du mur sous l'action de la poussée horizontale (fig. 79.)

Soit S la section réelle du pilot et F le pourcentage en fer.

La section fictive sera $S' = S \left| 1 + (m - 1) F \right|$

Si P représente la charge de compression le taux de travail sera donné par $p' = \frac{P}{s'}$

Admettons p comme coefficient total à compression. Il restera pour la flexion un taux disponible de $p - p'$

De cette façon nous pourrons écrire la formule

$$\frac{M\ a}{I} = p - p'$$

dans laquelle M = moment fléchissant

a = distance de la fibre neutre au parement comprimé

I = moment d'inertie de la section

Ce moment d'inertie serait donné par la formule 6, page 22

$$I = \frac{s'\ d^2}{10{,}000\ \overline{G}}$$

(La section pouvant être considérée à armature symétrique nous verrons dans la flexion composée que le moment d'inertie sera encore égal à

$$\frac{h^3\ e}{12} + 2\ m\ s\ u^2$$

formule 391 en remarquant que pour le cas le pilot carré $h = e$).

De la formule $\frac{M\ a}{I} = p - p'$ on peut tirer l'effort horizontal Q que peut supporter le pilot, en admettant que h soit la distance de la tête du pilot jusqu'à la partie de celui-ci que l'on peut considérer comme encastrée dans le bon terrain.

Sous l'action de la poussée Q le pilot prendra une certaine courbure en l'admettant comme poutre encastrée à une extrémité et à l'autre également encastrée mais pouvant glisser.

Dans ces conditions le point d'inflexion se trouvant à une distance $\frac{h}{2}$ nous pouvons poser

$$\frac{M\ a}{I} = p - p' \quad \text{d'ou} \quad \frac{(p - p')\ I}{a} = M = \frac{Q\ h}{2}$$

D'où on tire la valeur de la poussée Q que peut supporter un pilot

$$Q = \frac{M\ h}{2}$$

Pilots inclinés. — (Fig. 80). — Quand la poussée horizontale est très grande et pour éviter le trop grand nombre de pilots on fonce obliquement certains pieux.

La direction de la résultante des actions sur le mur étant connue, on la décompose suivant la direction des pilots verticaux et des pilots inclinés, que l'on calcule alors pour leurs charges respectives R_1 et R_2

L'inclinaison des pilots est de 20 à 25° par rapport à la verticale.

Quelquefois pour résister à la poussée on fonce des pilots en arrière du mur que l'on relie aux pilots sous mur par une dalle ou par des poutres (fig. 80.) Celles-ci sont calculées pour la tension maximum qui leur est transmise et pour l'action résultant de leur poids propre, du poids des terres et de la surcharge.

Battage des pilots.— Les pilots sont ordinairement battus jusqu'à refus au moyen d'un mouton pesant environ 2000 kg. et tombant ordinairement de 1 m. de hauteur.

Pour déterminer le refus nécessaire pour qu'un pilot puisse supporter avec sécurité une charge déterminée on se sert de la formule « hollandaise »

$$P = \frac{h\ Q^2}{K\ e\ (q + Q)} \qquad (277)$$

P = charge du pilot (ordinairement 30 à 35 tonnes)
h = hauteur de chute (ordinairement 1 m.)
K = coefficient de sécurité (ordinairement 5 à 6)
Q = poids du mouton
q = poids propre du pilot
e = enfoncement du pieu au dernier coup de mouton

Si on fait Q = 2000 kg. $h = 1$ m. et K = 5, l'enfoncement au dernier coup de mouton sera donné de la formule 277 et on aura

$$e = \frac{1 \times 2000^2}{5\ P\ (q + Q)}$$

POUTRE EN FORME DE T

Poutre légèrement armée. — Nous envisagerons d'abord la nervure sous la semelle et en outre qu'elle soit tendue, donc semelle comprimée. Pour une pièce encastrée aux deux bouts cette condition ne se présente que dans la partie centrale, la semelle étant à la partie supérieure.

Soit indépendamment des désignations reprises pour les sections rectangulaires

l = la largeur de la semelle
et j = épaisseur de la semelle (fig. 81)

Il y a 3 cas à envisager suivant la position de la fibre neutre.

Nous considérons d'abord la fibre neutre au-dessus de la face inférieure de la semelle.

Pour ce cas, les formules établies pour les sections rectangulaires sont applicables. En effet, on peut assimiler la section à un rectangle de largeur l, puisque la partie en-dessous de la fibre neutre, sur laquelle porte la différence, est tendue, et que nous avons admis comme ne pouvant pas intervenir. (Le béton ne résistant pas à traction).

Pour le cas d'armature double les formules deviendront

$$\frac{a^2\ l}{2} + m\ (s'\ b' - s\ b = 0 \qquad (278)$$

En effet les forces de compression et de traction sont égales et nous avons

$$\frac{a\ l\ p}{2} + r'\ s' - r\ s \quad \text{mais} \quad r' - \frac{p\ m\ b'}{a} \quad \text{et} \quad r = \frac{p\ m\ b}{a}$$

d'où en remplaçant on trouve

$$\frac{a\ l\ p}{2} + \frac{p\ m\ b'\ s'}{a} = \frac{p\ m\ b\ s}{a} \quad \text{ou} \quad \frac{a^2\ l}{2} + m\ (s'\ b' - s\ b) = 0$$

L'équilibre des moments donne

$$M = \frac{a\ l\ p}{2} \times \frac{2\ a}{3} + \frac{p\ m\ b'^2\ s'}{a} + \frac{p\ m\ b^2\ s}{a}$$

ou

$$M\ a = \frac{a^3\ l\ p}{3} + p\ m\ b'^2\ s' + p\ m\ b\ s$$

$$M\ a = p\left[\frac{a^3\ l}{3} + m\ (b'^2\ s' + b^2\ s)\right]$$

$$M = \frac{p}{a}\left[\frac{a^3\ l}{3} + m\ (b'^2\ s' + b^2\ s)\right] = \frac{p}{a}\ \mathrm{I} \qquad (279)$$

D'où

$$\mathrm{I} = \frac{a^3\ l}{3} + m\ (b'^2\ s' + b^2\ s) \qquad (279')$$

ou moment d'inertie de la section. Mais

$$a + b = h' = h - d \qquad b' = a - c \qquad \text{et } b = h' - a$$

En remplaçant dans (278) les valeurs de b' et de b on trouve

$$a = -\frac{m\ (s' + s)}{l} - \sqrt{\left[\frac{m\ (s' + s)}{l}\right]^2 + \frac{2\ m\ (s'\ c + s\ h')}{l}} \qquad (280)$$

(Voir développement semblable pages n°s 34 et 35).

Le deuxième cas, la fibre neutre se trouve au niveau de la face inférieure de la semelle. Nous nous trouvons dans le même cas que ci-dessus et de plus $a = j$.

Si maintenant, la fibre neutre vient en-dessous de la semelle, la partie comprimée n'est plus uniforme, elle est démaigrie et les formules seront à modifier en conséquence.

Recherchons le taux de travail du béton à la fibre inférieure de la semelle. Les triangles semblables donnent (fig. 81)

$$\frac{p}{x} = \frac{a}{a - j} \qquad \text{d'où} \qquad x = \frac{p\ (a - j)}{a}$$

Le coefficient de travail moyen du béton sous la fibre inférieure de la semelle, jusqu'à la fibre neutre est

$$\frac{p\ (a - j)}{2\ a}$$

L'équilibre des efforts de tension et de compression donne en tenant compte de la diminution de la section à compression

$$\left(\frac{p}{2} \times a\ l\right) - \left(\frac{p\ (a - j)}{2\ a}\right) \times (a - j)\ (l - e) + r'\ s' = r\ s$$

mais

$$r' = \frac{p\ m\ b'}{a} \qquad \text{et} \qquad r = \frac{p\ m\ b}{a}$$

d'où on a

$$\frac{a\ l\ p}{2} - \frac{p\ (a - j)^2\ (l - e)}{2\ a} + \frac{p\ m\ b'\ s'}{a} = \frac{p\ m\ b\ s}{a}$$

multiplions tous les termes par a on a

$$\frac{a^2\, l\, p}{2} - \frac{p\,(a-j)^2\,(l-e)}{2} + p\, m\, b'\, s' = p\, m\, b\, s$$

simplifions tous les termes par p

$$\frac{a^2\, l}{2} - \frac{(a-j)^2\,(l-e)}{2} + m\, b'\, s' = m\, b\, s \qquad (281)$$

nous savons aussi que $\qquad b = h' - a \qquad$ et $\qquad b' = a - c$

on a en remplaçant ces valeurs

$$\frac{a^2\, l}{2} - \frac{(a-j)^2\,(l-e)}{2} + m\, s'\,(a-c) = m\, s\,(h'-a)$$

$$\frac{a^2\, l}{2} - \frac{(a-j)^2\,(l-e)}{2} + m\, s'\, a - m\, s'\, c - m\, s\, h' + m\, s\, a = 0$$

Développons le second terme

$$\frac{a^2\, l}{2} - \frac{(a^2\, l - 2\, a\, l\, j + l\, j^2 - a^2\, e + 2\, a\, e\, j - e\, j^2)}{2} +$$

$$m\, s'\, a - m\, s'\, c - m\, s\, h' + m\, s\, a = 0$$

Simplifions et mettons tous les termes en a en évidence

$$a^2\, e + a\left[2\, l\, j - 2\, e\, j + 2\, m\, s' + 2\, m\, s\right] -$$

$$l\, j^2 + e\, j^2 - 2\, m\, s'\, c - 2\, m\, s\, h' = 0$$

$$a^2\, e + a\left[2\, j\,(l-e) + 2\, m\,(s'+s)\right] - j^2\,(l-e) - 2\, m\,(s'\, c + s\, h') = 0$$

$$a^2 + \frac{a\left[2\, j\,(l-e) + 2\, m\,(s'+s)\right]}{e} - \frac{j^2\,(l-e)}{e} -$$

$$\frac{2\, m\,(s'\, c + s\, h')}{e} = 0$$

$$a = -\frac{j\,(l-e) + m\,(s'+s)}{e} +$$

$$\sqrt{\left[\frac{j\,(l-e) + m\,(s'+s)}{e}\right]^2 + \frac{j^2\,(l-e)}{e} + \frac{2\, m\,(s'\, c + s\, h')}{e}} \qquad (282)$$

Ecrivons maintenant l'équilibre des moments par rapport à la fibre neutre, on a

$$M = \left(\frac{a\, l\, p}{2} \times \frac{2\, a}{3}\right) - \left[\frac{p\,(a-j)^2\,(l-e)}{2\, a} \times \frac{2}{3}\,(a-j)\right] +$$

$$\left(\frac{p\, m\, b'\, s'}{a} \times b'\right) + \left(\frac{p\, m\, b\, s}{a} \times b\right)$$

$$M = \frac{a^2\, l\, p}{3} - \frac{p\,(a-j)^3\,(l-e)}{3\, a} + \frac{p\, m\, b'^2\, s'}{a} + \frac{p\, m\, b^2\, s}{a}$$

Multiplions tous les termes par a et mettons p en évidence

$$M\ a = p \left[\frac{a^3\ l}{3} - \frac{(a - j)^3\ (l - e)}{3} + m\ b'^2\ s' + m\ b^2\ s \right]$$

$$M\ a = p \left[\frac{a^3\ l}{3} - \frac{(a - j)^3\ (l - e)}{3} + m\ (b'^2\ s' + b^2\ s) \right]$$

$$M = \frac{p}{a} \left[\frac{a^3\ l}{3} - \frac{(a - j)^3\ (l - e)}{3} + m\ (b'^2\ s' + b^2\ s) \right] \quad (283)$$

d'où

$$p = \frac{M\ a}{\frac{a^3\ l}{3} - \frac{(a - j)^3\ (l - e)}{3} + m\ (b'^2\ s' + b^2\ s)} = \frac{M\ a}{I} \quad (284)$$

D'où le moment d'inertie

$$I = \frac{a^3\ l}{3} - \frac{(a - j)^3\ (l - e)}{3} + m\ (b'^2\ s' + b^2\ s) \quad (285)$$

Pour déterminer les taux de travail engendrés dans une section donnée d'une poutre en T et pour une charge déterminée, on doit rechercher la position de la fibre neutre. On détermine donc la valeur a comme dans une poutre rectangulaire

$$a = - \frac{m\ (s' + s)}{l} + \sqrt{\frac{m^2\ (s' + s)^2}{l^2} + \frac{2\ m}{l}\ (s'\ c + s\ h')} \quad (286)$$

Si la valeur trouvée par a est égale ou plus petite que j c'est que la formule est applicable et l'on peut déterminer le taux de travail du béton par

$$p = \frac{M\ a}{\frac{a^3\ l}{3} + m\ (s'\ b'^2 + s\ b^2)} \quad \text{(286) de la formule 279}$$

Les taux de travail du métal sont

$$r' = \frac{p\ m\ b'}{a} \quad \text{et} \quad r = \frac{p\ m\ b}{a}$$

Si au contraire a est plus grand que j on recommence les calculs et la fibre neutre est donnée par la formule 282

$$a = - \frac{j\ (l - e) + m\ (s' + s)}{e} + \sqrt{\left[\frac{j\ (l - e) + m\ (s' + s)}{e} \right]^2 + \frac{j^2\ (l - e)}{e} + \frac{2\ m\ (s'\ c + s\ h')}{e}}$$

Travail de l'armature comprimée $= r' = \dfrac{p\ m\ b'}{a}$

Travail de l'armature tendue $= r = \dfrac{p\ m\ b}{a}$

Même section en T mais on néglige la partie comprimée de la nervure. — Les formules ci-dessus se simplifient, transformation admissible, la surface, le taux de travail et le bras de levier de cette partie étant généralement faibles.

En ce cas la valeur de a prendra la valeur suivante car dans ce cas $e = 0$, on a

$$\frac{a\ l\ p}{2} - \frac{p\ (a-j)^2\ l}{2\ a} + r'\ s' = r\ s \quad \text{où} \quad \frac{a\ l\ p}{2} - \frac{p\ (a-j)^2\ l}{2\ a} + \frac{p\ m\ b'\ s'}{a} = \frac{p\ m\ b\ s}{a}$$

multiplions tous les termes par a

$$\frac{a^2\ l\ p}{2} - \frac{p\ (a-j)^2\ l}{2\ a} + p\ m\ b'\ s' = p\ m\ b\ s$$

effectuons les opérations au second terme

$$\frac{a^2\ l\ p}{2} - \frac{p\ a^2\ l}{2} + \frac{2\ p\ a\ j\ l}{2} - \frac{p\ j^2\ l}{2} + p\ m\ b'\ s' - p\ m\ b\ s = 0$$

simplifions par p

$$a\ j\ l - \frac{j^2\ l}{2} + m\ b'\ s' - m\ b\ s = 0$$

$$a\ j\ l = \frac{j^2\ l}{2} - m\ (b'\ s' - b\ s)$$

$$a = \frac{j^2\ l}{2\ j\ l} - \frac{m}{j\ l}\ (b'\ s' - b\ s) \quad \text{où} \quad a = \frac{j}{2} - \frac{m}{j\ l}\ (b'\ s' - b\ s) \qquad (287)$$

On a aussi en remplaçant b' et b par leur valeur

$$b' = a - c \qquad \text{et} \qquad b = h' - a$$

$$a = \frac{j}{2} - \frac{m}{j\ l}\ (a\ s' - s'\ c - h'\ s + a\ s) = \frac{j}{2}\ \frac{m}{j\ l}\ a\ (s' + s) - s'\ c - h'\ s$$

$$2\ a\ j\ l = j^2\ l - 2\ m\ \left[a\ (s' + s) - s'\ c - h'\ s\right]$$

$$2\ a\ j\ l + 2\ m\left[a\ (s' + s)\right] = j^2\ l - 2\ m\ (-\ s'\ c - s\ h')$$

ou $$2\ a\ j\ l + 2\ m\ a\ (s' + s) = j^2\ l + 2\ m\ (s'\ c + s\ h')$$

ou $$a\left[2\ j\ l + 2\ m\ (s' + s)\right] = j^2\ l + 2\ m\ (s'\ c + s\ h').$$

ou $$a = \frac{j^2\ l + 2\ m\ (s'\ c + s\ h')}{2\ j\ l + 2\ m\ (s' + s)}$$

Simplifions les termes du 2me membre par 2, on a

$$a = \frac{j^2\ l + m\ (s'\ c + s\ h')}{j\ l + m\ (s' + s)} \qquad (288)$$

Etablissons l'équilibre des moments

$$M = \left(\frac{a\ l\ p}{2} \times \frac{2\ a}{3}\right) - \left[\frac{p\ (a-j)^2\ l}{2\ a} \times \frac{2}{3}\ (a - j)\right] + \left(\frac{p\ m\ b'\ s'}{a} \times b'\right) + \left(\frac{p\ m\ b\ s}{a} \times b\right)$$

Multiplions les deux membres par a.

$$M\ a = \frac{a^3\ l\ p}{3} - \frac{p\ (a - j)^3\ l}{3} + p\ m\ b'^2\ s' + p\ m\ b^2\ s$$

Mettons p en évidence

$$M\ a = p \left[\frac{a^3\ l}{3} - \frac{(a - j)^3\ l}{3} + m\ b'^2\ s' + m\ b^2\ s \right]$$

$$M = \frac{p}{a} \left[\frac{a^3\ l}{3} - \frac{(a - j)^3\ l}{3} + m\ b'^2\ s' + m\ b^2\ s \right] \quad (289)$$

d'où

$$p = \frac{M\ a}{\frac{a^3\ l}{3} - \frac{(a - j)^3\ l}{3} + m\ b'^2\ s' + m\ b^2\ s} = \frac{M\ a}{I} \quad (290)$$

D'où le moment d'inertie de la section

$$I = \frac{a^3\ l}{3} - \frac{(a - j)^3\ l}{3} + m\ b'^2\ s' + m\ b^2\ s$$

$$I = \frac{l}{3} \left[a^3 - (a - j)^3 + m\ (b'^2\ s' + b^2\ s) \right] \quad (291)$$

Si la section n'est pas armée en compression, nous avons $s' = 0$; en reprenant les formules précédentes et en faisant tous les termes en $s' = 0$, on a

$$a = \frac{\frac{l\ j^2}{2} + m\ s\ h'}{l\ j + m\ s} \quad (292)$$

$$M = \frac{p}{a} \left[\frac{a^3\ l}{3} - \frac{(a - j)^3\ l}{3} + m\ b^2\ s \right] \quad (293)$$

et

$$I = \frac{l}{3} \left[a^3 - (a - j)^3 + m\ s\ b^2 \right] \quad (294)$$

Effort de glissement. — Les valeurs trouvées pour la poutre rectangulaire relativement au cisaillement, restent les mêmes si l'on donne au moment d'inertie les valeurs trouvées par les formules 279' et 284 en prenant pour e la largeur du béton au cisaillement. Sur la hauteur de la semelle, cette largeur est l et, sur la hauteur de la nervure, elle sera représentée par e. Mais les efforts de glissement étant beaucoup inférieurs dans la semelle à ceux qui sollicitent la nervure, il suffira de considérer ceux-ci.

La valeur maximum est

$$g = \frac{T}{I\ e}\ m\ b\ s \quad (295)$$

Si la pièce est renforcée par des liens métalliques transversaux, étriers, etc., ceux-ci se calculeront par

$$r_c = \frac{M - M'}{I . N\ s''}\ m\ b\ s \quad (295')$$

Dans le cas d'armature courbe les expressions T et M se remplacent par les valeurs indiquées

T = T — $r\ s$ tang. α (102) où (M — M) — $r\ s\ d$ tang. α (112)

Armature simple. — Si la poutre porte seulement des armatures dans la partie tendue et si la fibre neutre passe dans la semelle ou si elle coïncide avec la face inférieure, les formules pour les tensions longitudinales sont les mêmes que pour une poutre rectangulaire dans lesquelles on fait $e = l$

on a

$$\frac{a\ l\ p}{2} = \frac{p\ m\ s\ b}{a} \qquad (296)$$

d'où

$$\frac{a^2\ l}{2} = m\ b\ s \qquad (297)$$

en faisant $b = h' - a$ on trouve $a = -\frac{m\ s}{l} + \sqrt{\left(\frac{m\ s}{l}\right)^2 + \frac{2\ m\ s\ h'}{l}}$ (298)

$$r = \frac{p\ m\ b}{a}$$

et

$$a + b = h' = h - c$$

On a aussi

$$M = \frac{p\ a\ l}{6}\ (3\ h' - a) \qquad (299)$$

Pour rechercher la valeur de l multiplions les deux membres de l'égalité 299 par a on a

$$M\ a = \frac{p\ a^2\ l}{6}\ (3\ h' - a)$$

d'où

$$p = \frac{M\ a}{\frac{a^2\ l}{6}\ (3\ h' - a)}$$

donc

$$I = \frac{a^2\ l}{6}\ (3\ h' - a) \qquad (300)$$

Remplaçons h' par $(b + a)$

$$I = \frac{a^2\ l}{6}\ (3\ b + 3\ a - a)$$

$$I = \frac{a^2\ l}{6}\ (2\ a + 3\ b)$$

$$I = \frac{2\ a^3\ l + 3\ a^2\ b\ l}{6} = \frac{a^3\ l}{3} + \frac{a^2\ b\ l}{2}$$

mais d'après la formule 297 nous voyons que

$$\frac{a^2\ l}{2} = m\ b\ s$$

d'où on a

$$I = \frac{a^3\ l}{3} + m\ b^2\ s \qquad (301)$$

Quand la fibre neutre traverse la nervure on trouve

Equilibre des efforts

$$\frac{a\ l\ p}{2} - \frac{p\ (a - j)^2\ (l - e)}{2\ a} = \frac{p\ m\ b\ s}{a} = r\ s$$

multiplions tous les termes a et simplifions par p

$$\frac{a^2\ l}{2} - \frac{(a-j)^2\ (l-e)}{2} = m\ b\ s \qquad (302)$$

$$\frac{a^2\ l}{2} - \frac{a^2\ l}{2} + \frac{2\ a\ j\ l}{2} - \frac{l\ j^2}{2} + \frac{a^2\ e}{2} - \frac{2\ a\ j\ e}{2} + \frac{e\ j^2}{2} - m\ b\ s = 0$$

$$a^2\ l - a^2\ l + 2\ a\ j\ l - l\ j^2 + a^2 e - 2\ a\ j\ e + e\ j^2 - 2\ m\ b\ s = 0$$

remplaçons b par sa valeur $h' - a$, on trouve

$$a^2\ e + 2\ a\ j\ l - 2\ a\ j\ e - l\ j^2 + e\ j^2 - 2\ m\ h'\ s + 2\ m\ s\ a = 0$$

$$a^2\ e + 2\ a \left[j\ (l-e) + m\ s \right] - j^2\ (l-e) - 2\ m\ h'\ s = 0$$

$$a^2 + \frac{2\ a \left[j\ (l-e) + m\ s \right]}{e} - \frac{j^2\ (l-e)}{e} - \frac{2\ m\ h'\ s}{e} = 0$$

$$a = -\frac{j\ (l-e) + m\ s}{e} + \sqrt{\left[\frac{j\ (l-e) + m\ s}{e}\right]^2 + \frac{2}{e}\left[\frac{j^2}{2}\ (l-e) + m\ h'\ s\right]} \qquad (303)$$

Valeur du moment M en considérant la partie de nervure à compression. — Etablissons l'équilibre des moments par rapport à l'axe de l'armature tendue.

Le moment total des forces de compression du béton est

$$\frac{a\ l\ p}{2}\left(h' - \frac{a}{3}\right)$$

de ce moment on doit déduire le moment des forces de compression à droite et à gauche de la nervure, donc les deux parties allant de la face inférieure de la semelle jusqu'à la fibre neutre, c'est-à-dire de la surface $(l-e)\ (a-j)$

Le taux de travail moyen sur cette surface est

$$\frac{p\ (a-j)}{2\ a}$$

et l'effort total sera

$$\frac{p\ (a-j)}{2\ a}\ (l-e)\ (a-j)$$

La valeur du bras de levier du centre de pression de cet effort jusqu'à l'armature tendue est

$$h' - j - \frac{(a-j)}{3} = \frac{3\ h' - 3\ j - a + j}{3} = \frac{3\ h' - 2\ j - a}{3}$$

Le moment à déduire sera donc

$$\frac{p\ (a-j)}{2\ a}\ (l-e)\ (a-j) \times \left(\frac{3\ h' - 2\ j - a}{3}\right)$$

En calculant les moments par rapport à l'axe passant par l'armature tendue, l'effort de traction ne donne pas de moment son bras de levier étant nul et le moment intérieur total devant faire équilibre au moment extérieur est donné par l'effort de compression dans le béton, on a

$$M = \frac{a\ l\ p}{2}\left(h' - \frac{a}{3}\right) - \left[\frac{p\ (a-j)^2\ (l-e)}{2\ a} \times \frac{3\ h' - 2\ j - a}{3}\right]$$

Multiplions les deux membres par a et mettons p en évidence dans le second on trouve

$$M\,a = p\left[\left[\frac{a^2\,l}{2}\left(h' - \frac{a}{3}\right)\right] - \left[\frac{(a-j)^2\,(l-e)}{2} \times \frac{3\,h' - 2\,j - a}{3}\right]\right]$$

$$M\,a = p\left[\frac{a^2\,l\,(3\,h' - a)}{6} - \frac{\left[(a-j)^2\,(l-e)(3\,h' - 2\,j - a)\right]}{6}\right]$$

$$M = \frac{p}{6\,a}\left[a^2\,l\,(3\,h' - a) - \left[(a-j)^2\,(l-e)\,(3\,h' - 2\,j - a)\right]\right] \qquad (304)$$

et le moment d'inertie $I = \dfrac{a^2\,l\,(3\,h' - a) - \left[(a-j)^2\,(l-e)\,(3\,h' - 2\,j - a)\right]}{6}$

(305)

Afin de simplifier les formules, négligeons la portion de béton de la nervure, dans le travail à compression. Nous pouvons sans grande erreur envisager cette suppression, car cette surface est toujours relativement petite et, dans ces conditions, e, dans les formules ci-dessous, deviendra o. On trouve donc, formule 302,

$$\frac{a^2\,l}{2} - \frac{(a-j)^2\,l}{2} = m\,b\,s \qquad \text{ou} \qquad \frac{a^2\,l}{2} - \frac{l\,(a-j)^2}{2} - m\,b\,s = 0$$

Remplaçons b par $h' - a$, on a

$$\frac{a^2\,l}{2} - \frac{l\,(a-j)^2}{2} - m\,s\,h' + m\,s\,a = 0$$

ou, en développant

$$\frac{a^2\,l}{2} - \frac{a^2\,l}{2} + \frac{2\,a\,j\,l}{2} - \frac{j^2\,l}{2} - m\,s\,h' + m\,s\,a = 0$$

de laquelle on tire

$$a = \frac{\dfrac{j^2\,l}{2} + m\,s\,h'}{j\,l + m\,s} \qquad (306)$$

La formule 304 deviendra

$$M = \frac{p}{6\,a}\left[a^2\,l\,(3\,h' - a) - \left[(a-j)^2\,l\,(3\,h' - 2\,j - a)\right]\right] \qquad (307)$$

De même, la formule 305 deviendra

$$I = \frac{a^2\,l\,(3\,h' - a) - \left[(a-j)^2\,l\,(3\,h' - 2\,j - a\right]}{6} \qquad (308)$$

S'il s'agit de vérifier une construction donnée, on traite le cas de la même façon que pour une poutre rectangulaire à armature simple et on détermine la position de la fibre neutre par la formule

$$a = -\frac{m\,s}{l} + \sqrt{\frac{m^2\,s^2}{l^2} + \frac{2\,m\,s\,h'}{l}}$$

Par cette formule, a est égal ou plus petit que j.

Si a est égal ou plus grand que j, on a la position de la fibre neutre par la formule 303.

$$a = -\frac{1}{e} j(l - e) + m s + \sqrt{\frac{1}{e^2}\left[j(l - e + m s\right]^2 + \frac{2}{e}\left[\frac{j^2}{2}(l - e) + m s h'\right]}$$

Dans le premier cas, c'est-à-dire quand a est égal ou plus petit que j, on a

$$p = \frac{6\, M}{a\, l\,(3\, h' - a}$$

et, dans le second cas

$$p = \frac{6\, M\, a}{a^2\, l\,(3\, h' - a) - (a - j)^2\,(l - e)\,(3\, h' - 2\, j - a)}$$

Le taux de travail r est toujours donné par la relation $r = \dfrac{p\, m\, b}{a}$.

Projet de construction. — Soit à atteindre pour p et r les valeurs limites. On doit encore se donner deux des éléments suivants : la largeur l et l'épaisseur j de la semelle ou la hauteur h' de la poutre. Ordinairement, l est imposé par le projet, et l'épaisseur j du hourdis découle de la stabilité de celui-ci.

La face inférieure du hourdis peut aussi descendre à la fibre neutre. Dans tous les cas, on détermine a comme s'il s'agissait d'nne dalle de largeur l; on a

$$a = \sqrt{\frac{6\, M}{p\, l\left(2 + 3\,\dfrac{r}{p\, m}\right)}}$$

si on peut faire j plus grand que a ou $= a$, on détermine, dans la même hypothèse, la valeur de h' et de s par

$$h' = \left(1 + \frac{r}{p\, m}\right) a \qquad \text{et} \qquad s = \frac{p\, a\, l}{2\, r}$$

Si j est imposé et plus petit que a, on opère alors par tâtonnements en se donnant des valeurs de h' dont on déduit a par la formule

$$a = \frac{h'}{1 + \dfrac{r}{p\, m}}$$

puis de reporter ces valeurs dans l'égalité (304)

$$M = \frac{p}{6\, a}\left[a^2\, l\,(3\, h' - a) - a) - \left[(a - j)^2\,(l - e)\,(3\, h' - 2\, j - a)\right]\right]$$

qui doit être vérifiée.

Quand on a obtenu les valeurs de a et h', on en déduit

$$s = \frac{a^2\, l - (a - j)^2\,(l - e)}{2\, m\,(h' - a)}$$

Il faut que l'épaisseur e de la nervure soit telle qu'on puisse y loger l'armature inférieure. Cette épaisseur doit être aussi forte que possible pour résister aux efforts de cisaillement.

Pour les efforts de glissement, on peut appliquer les formules 295 et 295' en posant, pour la fibre neutre dans la semelle ou à la face inférieure

$$I = \frac{1}{6}\, a^2\, l\,(3\, h' - a) \qquad (300)$$

et, pour la fibre neutre en-dessous de la semelle

$$I = \frac{1}{6} a^2 l (3 h' - a) - \frac{1}{6} (a - j)^2 (l - e) (3 h' - 2 j - a) \qquad (305)$$

Lorsque la formule 300 est applicable, les formules 295 et 295′ deviennent

$$g = \frac{T}{e\left(h' - \frac{a}{3}\right)} \qquad r_c = \frac{M - M'}{N s'' \left(h' - \frac{a}{3}\right)}$$

Poutre en T à armature simple. — Nous savons que lorsque l'épaisseur du hourdis j est plus forte que la hauteur de la partie comprimée, la poutre se calcule comme si elle présentait une section rectangulaire de largeur l (largeur de la semelle). Il suffit de calculer d'après les poutres rectangulaires et les dalles, en ayant soin de faire

$$F = \frac{s}{l h}$$

c'est-à-dire prendre le pourcentage d'après la section de la poutre mesurée au grand carré.

Poutre en T. — Formules pratiques. — Fig. 82. — Nous négligeons la partie de la nervure soumise à compression.

Soit f = rapport entre les armatures comprimée et tendue.

$f = \frac{s'}{s}$ d'où $s' = f s$

n = rapport de $\frac{a'}{a}$ d'où $a' = a n$

$K = \frac{r}{p}$ r = taux du métal

$m = \frac{E}{E'}$ E = coefficient d'élasticité du métal, E′ = coefficient d'élasticité du béton

Recherche de a. — Cette valeur s'obtient comme dans les poutres rectangulaires ordinaires. Les triangles semblables donnent

$$\frac{p}{\frac{r}{m}} = \frac{a}{b} \quad \text{ou} \quad \frac{a}{b} = \frac{p m}{r} \quad \text{mais} \quad \frac{r}{p} = K \quad \text{d'où} \quad \frac{p}{r} = \frac{1}{K}$$

on a

$$\frac{a}{b} = \frac{m p}{r} = \frac{m}{K}$$

us permettent de faire

$$\frac{a + b}{a} = \frac{m + K}{m}$$

mais $a + b = h'$ d'où on a $\frac{h'}{a} = \frac{m + K}{m}$

et $a = \frac{h' m}{K + m}$

Pour la simplification des opérations ultérieures, dénommons le rapport

$$\frac{m}{K + m} = W \qquad (309) \qquad \text{d'où} \qquad a = h' W \qquad (309')$$

Recherche de c. — Pour la simplification des formules, il est admis que les armatures comprimées sont placées au centre de pression de la semelle (donc centre de gravité du trapèze A B F′ F), nous pouvons donc les négliger dans la recherche de c.

Recherche du taux de travail du béton en F F′. — Les triangles semblables donnent

$$\frac{p}{a} = \frac{F\,F'}{a'} \qquad \text{d'où} \qquad F\,F' = \frac{p\,a'}{a} = p\,a$$

(Dans le calcul d'une poutre, le rapport $\frac{a'}{a}$ varie donc de 0 à 1).

Déterminons le centre de gravité du trapèze (Fig. 83). — Il suffit de connaître la position du centre de gravité en hauteur. Divisons le trapèze en un rectangle et un triangle desquels nous rechercherons le centre de gravité respectif et, par la méthode des moments, nous déterminerons le centre de gravité de la surface totale.

Le centre de gravité du triangle se trouve à $\frac{2}{3}j$ à partir de la face inférieure de la semelle, et celui du rectangle à $\frac{j}{2}$.

Si nous projetons le centre de gravité du triangle sur la verticale passant par le centre de gravité du rectangle, nous obtiendrons la distance en hauteur entre ces deux points, elle est égale à

$$A\,b' = \frac{2\,j}{3} - \frac{j}{2} = \frac{j}{6}$$

Nous savons également que le centre de gravité du trapèze doit se trouver sur la droite reliant les points A et B.

Surface du rectangle $= p\,n\,j$

Surface du triangle $= \frac{(p - p\,n)\,j}{2}$

La surface totale ou du trapèze est

$$p\,n\,j + \frac{p\,j}{2} - \frac{p\,n\,j}{2} = \frac{2\,p\,n\,j + p\,j - p\,n\,j}{2} = \frac{p\,n\,j + p\,j}{2} = \frac{j\,(p\,n + p)}{2}$$

Ecrivons l'équilibre des moments de ces surfaces par rapport au point A, on en tirera la valeur de la distance verticale A g' du centre de gravité G.

On a

$$\text{Surface triangulaire} \times A\,b' = \text{Surface trapèze} \times A\,g'$$

Remplaçons : surface triangle, surface trapèze et A b' par leur valeur on a

$$\frac{(p - p\,n)\,j}{2} \times \frac{j}{6} = \frac{(p + p\,n)\,j}{2} \times A\,g'$$

d'où

$$A\,g' = \frac{2\,(p - p\,n)\,j^2}{12\,(p + p\,n)\,j} = \frac{(p - p\,n)\,j}{6\,(p + p\,n)}$$

La valeur de c est donc égale à

$$c = \frac{j}{2} - A\, g' = \frac{j}{2} - \frac{(p - p\,n)\,j}{6\,(p + p\,n)} = \frac{3\,j\,(p + p\,n) - (p - p\,n)\,j}{6\,(p + p\,n)} =$$

$$\frac{3\,j\,p + 3\,j\,p\,n - j\,p + j\,p\,n}{6\,(p + p\,n)} = \frac{2\,j\,p - 4\,j\,p\,n}{6\,(p + p\,n)} =$$

donc

$$c = \frac{j\,(p + 2\,p\,n)}{3\,(p + p\,n)} \qquad (310)$$

Le centre de pression se trouvant au centre de gravité du trapèze on a également :

$$c = \frac{j\,(p + 2\,p\,n)}{3\,(p + p\,n)}$$

Pour obtenir c en fonction de a remplaçons j par sa valeur

$$j = a - a' = a - a\,n = a\,(1 - n)$$

on a

$$c = \frac{a\,(1 - n)}{3} \times \frac{p + 2\,p\,n}{p + p\,n}$$

Simplifions le second facteur du deuxième membre par p on a

$$c = \frac{a\,(1 - n)}{3} \times \frac{1 + 2\,n}{1 + n} = \frac{a\,(1 + n - 2\,n^2)}{3\,(1 + n)} \qquad (311)$$

Recherche de h''. — On a

$$h'' = h' - c = h' - \frac{a\,(1 + n - 2\,n^2)}{3\,(1 + n)}$$

Remplaçons a par $\frac{h'\,m}{K + m}$

$$h'' = h' - \frac{h'\,m\,(1 + n - 2\,n^2)}{3\,(K + m)\,(1 + n)} = h'\left[1 - \frac{m\,(1 + n - 2\,n^2)}{3\,(K + m)\,(1 + n)}\right] \qquad (312)$$

Pour la simplification des formules qui vont suivre faisons le terme entre crochets égal à X on a

$$X = 1 - \frac{m\,(1 + n - 2\,n^2)}{3\,(K + m)\,(1 + n)} \qquad (313)$$

et

$$h'' = h'\,X \qquad (314)$$

Recherche de s. — Ecrivons l'égalité des moments des forces intérieures et extérieures par rapport au centre de pression de la zone comprimée. Le moment des forces de compression sera nul et le moment des forces tendues devra faire équilibre au moment des forces extérieures. Le bras de levier des forces tendues est donc h''.

Si nous désignons par P l'effort dans l'armature inférieure on a

$$M = P\,h'' \qquad \text{d'où} \qquad P = \frac{M}{h''}$$

mais $P = s\,r$, si nous remplaçons P par sa valeur en fonction de s, dans l'égalité des moments on a

$$s\,r = \frac{M}{h''} \quad \text{et} \quad s = \frac{M}{h''\,r} \qquad (315)$$

Recherche de l, largeur de la semelle. — Nous avons désigné P = effort de tension, et soit

P'' = effort de compression du béton et P' = effort total de compression (métal et béton)

L'équilibre exige que les forces P de traction et P' de compression soient égales.

Déterminons P'. — L'effort de compression développé dans le béton est, sachant que F F' = $p\ n$,

$$P'' = \frac{l\ a\ p}{2} - \frac{l\ a'\ p\ n}{2}$$

nous avons trouvé $a = h'\ W$ et $a' = a\ n = n\ h'\ W$, on aura donc

$$P'' = \frac{l\ h'\ W\ p}{2} - \frac{l\ n\ h'\ W\ p\ n}{2} = \frac{l\ h'\ W\ p}{2} - \frac{l\ n^2\ h'\ W\ p}{2}$$

$$P'' = \frac{l\ h'\ W\ p}{2}\ (1 - n^2) \qquad (316)$$

Le taux de travail de l'armature comprimée en fonction de p est

$r' = \frac{p\ m\ b'}{a}$ et celui de l'armature tendue est $r = \frac{p\ m\ b}{a}$

remplaçons b' par $a - c$ on aura $r' = \frac{p\ m\ (a - c)}{a}$

Connaissant c, remplaçons-le par sa valeur (311) on aura

$$r' = \frac{p\ m \left[a - \frac{a\ (1 + a - 2\ n^2)}{3\ (1 + n)} \right]}{a}$$

$$r' = \frac{p\ m \left[\left| a\ X\ 3\ (1 + n) \right| - a\ (1 + n - 2\ n^2) \right]}{3\ a\ (1 + n)}$$

$$r' = \frac{p\ m\ (3\ a + 3\ a\ n - a - a\ n + 2\ a\ n^2)}{3\ a\ (1 + n)}$$

simplifions par a

$$r' = \frac{p\ m\ (3 + 3\ n - 1 - n + 2\ n^2)}{3\ (1 + n)} = \frac{p\ m\ (2 + 2\ n + 2\ n^2)}{3\ (1 + n)} =$$

$$r' = \frac{2\ p\ m\ (1 + n + n^2)}{3\ (1 + n)} \qquad (317)$$

La section de l'armature comprimée est $s' = f\ s$

mais nous avons vu que $s = \frac{M}{r\ h''}$

d'où nous aurons $s' = \frac{f\ M}{r\ h''}$

mais on sait aussi que $h'' = h'\ X$

d'où $s' = \frac{f\ M}{r\ h'\ X}$

s' et r' étant déterminés on peut rechercher l'effort sur l'armature comprimée et on a

$$s'\,r' = \frac{f\,M}{r\,h'\,X} \times \frac{2\,p\,m\,(1 + n + n^2)}{3\,(1 + n)}$$

L'effort total de compression P' étant égal à P'' + $s'\,r'$ on a

$$P' = \frac{l\,W\,h'\,p}{2}\,(1 - n^2) + \left[\frac{f\,M}{r\,h'\,X} \times \frac{2\,m\,p\,(1 + n + n^2)}{3\,(1 + n)}\right] \quad (318)$$

Cette valeur peut encore s'écrire

$$P' = P'' + s'\,r' = \frac{M}{h''} = \frac{M}{X\,h'} \quad (319)$$

donc
$$\frac{M}{X\,h'} = \frac{l\,W\,h'\,p}{2}\,(1 - n^2) + \left[\frac{f\,M}{r\,h'\,X} \times \frac{2\,p\,m\,(1 + n + n^2)}{3\,(1 + n)}\right]$$

de cette égalité tirons la valeur de l

$$l = \frac{\dfrac{M}{X\,h'} - \left[\dfrac{f\,M}{r\,X\,h'} \times \dfrac{2\,p\,m\,(1 + n + n^2)}{3\,(1 + n)}\right]}{\dfrac{W\,h'\,p}{2}\,(1 - n^2)}$$

Mettons $\frac{M}{X\,h'}$ en évidence et remplaçons $\frac{p}{r}$ par $\frac{1}{K}$ on a

$$l = \frac{\dfrac{M}{X\,h'}\left[1 - \dfrac{2\,f\,m\,(1 + n + n^2)}{3\,K\,(1 + n)}\right]}{\dfrac{W\,h'\,p}{2}\,(1 - n^2)}$$

$$l = \frac{M}{X\,h'} \times \frac{\left[1 - \dfrac{2\,f\,m\,(1 + n + n^2)}{3\,K\,(1 + n)}\right]}{\dfrac{W\,h'\,p}{2}\,(1 - n^2)}$$

$$l = \frac{2\,M\left[1 - \dfrac{2\,f\,m\,(1 + n + n^2)}{3\,K\,(1 + n)}\right]}{X\,h'\,W\,h^{2\prime}\,p\,(1 - n^2)} \quad (320)$$

Pour la même raison que plus haut faisons

$$\frac{2}{X\,W\,(1 - n^2)} = Y \quad (321)$$

et

$$\frac{2\,m\,(1 + n + n^2)}{3\,K\,(1 + n)} = Z \quad (322)$$

on a

$$l = \frac{M\,Y}{h'^2\,p}\,(1 - Z\,f) \quad (323)$$

cette formule contenant f, est donc celle pour une poudre à armature double).

De la formule 323 on tire
$$h' = \sqrt{\frac{M\,Y\,(1 - Z\,f)}{l\,p}} \quad (324)$$

Si la zone comprimée n'est pas armée $f = O$ et $Z\,f$ est nul.

On a alors
$$l = \frac{M\,Y}{h'^2\,p} \qquad (325)$$

qui donne
$$h' = \sqrt{\frac{M\,Y}{l\,p}} \qquad (325')$$

Si nous voulons l'obtenir en fonction de r nous savons que
$$\frac{1}{p} = \frac{K}{r} \quad \text{d'où} \quad l = \frac{M\,Y\,K}{h'^2\,r} \qquad (326)$$

qui donne
$$h' = \sqrt{\frac{M\,Y\,K}{l\,r}} \qquad (326')$$

Ces formules sont applicables quand la hauteur et la largeur sont imposées, en faisant travailler le fer à son maximum r et quand il n'y a pas d'armature comprimée.

Pour les poutres en T avec fibre neutre hors de la semelle il faut tâtonner en se donnant à priori une valeur de n, puis en déterminant K et en vérifiant le taux de travail du béton et en déterminant h' et s par les formules.

Ces formules peuvent servir à la section rectangulaire. Il suffit d'écrire $n = O$ ce qui admet que la zone comprimée prend naissance à la fibre neutre, ce qui d'ailleurs doit être.

Dans ce cas n disparait de la formule et on tire la largeur de la poutre par la formule
$$l \text{ ou } e = \frac{Y\,M\,(1 - Z\,f)}{p\,h'^2}$$

de laquelle on tire
$$h' = \sqrt{\frac{Y\,M\,(1 - Z\,f)}{p\,e}}$$

Rappelons les coefficients. —
$$W = \frac{m}{X + m} \qquad (309)$$

$$X = 1 - \frac{m\,(1 + n - 2\,n^2)}{3\,(K + m)\,(1 + n)} \qquad (313)$$

(formule 321)
$$Y = \frac{2}{W\,X\,(1 - n^2)} = \frac{2}{W\left[1 - \frac{m\,(1 + n - 2\,n^2)}{3\,(K + m)\,(1 + n)}\right](1 - n^2)} =$$

$$Y = \frac{2}{W\,(1 - n^2) - \frac{m\,(1 + n - 2\,n^2)\,(1 - n^2)}{3\,(K + m)\,(1 + n)}}$$

$$Y = \frac{2}{W\,(1 - n^2) - \frac{m\,(1 + n - 3\,n^2 - n^3 + 2\,n^4)}{3\,(K + m)\,(1 + n)}}$$

Simplifions le dernier terme du dénominateur par $(1 + n)$
$$Y = \frac{2}{W\,(1 - n^2) - \frac{m\,(1 - 3\,n^2 + 2\,n^3)}{3\,(K + m)}}$$

mais
$$W = \frac{m}{K + m}$$

on aura donc

$$Y = \frac{2}{\frac{m}{K + m}(1 - n^2) - \frac{m(1 - 3n^2 + 2n^3)}{3(K + m)}}$$

$$Y = \frac{2(K + m)}{m(1 - n^2) - \frac{m(1 - 3n^2 + 2n^3)}{3(K + m)}}$$

et

$$Z = \frac{2m(1 + n + n^2)}{3K(1 + n)} \qquad (322)$$

Remarque. — Nous venons de voir qu'en faisant $n = o$, les formules pouvaient servir pour une section rectangulaire. En effet supposons une armature simple et $n = o$. La formule à appliquer est

$$l \text{ ou } e = \frac{YM}{ph'^2}$$

La valeur de Y en faisant $n = o$ est

$$Y = \frac{2(K + m)}{m\left[1 - o - \frac{m(1 - o + o)}{3(K + m)}\right]} = \frac{2(K + m)3(K + m)}{m\left[3(K + m) - m\right]} = \frac{6(K + m)^2}{m(3K + 2m)}$$

En remplaçant cette valeur de Y on trouve

$$l \text{ ou } e = \frac{6M(K + m)^2}{ph'^2 m(3K + 2m)}$$

formule déjà trouvée pour poutre rectangulaire à armature simple.

Supposons maintenant une armature double et $n = o$.

Pour poutre rectangulaire la formule à appliquer est

$$l \text{ ou } e = \frac{YM(1 - Zf)}{ph'^2}$$

Remplaçons les valeurs de Y et Z dans lesquelles on fait $n = o$ on trouve

$$Y = \frac{6(K + m)^2}{m(3K + 2m} \text{ et } Z = \frac{2m(1 + n + n^2)}{3K(1 + n)} = \frac{2m}{3K}$$

on tire alors

$$l \text{ ou } e = \frac{6M(K + m)^2\left(1 - \frac{2mf}{3K}\right)}{ph'^2 m(3K + 2m)} = \frac{6M(K + m)^2(3K - 2mf)}{ph'^2 m(3K + 2m)3K} = \frac{M(6K - 4mf)(K + m)^2}{ph'^2 mK(3K + 2m)}$$

formule déjà trouvée pour la poutre rectangulaire à armature double.

L'armature à compression est imposée. — Parfois dans les poutres en T l'armature à compression s' est imposée, dans ce cas, l'effort total de compression sera égal à celui du béton et du fer.

Pour le béton nous avons vu que l'effort de compression est égal à P″ formule 316 on a

$$P'' = \frac{lWh'p}{2}(1 - n^2)$$

Pour le fer nous aurons : le taux de travail étant

$$r' = \frac{2\,m\,p}{3}\left(\frac{1+n+n^2}{1+n}\right) \qquad (317)$$

la section étant s' on a

$$r'\,s' = \frac{s'\,2\,m\,p\,(1+n+n^2)}{3\,(1+n)}.$$

Remplaçons p par $\frac{r}{K}$ il vient

$$r'\,s' = \frac{s'\,2\,m\,r\,(1+n+n^2)}{3\,K\,(1+n)}$$

Nous savons que le terme

$$\frac{2\,m\,(1+n+n^2)}{3\,K\,(1+n)} = Z$$

d'où l'effort sur l'armature peut être représenté par la formule

$$s'\,r' = s'\,r\,Z$$

L'effort total de compression sera donc égal à

$$P'' + s'\,r' = \frac{l\,W\,h'\,p\,(1-n^2)}{2} + s'\,r\,Z \qquad (327)$$

Si on écrit l'équilibre des moments par rapport à l'axe de l'armature tendue, l'effort de compression multiplié par le bras de levier h'' devra faire équilibre au moment des forces extérieures et on a

$$(P'' + s'\,r')\,h'' = M \quad \text{d'où} \quad P'' + s'\,r' = \frac{M}{h''}$$

mais $\quad h'' = h'\,X \quad$ d'où $\quad P'' + r'\,s' = \frac{M}{h'.X}$

Remplaçons dans l'égalité (327) $P'' + r'\,s'$ par sa valeur on a

$$\frac{M}{X\,h'} = \frac{l\,W\,h'\,p\,(1-n^2)}{2} + s'\,r\,Z$$

$$l\,W\,X\,h'^2\,p\,(1-n^2) + 2\,s'\,r\,Z\,X\,h' = 2\,M$$

d'où $\quad l = \frac{2\,M - 2\,s'\,r\,Z\,X\,h'}{W\,X\,h'^2\,p\,(1-n^2)} = \frac{2\,(M - s'\,r\,Z\,X\,h')}{W\,X\,h'^2\,p\,(1-n^2)}$

mais le rapport $\quad \frac{2}{W\,X\,(1-n^2)} = Y$

donc $\quad l = \frac{Y\,(M - s'\,r\,Z\,X\,h')}{h'^2\,p} \qquad (328)$

dans le numérateur nous avons $X\,h'$ que nous pouvons remplacer par h''

on aura $\quad l = \frac{Y\,(M - s'\,r\,Z\,h'')}{h'^2\,p} \qquad (329)$

Si l'armature comprimée n'existait pas nous aurions le terme $h''\,s'\,r\,Z$ qui serait égal à O, et on aurait

$$l = \frac{Y\,M}{h'^2\,p} \qquad (330)$$

Hauteur de la poutre. — Si la hauteur h' était l'inconnue, on aurait en développant la formule (328)

$$l = \frac{Y\,(M - s'\,r\,Z\,X\,h')}{h'^2\,p}$$

$$l\, h'^2\, p = Y\, M - Y\, s'\, r\, Z\, X\, h'$$

$$l\, h'^2\, p + Y\, s'\, r\, Z\, X\, h' - Y\, M = O$$

Nous avons ici à faire à une équation du deuxième degré

$$h'^2 + \frac{h'\, Y\, s'\, r\, Z\, X}{l\, p} - \frac{Y\, M}{l\, p} = O$$

Remplaçons $\frac{r}{p}$ par K

$$h'^2 + \frac{h'\, Y\, s'\, Z\, K\, X}{l} - \frac{Y\, M}{l\, p} = O$$

d'où
$$h' = - \frac{Y\, s'\, Z\, K\, X}{2\, l} + \sqrt{\left(\frac{Y\, s'\, Z\, K\, X}{2\, l}\right)^2 + \frac{Y\, M}{l\, p}} \qquad (331)$$

Ce h' est donné pour la fibre neutre passant dans la nervure et lorsque l'on connait s'.

Dans une poutre en T lorsque la fibre neutre passe dans l'intérieur de la semelle ou arrive à la face inférieure, c'est comme si l'on avait à faire à une poutre rectangulaire, et dans ce cas $n = O$.

Les coefficients changent donc de valeur et on a

$$W = \frac{m}{K + m} \qquad (309)$$

$$X = 1 - \frac{m\,(1 + n - n^2)}{3\,(K + m)\,(1 + n)} = 1 - \frac{m}{3\,(K + m)} \qquad (332)$$

$$Y = \frac{2}{W\, X\,(1 - n^2)} = \frac{2}{W\, X} \qquad (333)$$

Dans la formule (331) qui détermine la valeur de h' nous avons le produit X Y, que nous pouvons simplifier et nous avons

$$X\, Y = \frac{2\, X}{W\, X} = \frac{2}{W\, X}$$

Remplaçons cette valeur dans h' et nous aurons

$$h_{,} = - \frac{s'\, Z\, K}{l\, W} + \sqrt{\left(\frac{s'\, Z\, K}{l\, W}\right)^2 + \frac{Y\, M}{l\, p}} \qquad (334)$$

Poutre en T renversé. — Fig. 84. — En pratique ce dispositif est rarement employé. Il représente les parties extrêmes des poutres de plancher ordinaire, encastrées aux appuis. La semelle est tendue et la nervure comprimée. — Fig. 83.

Tensions longitudinales. — Suivant la position de la fibre neutre il y a trois cas à considérer.

1er cas. — Fibre neutre au-dessus de la face supérieure de la semelle. Dans ce cas les formules à appliquer sont les mêmes que pour les dalles et les pièces rectangulaires, la largeur utile étant e, largeur de la nervure.

2me cas. — Fibre neutre coïncidant avec la face supérieure de la semelle.

On a $h - a = j$.

Les formules à appliquer sont les mêmes qu'au 1er cas.

3me cas. — Lorsque la fibre neutre tombe dans la semelle, la partie comprimée augmente d'une portion de la semelle.

Considérons la poutre à armature double. — L'effort de compression dans le béton est

$$\frac{a\, e\, p}{2} + \frac{p'}{2}\,(a - u)\,(l - e) \qquad (335)$$

Recherchons la valeur de p' taux de travail à compression du béton à la face de la semelle.

Les triangles semblables donnent

$$\frac{p'}{a - u} = \frac{p}{a} \quad \text{d'où} \quad p' = \frac{p\,(a - u)}{a}$$

Remplaçons cette valeur dans (335) on a

$$\frac{a\,e\,p}{2} + \frac{p\,(a - u)}{2\,a}\,(a - u)\,(l - e)$$

L'effort de compression total (béton et fer) est

$$\frac{a\,e\,p}{2} + \frac{p\,(a - u)^2\,(l - e)}{2\,a} + r'\,s'$$

Nous savons que les efforts de traction et de compression doivent se faire équilibre on a

$$\frac{a\,e\,p}{2} + \frac{p\,(a - u)^2\,(l - e)}{2\,a} + r'\,s' = r\,s$$

Remplaçons r' et r par leurs valeurs

$$r' = \frac{p\,m\,b'}{a} \quad \text{et } r = \frac{p\,m\,b}{a}$$

$$\frac{a\,e\,p}{2} + \frac{p\,(a - u)^2\,(l - e)}{2\,a} + \frac{p\,m\,b'\,s'}{a} = \frac{p\,m\,b\,s}{a}$$

Multiplions tous les termes par a pour les faire disparaitre du dénominateur et simplifions également tous les termes par p.

$$\frac{a^2\,e}{e} + \frac{(a - u)^2\,(l - e)}{2} + m\,b'\,s' = m\,b\,s$$

$$\frac{a^2\,e}{2} + \frac{(a - u)^2\,(l - e)}{2} + m\,b'\,s' - m\,b\,s = 0$$

$$a^2 + \frac{(a - u)^2\,(l - e)}{e} + \frac{2\,m\,b'\,s'}{e} - \frac{2\,m\,b\,s}{e} = 0$$

Remplaçons b' et b par leur correspondant

$$b' = a - c \quad \text{et} \quad b = h' - a$$

$$\frac{a^2\,e}{e} + \frac{(a - u)^2\,(l - e)}{e} + \frac{2\,m\,s'\,a}{e} - \frac{2\,m\,s'\,c}{e} - \frac{2\,m\,s\,h'}{e} + \frac{2\,m\,s\,a}{e} = 0$$

Simplifions par e on a

$$a^2\,e + a^2\,l - 2\,a\,u\,l + u^2\,l - a^2\,e + 2\,a\,u\,e - u^2\,e + a\,(2\,m\,s' + 2\,m\,s) - 2\,m\,(s'\,c + s\,h') = 0$$

$$a^2\,l + a\,(2\,m\,s' + 2\,m\,s - 2\,u\,l + 2\,u\,e) + u^2\,l - u^2\,e - 2\,m\,(s'\,c + s\,h') = 0$$

$$a^2 + \frac{a\left[2\,m\,(s' + s) - 2\,u\,(l - e)\right]}{l} + \frac{u^2\,(l - e)}{l} - \frac{2\,m\,(s'\,c + s\,h')}{l} = 0$$

$$a = -\frac{m(s'+s) - u(l-e)}{l} \pm \sqrt{\left[\frac{m(s'+s) - u(l-e)}{l}\right]^2 - \frac{u^2(l-e)}{l} + \frac{2m(s'c + sh')}{l}} \qquad (336)$$

Etablissons la formule des moments

$$\left(\frac{aep}{2} \times \frac{2a}{3}\right) + \frac{p(a-u)^2(l-e)}{2a} \times \frac{2(a-u)}{3} + \left(\frac{pmb's'}{a} \times b'\right) + \left(\frac{pmbs}{a} \times b\right) = M$$

$$\frac{a^3ep}{3} + \frac{p(a-u)^3(l-e)}{3} + pmb'^2s' + pmb^2s = Ma$$

$$M = \frac{p}{a}\left[\frac{a^3e}{3} + \frac{(a-u)^3(l-e)}{3} + m(b'^2s' + b^2s)\right] \qquad (337)$$

Le moment d'inertie

$$I = \frac{a^3e}{3} + \frac{(a-u)^3(l-e)}{3} + m(b'^2s' + b^2s) \qquad (338)$$

Les valeurs de r et r' sont données par les formules précédentes.

Effort de glissement. — Fig. 85. — Si la fibre neutre occupe les positions, l'effort maximum du glissement est donné par la formule

$$g = \frac{T}{Ie}(mbs) \text{ ou } g = \frac{T}{Ie}\left(\frac{a^2e}{2} + mb's'\right)$$

Mais si l'on veut déterminer g en un point quelconque de l'épaisseur de la semelle, il faut appliquer la 1re formule en remplaçant e par l, on a

$$g = \frac{T}{Il}(mbs)$$

Si la fibre neutre occupe la position de la fig. 86, c'est-à-dire passant dans la semelle alors le maximum ne se produit plus sur la fibre neutre, mais bien sur la face supérieure de la semelle et on a

$$g = \frac{T}{Ie}\left(mbs - \frac{(a-u)^2e}{2}\right) \qquad (339)$$

Les figures 85 et 86 donnent les diagrammes de l'effort rasant.

Le cas de l'armature courbe se traite comme plus haut.

Armature simple. — Si la semelle seule est armée, les formules des poutres rectangulaires, pour les tensions longitudinales et le glissement sont encore applicables pour autant que la fibre neutre tombe au-dessus ou au niveau de la face supérieure de la semelle.

Quand la fibre neutre coupe la semelle, les égalités relatives à l'armature double deviennent : (Il suffit de faire disparaître le terme s')

$$\frac{a^2e}{2} + \frac{(a-u)^2(l-e)}{2} = mhs$$

$$a = -\frac{ms - u(l-e)}{l} \pm \sqrt{\left[\frac{ms - u(l-e)}{l}\right]^2 - \frac{u^2(l-e)}{l} + \frac{2mh's}{l}} \qquad (340)$$

Ecrivons l'équilibre des moments par rapport à l'armature tendue.

$$M = \frac{a\,e\,p}{2}\left(h' - \frac{a}{3}\right) + \frac{p\,(a-u)^2\,(l-e)}{2\,a}\left[b + \frac{2\,(a-u)}{3}\right]$$

mais $b = h' - a$

d'où le bras de levier $\left[b + \frac{2\,(a-u)}{3}\right]$ devient égal à

$$h' - a + \frac{2\,a}{3} - \frac{2\,u}{3} = \frac{3\,h' - 3\,a + 2\,a - 2\,u}{3} = \frac{3\,h' - a - 2\,u}{3}$$

$$\text{et } M = \frac{a\,e\,p}{2}\left(h' - \frac{a}{3}\right) + \left[\frac{p\,(a-u)^2\,(l-e)}{2\,a} \times \frac{3\,h' - a - 2\,u}{3}\right]$$

$$M\,a = \frac{a^2\,e\,p\,(3\,h' - a)}{6} + \frac{p\,(a-u)^2\,(l-e)\,(3\,h' - a - 2\,u)}{6}$$

$$M = \frac{p}{a}\left[\frac{a^2\,e}{6}\,(3\,h' - a) + \frac{(a-u)^2\,(l-e)\,(3\,h' - a - 2\,u)}{6}\right] \quad (341)$$

Le moment d'inertie

$$I = \frac{a^2\,e\,(3\,h' - a)}{6} + \frac{(a-u)^2\,(l-e)\,(3\,h' - a - 2\,u)}{6} \quad (342)$$

Formules empiriques pour poutres en T. — Pour les poutres en forme de T avec nervure inférieure, armées uniquement à traction, on admet :

1. — Que le béton ne travaille pas à traction. La partie tendue est donc uniquement représentée par l'armature inférieure qu'on suppose concentrée en son axe.

2. — Que la partie comprimée est représentée par le hourdis et que celui-ci travaille également dans toutes ses fibres.

Soit (fig. 88) : l = la largeur du hourdis comprise entre les milieux des panneaux attenant à la poutre.

p' = taux de compression du béton.

r = taux de traction du métal.

L'équilibre des efforts de traction et de compression donne : $p'\,l\,j = r\,s$ (343)

Ecrivons l'équilibre des moments par rapport à l'armature tendue, ou par rapport au centre de pression de la partie comprimée on a.

$$M = p'\,l\,j\left(h' - \frac{j}{2}\right) \quad (344) \quad \text{ou} \quad M = r\,s\left(h' - \frac{j}{2}\right) \quad (345)$$

Pour un projet, on se donne p' et r et l'épaisseur du hourdis j, on a

$$s = \frac{p'}{r}\,l\,j \quad (346)\,; \qquad h' = \frac{j}{2} + \frac{M}{p'\,j\,l} \quad (347)$$

Pour une pièce déterminée dont on veut calculer les taux, on a

$$p' = \frac{M}{j\,l\left(h' - \frac{j}{2}\right)} \quad \text{et} \quad r = \frac{M}{s\left(h' - \frac{j}{2}\right)}$$

Les valeurs de p' et r sont assez variables, les uns considèrent p' pression moyenne égale à 15 kg., d'autres prennent 25 kg.

Pour r on prend 7.5, 8 ou 10 kg.

Pour les forces extérieures on prend

$$M = \frac{q\ L^2}{8} \quad \text{ou} \quad \frac{q\ L^2}{10} \quad \text{ou} \quad \frac{q\ L^2}{12}$$

Les défauts de la méthode résultent dans le mode d'appréciation du travail de la semelle supérieure.

On admet que le hourdis fatigue en entier à compression, cela suppose que la fibre neutre tombe en-dessous de la semelle ou coïncide avec celle-ci. Cette condition n'est pas nécessairement remplie. On pourrait supposer qu'en augmentant le hourdis, on diminue le travail du béton à compression, or le béton ajouté en-dessous de la fibre neutre ne peut produire aucun effet.

D'un autre côté, on suppose que toute l'épaisseur du hourdis travaille également, or il n'en est rien et nous devons tenir compte du travail maximum.

Méthode Hennebique. — Les poutres HENNEBIQUE se calculent d'après la même méthode que les dalles de ce système. On admet en outre que la partie comprimée de la section est représentée par le hourdis.

Ce système de calcul est basé sur les hypothèses de la méthode précédente. En plus, au lieu d'égaliser les résultantes des efforts de compression et de traction, Monsieur Hennebique égalise les moments de ces efforts, chacun d'eux devant être égal à la moitié du moment des forces extérieures.

Armature simple. — Ayant choisi la largeur l et l'épaisseur j du hourdis, on admet que celui-ci travaille à un taux uniforme $p' = 25$ kg. et on pose

$$\frac{M}{2} = p'\ j\ l \left(a - \frac{j}{2} \right) \tag{348}$$

ce qui donne la valeur de $\left(a - \frac{j}{2} \right)$ bras de levier de la résultante des pressions par rapport à la fibre neutre supposée on a

$$a - \frac{j}{2} = \frac{M}{2\ p'\ j\ l} \quad \text{et} \quad a = \frac{M}{2\ p'\ j\ l} = \frac{j}{2} \tag{349}$$

h' étant fixé à priori, le bras de levier de tension sera

$$b = h' - a$$

On admet pour le fer $r = 1000$ kg. par cm^2

et pour l'acier $r = 1200$ à 1500 kg.

On a aussi

$$\frac{M}{2} = r\ s\ b \tag{350}$$

d'où

$$s = \frac{M}{2\ r\ b} \tag{351}$$

Comme pour les dalles cette méthode ne détermine pas la hauteur.

Monsieur Hennebique adopte suivant les cas comme moment extérieur

$$M = \frac{q\ L^2}{8} \quad \text{ou} \quad \frac{q\ L^2}{10}$$

La première étant réservée aux maîtresses poutres de planchers, la deuxième étant réservée aux poutres secondaires dont la continuité est assurée au travers des poutres principales.

Ces formules expriment les moments au milieu de la portée. La largeur l de la semelle est prise égale à la somme des deux demi-largeurs des panneaux de hourdis attenant à la poutre considérée.

Quand les poutres sont très espacées, on ne dépasse pas pour l 50 fois l'épaisseur du hourdis j.

Armature double. — Quand la poutre est armée à compression, on admet que ces barres peuvent travailler à leur taux limite.

Cette nouvelle armature introduisant une indétermination de plus, M. Hennebique se donne à priori soit la position de la fibre neutre, soit la section de l'armature tendue. En admettant que l'armature tendue équilibre la moitié du moment, on a l'autre inconnue par la relation.

$$s = \frac{M}{2\ r\ b} \quad (352) \qquad b = \frac{M}{2\ r\ s} \quad (353)$$

L'autre moitié du moment M est équilibrée par la partie comprimée, on a

$$\frac{M}{2} = p'\ j\ l\ \left(a - \frac{j}{2} \right) + r'\ s'\ (a - c) \quad (354)$$

c = distance de l'axe des barres comprimées à la fibre extérieure.

s' = section totale des barres comprimées.

Le bras de levier a étant connu, on détermine s' en fonction des autres quantités qni sont d'ailleurs toutes supposées données.

Poutres à armatures symétriques. — Certains constructeurs calculent leurs poutres en faisant abstraction du béton. L'armature se détermine comme dans une poutre métallique ordinaire.

Soit : h = distance entre les barres tendues et comprimées.

s = la section de chacune des armatures.

r = taux de travail.

On pose : $M = h\ s\ r$

Si l'ossature est une poutrelle, on pose $M = \frac{2\ I}{h}\ r$

I = moment d'inertie de la poutre métallique.

Ne pas faire intervenir le béton, est un moyen de simplifier les calculs. Cependant ils tiennent indirectement compte de cette matière en forçant le taux de travail du fer. Ordinairement on adopte pour le fer r = 10 kg. et pour l'acier r = 15 kg. par $^m/_{m^2}$. D'autres admettent pour le fer r = 9 à 12 kg. et pour l'acier r = 13 à 18 kg. par $^m/_{m^2}$.

Calculs des étriers et liaisons transversales. — Dans aucun système de construction en béton armé il n'est d'usage de calculer le taux de cisaillement du béton.

D'après HENNEBIQUE pour le calcul des étriers pour poutre et dalle l'effort tranchant T étant calculé il admet que la moitié de l'effort est supporté par les barres pliées et l'autre moitié par les étriers. En admettant r_c coefficient de cisaillement du métal, la section totale des étriers est donnée par

$$S'' = \frac{T}{2\ r_c}$$

Cette formule donne la section totale des étriers sur une longueur de poutre égale à la hauteur comprise entre le centre de pression de la partie comprimée et le centre de traction, qui est pour les poutres en T égale à $h' - \frac{j}{2}$

Pour poutre et pour dalle on a $h' - \frac{a}{2}$

Quand la distance d entre les 2 premiers étriers voisins des appuis diffère de cette valeur, il modifie proportionnellement la section à donner aux étriers.

On tient compte de ce que la poutre comporte N étriers dans le sens transversal et que chaque étrier a 2 branches, on a donc

$$s'' = \frac{T}{2 \times 2 \times r_c \times N} \times \frac{l}{h' - \frac{j}{2}}$$

Le taux de cisaillement du métal est pris égal à

6 à 7 kg. par $^m/_{m^2}$ pour le fer

et 8 kg. par $^m/_{m^2}$ pour l'acier.

La formule théorique donne

$$\text{Section totale des étriers} = \frac{M - M'}{h'' \, r_c}$$

que l'on peut écrire approximativement $\frac{T \times d}{r_c \, h''}$

Dans ces formules h'' représente le bras de levier du couple des forces intérieures.

Pour une poutre à armature simple

$$h'' = h' - \frac{a}{3}$$

tandis que M. Hennebique écrit

$$h'' = h' - \frac{j}{2}$$

Table des Matières

www.ingramcontent.com/pod-product-compliance
Ingram Content Group UK Ltd.
Pitfield, Milton Keynes, MK11 3LW, UK
UKHW021120220726
13924UKWH00004B/1826

9 782019 934552